i Fari. 142

Della stessa autrice

presso La nave di Teseo

Il giorno che vennero a prenderci

Janine di Giovanni
La fede scomparsa

Il tramonto del Cristianesimo nella terra dei profeti

Traduzione di Alberto Cristofori

La nave di Teseo

Titolo originale: *The Vanishing*

ISBN 978-88-346-1449-5

Prima edizione La nave di Teseo giugno 2023

Per Luca Costantino,
la mia colonna e la mia zavorra

"E gli ultimi resti, il ricordo li distrugge."

W.G. Sebald, *Gli emigrati*

"Noi fotografi abbiamo sempre a che fare con cose che svaniscono, e quando sono svanite non c'è espediente che possa farle ritornare. Non possiamo sviluppare e stampare un ricordo."

Henry Cartier-Bresson

Sommario

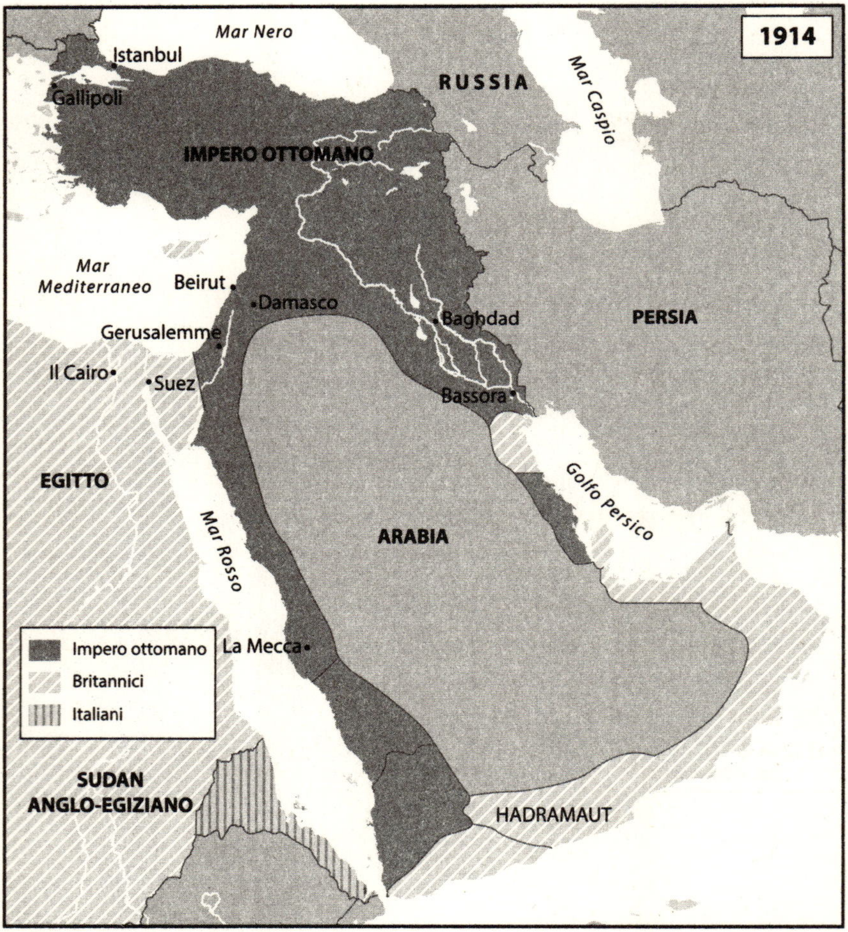
1914
Mar Nero
Istanbul
Gallipoli
RUSSIA
Mar Caspio
IMPERO OTTOMANO
Mar Mediterraneo
Beirut
Damasco
Baghdad
PERSIA
Gerusalemme
Il Cairo
Suez
Bassora
EGITTO
Golfo Persico
Mar Rosso
ARABIA
La Mecca
Impero ottomano
Britannici
Italiani
SUDAN ANGLO-EGIZIANO
HADRAMAUT

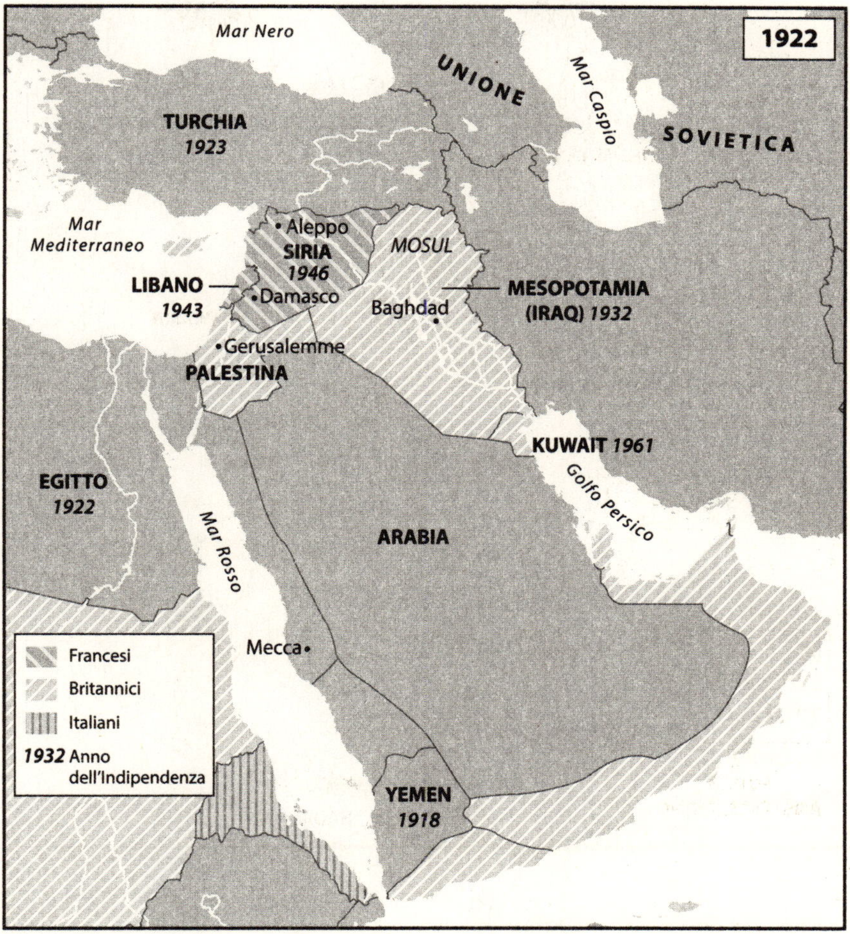
1922
Mar Nero
UNIONE
Mar Caspio
SOVIETICA
TURCHIA
1923
Mar
Mediterraneo
Aleppo
SIRIA
1946
MOSUL
LIBANO
1943
Damasco
MESOPOTAMIA
(IRAQ) 1932
Baghdad
Gerusalemme
PALESTINA
KUWAIT 1961
Golfo Persico
EGITTO
1922
Mar Rosso
ARABIA
Mecca
Francesi
Britannici
Italiani
1932 Anno
dell'Indipendenza
YEMEN
1918

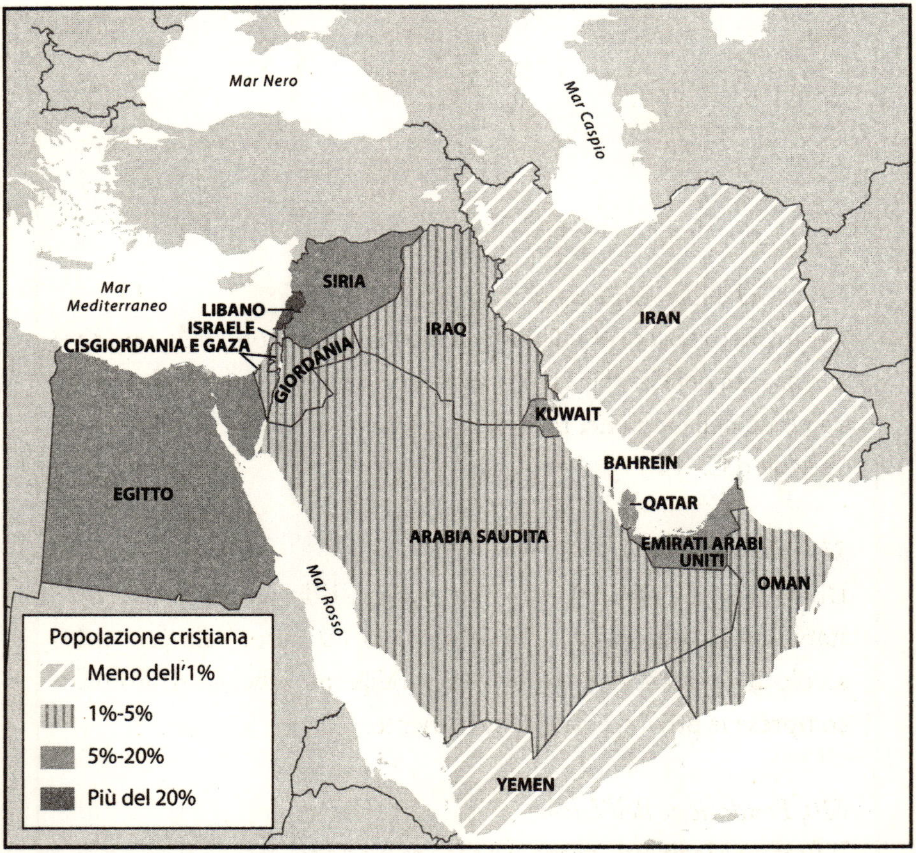
Mar Nero
Mar Caspio
Mar Mediterraneo
SIRIA
LIBANO
ISRAELE
CISGIORDANIA E GAZA
GIORDANIA
IRAQ
IRAN
KUWAIT
BAHREIN
QATAR
EMIRATI ARABI UNITI
OMAN
EGITTO
ARABIA SAUDITA
Mar Rosso
YEMEN
Popolazione cristiana
Meno dell'1%
1%-5%
5%-20%
Più del 20%

Cronologia

6-4 a.C.: Fondazione del Cristianesimo

Gesù Cristo nasce a Betlemme, nell'attuale Cisgiordania, e porta alla nascita del Cristianesimo. La nuova religione si diffonde rapidamente nella regione, raggiungendo la Siria, l'Iraq e l'Egitto nel I secolo d.C.

313: Editto di Milano

L'imperatore romano Costantino emana l'Editto di Milano, che stabilisce la tolleranza religiosa in tutto l'impero. Alla fine del secolo il Cristianesimo diventerà la religione ufficiale di Roma, comprese le province del Medio Oriente.

610: Fondazione dell'Islam

Il profeta Maometto riceve la prima rivelazione. Mezzo secolo più tardi, i governanti musulmani della Penisola Araba controllano gran parte del Medio Oriente. I cristiani sono considerati una comunità protetta, ma di seconda categoria.

1839-1876: Riforme Tanzimat

L'impero ottomano, che controlla gran parte del Medio Oriente, introduce le riforme Tanzimat. I cristiani sono considerati cittadini uguali davanti alla legge, il che schiude nuove opportunità, ma suscita anche il risentimento dei musulmani ottomani.

1914-1923: Genocidio armeno

Negli anni durante e dopo la prima guerra mondiale, l'impero ottomano conduce un genocidio contro l'etnia armena. Il genocidio provoca un milione di morti e spinge molti cristiani armeni a fuggire a sud, verso il Levante.

1916: Accordo Sykes-Picot

Il Regno Unito è la Francia stabiliscono di spartire fra loro le province ottomane nel Levante. I britannici ottengono il mandato in Palestina, Giordania e Iraq, i francesi prendono il controllo del Libano e della Siria. I cristiani spesso ricevono un trattamento di favore dalle potenze europee, ma giocano comunque un ruolo attivo nei movimenti nazionalisti.

1948: La Nakba

Le forze israeliane sconfiggono gli eserciti uniti degli stati arabi circostanti, consolidando la costituzione dello stato di Israele. Circa settecentomila palestinesi – cristiani compresi – sono costretti a lasciare le loro case per andare nei campi profughi dei paesi vicini, dove molti dei loro discendenti vivono ancora oggi.

1952: Colpo di stato di Gamal Abd el-Nasser
Gamal Abd el-Nasser organizza un colpo di stato contro re Faruq in Egitto. La sua politica di riforme socialiste priva i ricchi cristiani egiziani delle loro terre e il suo nazionalismo arabo spinge molti cristiani a emigrare o a chiudersi nelle loro comunità.

1970: Colpo di stato di Hafiz al-Assad
Hafiz al-Assad, membro del partito nazionalista laico Ba'th, organizza un colpo di stato in Siria. In quanto membro della minoranza alawita, conta sul sostegno dei cristiani siriani. Suo figlio Bashar prende il potere dopo la morte di Hafiz, nel 2000.

1971-2012: Papato di Shenuda III
Il papa Shenuda III è a capo della chiesa copta in Egitto. Durante il suo mandato, sia il potere del papato sia le dimensioni della chiesa copta hanno avuto una crescita significativa.

1979-2003: Presidenza di Saddam Hussein
Saddam Hussein, membro del partito nazionalista laico Ba'th, va al potere in Iraq dopo aver costretto alle dimissioni il suo predecessore. Instaura una brutale dittatura che prende di mira la maggioranza sciita e la minoranza kurda del paese, ma il suo regime protegge i cristiani in cambio della loro fedeltà.

1981-2011: Presidenza di Hosni Mubarak
Hosni Mubarak diventa presidente dell'Egitto dopo l'assassinio

di Anwar al-Sadat nel 1981. Stabilisce stretti rapporti con papa Shenuda III, che chiede maggiori diritti per i copti egiziani in cambio del loro sostegno.

1987-1991: Prima intifada

Una serie di massicce proteste palestinesi contro lo stato israeliano, l'intifada, o "sollevazione", hanno luogo in Cisgiordania e a Gaza. Quasi duemila palestinesi vengono uccisi.

2003: Invasione americana dell'Iraq

Nel 2003 le forze americane contribuiscono a rovesciare il regime di Saddam, dando inizio a un decennale conflitto armato in Iraq. A causa della violenza e delle crescenti tensioni settarie, la grande maggioranza dei cristiani del paese emigra.

2006: Vittoria elettorale di Hamas

Hamas, un gruppo militante considerato da molti paesi occidentali un'organizzazione terroristica, ottiene la maggioranza nelle elezioni parlamentari palestinesi del 2006. Le elezioni provocano una spaccatura fra il partito di Fatah in Cisgiordania, sostenuto dall'Organizzazione per la liberazione della Palestina (OLP), e Hamas a Gaza. Le condizioni a Gaza peggiorano ulteriormente e i pochi cristiani rimasti ritengono che Hamas non difenda adeguatamente i loro diritti.

2011: Primavera araba in Egitto

Massicce proteste in Egitto – parte della Primavera araba cominciata in Tunisia – portano alle dimissioni di Mubarak nel febbraio del 2011. Malgrado il rapporto fra papa Shenuda III e il presidente, molti cristiani egiziani si uniscono alle proteste.

2011-oggi: Guerra civile in Siria

La Primavera araba ispira delle proteste in Siria contro il regime di Assad. Assad reprime rapidamente e violentemente il dissenso, dando inizio a una guerra civile che ha provocato centinaia di migliaia di morti e milioni di profughi, sia all'interno del paese sia come rifugiati all'estero. Molti cristiani siriani fuggono dal paese.

2012-2013: I Fratelli Musulmani al governo in Egitto

I Fratelli Musulmani vincono le prime elezioni dopo la cacciata di Mubarak e Mohamed Morsi diventa presidente. Molti cristiani egiziani si oppongono con forza ai Fratelli Musulmani e le violenze contro i cristiani aumentano.

2013: Ascesa dell'ISIS

Lo Stato islamico dell'Iraq e della Siria, un gruppo terroristico sunnita, tenta di creare un califfato basato su una dottrina fondamentalista salafita. In Iraq e in Siria il gruppo riesce a impadronirsi di territori ampi pressappoco come il Regno Unito e lancia una campagna di pulizia etnica contro le comunità cristiane della regione. Nel giro di pochi anni, il gruppo perde la maggior parte del proprio territorio.

2014-oggi: Presidenza di Abdel Fattah al-Sisi

Le forze armate egiziane rovesciano Morsi e i Fratelli Musulmani e il generale Abdel Fattah al-Sisi diventa presidente, instaurando un governo autoritario e oppressivo.

Introduzione

19 marzo 2020, San Giuseppe, Parigi

Inizio questo libro a Parigi, il primo giorno di primavera, nel periodo in cui gli alberi di tutta la città fioriscono e, lungo i marciapiedi, le gemme si moltiplicano come stelle.

È il giorno di San Giuseppe, l'onomastico del mio fratello preferito. Quand'ero piccola, lo festeggiavamo con dei pasticcini alla crema, le zeppole di San Giuseppe, e piccoli regali. Cenavamo in famiglia, con fratelli e cugini e zie e zii allineati intorno a un ampio tavolo di noce coperto da una tovaglia di pizzo fatta all'uncinetto da mia nonna.

Mio fratello Giuseppe è morto da cinque anni, ormai, ma io continuo a pensare a lui: lo vedo, gli parlo, cammino al suo fianco tutti i giorni. Avevamo solo due anni e mezzo di differenza. Da bambini la gente ci prendeva per gemelli. Insieme, andavamo a caccia di rane in un ruscello vicino casa. Facevamo fortini di neve, con i guanti rossi gelati. Una volta ho picchiato un ragazzo più grande che tormentava mio fratello, gli ho rotto il naso sbattendogli in faccia lo zaino. Anche se ero più piccola, ero più forte. L'amore per il mio fratello maggiore era feroce e viscerale.

Il giorno in cui è morto ho pensato: *chi conserverà i segreti della mia infanzia? Chi ricorderà quello che sapevo, che ho dimenticato?* Il numero di telefono della casa in cui abitavamo da piccoli. Un pomeriggio in un cinema antiquato, sotto Natale, a guardare *Oliver.* Una ventosa mattina di agosto a imparare il surf nell'oceano Atlantico, prima di un uragano. Mi chiedo ancora dove sia andato.

Allo stesso modo, la religione garantisce una memoria condivisa, un insieme di riti che durano, di schemi che si possono trasmettere: la nostra intimità condivisa, i nostri segreti.

La mia scrittura inizia dalla quarantena in casa di un'amica gentile che mi ha ospitato. Genevieve mi offre riparo in una grande stanza del settimo arrondissement di Parigi, non lontano dalla Senna, con un lungo tavolo di legno accostato al muro; le alte finestre che si aprono sul cielo quasi raggiungono le cime degli alberi. In un'epoca più felice, mi ha detto, un uomo che lavorava in teatro ha fatto le lunghe tende bianche che sembrano aprirsi su un palcoscenico.

Dal mio "palcoscenico" – la mia stanza – vedo un bel cortile al centro del nostro palazzo del XVIII secolo, un grande *hôtel particulier* dove un tempo abitava lussuosamente una sola famiglia, molto ricca. Ora, la maggior parte delle persone residenti in questo complesso di appartamenti ha lasciato Parigi e si è ritirata nelle case di campagna, presso gli amici, dovunque credano di essere più al sicuro.

Fuori, oltre la pesante porta di ferro che si apre sulla rue de Grenelle, le strade di Parigi sono vuote. Al mattino, prima che arrivi la polizia a chiedere l'*attestation de sortie*, vado a passeggiare nel silenzio.

Questo è un tempo di morte, *La peste* si è diffusa in tutto il mondo. Nel mio angolino, il mio *quartier*, vedo le porte sbarrate della bella chiesa di Santa Clotilde, la principessa cattolica della Borgogna divenuta la seconda moglie di re Clodoveo I nel 493 (come sanno tutti gli scolaretti di Francia). Normalmente, mi sedevo in un caffè e guardavo giocare i bambini. Adesso la piazza è chiusa.

Durante la mia passeggiata mattutina non incrocio nessuno. Sembra un'epoca di isolamento fisico, ma anche emotivo, un'epoca di tremendo dolore. Provo una tristezza così profonda che quando torno nel mio appartamento riesco a malapena a parlare, lascio fuori le scarpe impolverate e mi lavo le mani con un disinfettante settecentesco chiamato *eau de javel*. Un vecchio mondo sta passando, ne comincia uno nuovo.

Dalla mia finestra guardo un cortile circondato da alberi di *tilleul* ("tiglio"), ora pieni di gemme verde chiaro. Tutte le mattine alle nove o alle dieci, una madre – credo si chiami Sabine – accompagna nel cortile i suoi tre figli, sette, nove e undici anni circa, a fare un po' di movimento.

Vedo sui loro volti l'infelicità per il poco tempo che possono passare all'aperto; ben presto verranno fatti rientrare per proteggerli dal virus che sta uccidendo le persone in tutta Europa e nel mondo.

Una mattina, il più piccolo si è precipitato ad aiutarmi ad aprire il pesante portone e a tirare dentro la mia bicicletta. Indossava dei calzoncini e aveva un'espressione aperta, curiosa.

"Come ti chiami?" gli ho chiesto gentilmente.

"Victor," mi ha risposto sorridendo – a me, un'estranea con un lungo soprabito verde, una mascherina sulla faccia e i guanti di gomma. Ci sono pochissimi estranei, adesso, pochissime persone che entrano nel nostro cortile.

Anche se si tratta di una malattia moderna, diffusa a quanto pare dai pipistrelli in Cina, potremmo essere tranquillamente nel XIV secolo, quando in Europa infuriava la peste, trasmessa dalle pulci. C'è un'atemporalità della sofferenza, della disperazione umana. E della rilevanza religiosa.

Tutti i giorni ci viene detto che dobbiamo fare qualcosa e che non dobbiamo fare qualcos'altro. Alcuni dei consigli suonano più come fede che come scienza. Non dobbiamo uscire, se non per vedere il medico o per procurarci da mangiare. Dobbiamo indossare le mascherine, anche quelle cucite da noi, e gli spessi guanti di gomma che di solito usiamo per lavare i piatti. Non dobbiamo toccare coloro che amiamo, non dobbiamo parlare al telefono senza prima averlo pulito con fazzolettini antisettici. Non dobbiamo pianificare – dobbiamo cancellare. Dovremmo vivere solo minuto per minuto, cosa a cui, gente moderna, vibrante, impegnata, non siamo pronti. Questo strano periodo, pieno di incertezza, ci ha gettati in pasto a un pericolo sconosciuto. Tutt'a un tratto ci affidiamo a vecchi comportamenti, rimedi popolari che i nostri antenati forse hanno usato durante l'epidemia di Spagnola. Ma soprattutto andiamo in cerca di segni e portenti: cioè di Dio. Sul comodino ho delle immaginette della Madonna con delle preghiere, ma non attenuano le ondate di paura che interrompono i miei pensieri.

Di notte non riesco a dormire. Sto nel letto a preoccuparmi, l'ansia mi afferra con tale forza che sento il cuore battere discontinuo, come se avesse assunto un nuovo ritmo strano. Sono lontana da mio figlio, che è in montagna con suo padre. Mia madre, che ha cento anni, è a quasi cinquemila chilometri, al di là dell'Atlantico. I miei amici sono tutti in autoisolamento e la solitudine e la paura che provo alle quattro del mattino, *l'heure du loup* – "l'ora del lupo", l'ora in cui la gente muore – mi sopraffanno.

In quest'ora fosca apro le alte finestre e guardo fuori, nel cortile vuoto con le ombre degli alberi, nel tentativo di scorgere un'altra luce nell'oscurità. Se qualcun altro fosse sveglio, persino uno sconosciuto, mi sentirei meno spaventata. Ma tutto è buio. Potrebbe non essere rimasto più nessuno. Sono sola e isolata.

A letto, supina, tento di calmare il cuore martellante con la respirazione. Poi inizio a pregare. La meditazione che mi ha insegnato mia madre tanti anni fa, il rosario, forma nella mia mente parole che pensavo di aver dimenticato da tanto tempo. Invece ci sono ancora. Padre nostro. Ave Maria. Benedetto sia. Ricordo di aver imparato le cantilene da bambina, tenendo in mano il rosario di grani neri di mio nonno che aveva portato con sé da Napoli su una nave, mentre viaggiava da solo, senza famiglia. L'Ave Maria, per esempio, che chiede l'intercessione della Madonna, risale al XVI secolo, e le sue prime parole risalgono alle radici stesse del Cristianesimo, al primo capitolo del Vangelo di Luca. È la preghiera più potente per i cattolici latini, essendo alla base sia del rosario sia dell'Angelus. Fin da bambina, mia nonna mi diceva di usare la preghiera con saggezza, perché se davvero avevi bisogno di qualcosa e pregavi la Madonna, lei avrebbe chiesto a suo figlio: "E Gesù non può mai dire di no a sua madre," aggiungeva la nonna.

L'Ave Maria, il Padre nostro, il Gloria. Sono le preghiere che odiavo da bambina quando, durante la Quaresima, io e i compagni eravamo costretti a stare in ginocchio per ore durante la Settimana Santa, e ci passavamo bigliettini caustici sulle suore o sui preti e sospiravamo drammaticamente per tutto il tempo che dovevamo passare in ginocchio. Ma sono anche le preghiere che mi hanno sostenuto, consolato e guidato nei molti anni in giro per il mondo a registrare e documentare guerre.

In quell'epoca, dopo molti anni trascorsi senza credere in niente e in nessuno, la fede che avevo perso è tornata. Il Cristianesimo, come tutte le grandi religioni, ha la capacità di risuonare e di attrarre: combina il rito, che rassicura nei momenti difficili, con un profondo senso di appartenenza a qualcosa di molto più grande e profondo dell'io.

Una volta, quand'ero bambina, mio padre osservò che non c'erano atei nelle trincee. Io non ho capito cosa volesse dire finché non ho iniziato a vivere nel vortice delle guerre e la mia vita si è riempita di pericoli. Adesso prego quando vado in silenzio dalla mia camera al mondo esterno. Prego per essere protetta dai pericoli, per sentirmi sicura.

Il pericolo è qualcosa che conosco bene. Ho operato in zone di guerra, a volte con il pilota automatico, per trent'anni, scrivendo soprattutto per *Vanity Fair* e il *London Times*. So come uscire da un campo minato e quando cercare rifugio durante un bombardamento. So come superare praticamente qualsiasi posto di blocco in Medio Oriente, nei Balcani o in Africa: non incrociare lo sguardo. Tenere pronti i documenti. Essere gentili, ma fermi. Mai scendere dalla macchina, soprattutto se un bambino-soldato con in mano un lanciagranate te lo punta al petto.

Ma un nemico invisibile, un virus rabbioso e testardo che si aggira per il mondo, è un'idea nuova, e mi terrorizza in maniera incredibile. Mio figlio, quello di sedici anni, ha già lasciato la città a bordo della moto di suo padre; è scappato a sud, in un remoto paesino delle Alpi, lasciandomi in lacrime sul marciapiedi. Nel vederlo partire mi sono sentita sola, abbandonata, spaventata, come se fossimo nel giugno del 1940, con Parigi occupata e gran parte della popolazione in fuga dalla Porte d'Orléans, a piedi o su carri e automobili. Ho lasciato l'appartamento di rue Bonaparte, che appartiene alla mia amica Myriem, dove stavo da sola. È un bel posto, assolato, con la vista della chiesa di Saint-Sulpice. Vedevo la luce spostarsi attraverso i suoi archi man mano che il sole compiva ogni giorno il proprio percorso nel cielo. Il caratteristico stile barocco della chiesa la fa risplendere come se fosse illuminata dal cielo.

Ho passato gran parte della mia vita parigina a Saint-Sulpice. Mio figlio ha ricevuto lì la sua Prima comunione e spesso, quando la mia vita sembrava intrisa di confusione o di dolore – dopo la morte dei miei due fratelli, quando mi sono accorta che il mio matrimonio si stava rompendo, o quando stavo affrontando un altro periodo doloroso da sola – sono rimasta seduta per ore nell'oscurità in fondo alla chiesa, a guardare la luce. A volte un organista si esercitava in vista della messa domenicale. I turisti entravano e si fermavano accanto alle acquasantiere di marmo, guardando i tre dipinti murali di Eugène Delacroix che abbelliscono le pareti di una cappella laterale.

Ispirata alla cattedrale di St. Paul di Londra, Saint-Sulpice è dedicata a Sulpizio il Pio, un santo venerato dalla Chiesa ortodossa orientale e dalla Chiesa cattolica, che si dice abbia estinto un incendio con un cenno della mano. È una chiesa storica: Victor Hugo si sposò a Saint-Sulpice; Charles Baudelaire e il marchese de Sade vi furono entrambi battezzati. Come la sua vicina più famosa, Notre Dame, nella primavera del 2019 ha preso fuoco. Sono state danneggiate le porte, una vetrata, un bassorilievo e una scala.

La chiesa è sopravvissuta all'incendio, che in seguito la polizia scoprì essere stato doloso, ma è stata chiusa poco più di un anno dopo per la pandemia. Mentre ristoranti e caffè in tutta la città sospendevano le attività e il presidente Emmanuel Macron dichiarava che il paese era in guerra con il virus, io mi trovavo all'ingresso sbarrato di Saint-Sulpice. Salivo le scale e strattonavo le catene fermate da un lucchetto, quasi incredula. Mi sentii il petto oppresso quando capii che la chiesa – il mio santuario – mi era preclusa. Tornai a casa, raccolsi la maggior parte delle mie cose e presi uno dei pochi taxi in circolazione, diretta al settimo arrondissement, alla parrocchia di Santa Clotilde, per andare a vivere dalla mia amica Genevieve, che si chiama come la santa protettrice di Parigi.

Dopo una settimana a Parigi, incapace di sopportare ancora l'ansia, feci di nuovo i bagagli e lasciai la stanza sulla rue de Grenelle. Misi insieme i guanti di gomma (l'ultimo paio sugli scaffali del Monoprix di rue de Rennes), la mascherina casalinga (che avevo cucito con un pezzo di stoffa), le mie otto scatole di Doliprane, la mia medaglia di San Cristoforo, il santo patrono dei viaggiatori, e mi diressi alla Gare de Lyon, quasi deserta. I pochi viaggiatori indossavano mascherine e guanti; ci tenevamo a un metro di distanza l'uno dall'altro.

Salii sull'ultimo treno per Grenoble, dove mio figlio si rifugiava tra le montagne, nella casa di famiglia del mio ex marito, i cui antenati avevano vissuto lì per quattrocento anni.

Quando arrivai a Grenoble, la stazione era vuota, con soldati armati sulla banchina. Il mio ex e mio figlio erano venuti a prendermi per portarmi al paese. La nostra macchina, mentre risaliva il passo serpeggiando, era l'unica per strada. Nell'oscurità, entrammo nel vialetto di accesso di una casa del XVI secolo con le pareti spesse, le camere non riscaldate e un caminetto abbastanza grande da poterci cucinare un banchetto.

Le montagne, ovviamente, non erano cambiate. Ma nella decina di anni passati da quando ero stata lì non lo era neanche la casa: c'erano ancora la vecchia biancheria, i letti cigolanti e perfino un tubo di crema per le mani che avevo lasciato in un cassetto del bagno. Alle pareti della mia stanza c'era un quadro che avevo sempre amato, *Le retour au pays*, "il ritorno al paese".

A giudicare dall'abbigliamento delle persone, il quadro risale probabilmente agli anni cinquanta dell'Ottocento; è impolverato e rovinato, con la cornice mezza rotta. Rappresenta un marinaio francese seduto in una cucina all'antica. È circondato dai compaesani – un prete, un fattore, un'anziana – con facce segnate ma incantate. C'è un caminetto, un fuoco acceso. Il marinaio sta raccontando una storia, probabilmente dei suoi viaggi in luoghi di cui gli altri non hanno mai nemmeno sognato. Adesso è tornato a casa, dal grande mondo a quello minuscolo fra le montagne.

Ho amato quel quadro molto prima di poterlo capire. Mi chiedevo che storie stesse raccontando quell'uomo, ma riflettendo sul fatto che aveva viaggiato ai quattro angoli del mondo capii che è un personaggio che ha lasciato la sicurezza della casa e del paese per allargare la propria immaginazione e il proprio mondo. E forse come, nell'ordine naturale delle cose, non avrebbe dovuto fare.

Nei mesi trascorsi sulle Alpi la mia percezione del tempo è cambiata, in parte perché il tempo, nella decina d'anni trascorsi dall'ultima volta che ero stata lì, sembrava essersi fermato. I paesani in quel luogo remoto sembravano sempre abbastanza antichi – in effetti i loro volti assomigliavano un po' a quelli dei personaggi del *Retour au pays*. La vita ha la stessa atemporalità, Covid-19 o no. Il fattore locale, Maurice, che ci ha sposati (è anche il sindaco), ha ancora le sue molte mucche e si alza sempre all'alba. I cugini che allevavano i conigli con cui mio figlio giocava sono morti, ma la donna che vende le uova fresche continua a sedersi in giardino nelle giornate di sole. Quando vado a camminare, passo accanto alle tombe dei cugini che hanno combattuto nella Resistenza e che sono stati uccisi dai tedeschi nel 1945, pochi giorni prima che finisse.

Ritorno al passato

Qui tra le montagne ci si ritrova tutti. Cuciniamo, lavoriamo e mangiamo insieme. Pentole e padelle sono segnate da anni di cibi famigliari che si mangiano in montagna: *pot-au-feu*, *blanquette de veau*. Le stanze hanno crocifissi sui letti, fronde della Domenica delle Palme attaccate a cornici polverose, immagini religiose e medaglie. Mi danno una camera libera e io metto sul letto lenzuola ammuffite e plaid macchiati. Esplorando il resto della casa, trovo una nursery con dentro una culla di legno. Cugini da tempo scomparsi hanno lasciato le loro tracce in cassetti e armadi. All'interno del mio guardaroba, con inchiostro blu scuro, c'è scritto *A. Challet 1927.* Segni di generazioni degli spiriti della famiglia Molin che arrivano fino al Settecento sembrano saltare fuori dappertutto. Su una parete riscopro le tacche dell'altezza di parenti a partire dagli anni venti del Novecento, fino alla nascita di mio figlio, nel 2004.

Ma non è solo la fede di cugini ormai morti a permeare questo luogo. Cugini viventi si rifugiano nella casa insieme a noi, e anche la loro fede è profonda. Pregano prima dei pasti, alzandosi in piedi a cantare, e pregano prima di andare a letto. Non mangiano carne al venerdì. La sera si riuniscono intorno a una sola candela e cantano insieme, in armonia, con risultati così belli che chiedo cosa stanno cantando. "La canzone degli angeli," dicono. Mi addormento al suono delle loro voci.

Prima di dormire cerco di pregare. Torno ad altre epoche della mia vita, segnate da pericolo e caos, in cui attraverso la preghiera ho trovato sollievo.

Ho frequentato scuole gestite da suore domenicane irlandesi, donne dure che indossavano soggoli a coprire i loro colli carnosi. Erano crudeli. Ci picchiavano con i righelli. Si infuriavano contro l'aborto, l'omosessualità, il sesso prematrimoniale. Prendevano di mira i bambini più deboli e sfruttavano il loro dolore: quelli sensibili, quelli delle famiglie povere. Io le irritavo perché facevo domande impertinenti e sfidavo i loro dogmi. Mi mandavano in fondo alla classe, mi spedivano a sedere su una panca di legno nell'ufficio della direttrice, oppure semplicemente mi ignoravano.

Spesso parlavano di quelli che camminavano con il diavolo, cosa che mi ha dato la prima impressione del bene e del male. Il male erano gli abortisti, chi si opponeva alla religione, quelli che tentavano di separare Stato e Chiesa.

Pregavamo prima delle lezioni, prima di pranzo e quando uscivamo per la giornata. Imparavamo a memoria interi libri di preghiere. Io stavo sempre seduta al mio banco di legno in ultima fila e lasciavo che la mia mente vagasse. Con il passare degli anni, man mano che le suore svanivano dalla mia memoria, dimenticai il significato della Trasfigurazione e dell'Annunciazione.

Il mio interesse per la religione come tema politico cominciò a prendere forma durante gli anni in cui lavorai in Bosnia, all'epoca della guerra civile. Conobbi una gran quantità di cristiani nella ex Jugoslavia: cattolici croati, ortodossi serbi, ortodossi montenegrini, ortodossi greci, assiri, melchiti. Tentavo di capire le loro antiche radici. Chi era arrivato prima? Come avevano fatto a conservare comunità così unite? Chi era emigrato, e chi era perito, a causa della propria fede? Cominciai a studiare e a fare ricerche sul Cristianesimo orientale e sulle differenze fra le confessioni riguardo ai dogmi e alle pratiche, oltre che sulla rottura fra Costantinopoli e Roma.

La mia madrina adottiva, Dessa Trevisan, era una devota serba ortodossa. Ma era cresciuta come cattolica romana e aveva trascorso molti anni in Italia con uno dei suoi mariti. Quando andavo a messa al Brompton Oratory di Londra la vedevo sempre, minuscola, con indosso una pelliccia, qualche fila davanti a me. Che fosse ortodossa o cattolica aveva poca importanza: era una credente. Nell'estate del 2005, pochi anni prima di morire, mi portò a vedere le chiese dell'antico Montenegro. Immagino che fosse un modo per aiutarmi a capire tutti gli aspetti della guerra in Bosnia – musulmani, ortodossi e cattolici – su cui avevo scritto nei primi anni novanta.

Durante la guerra in Kosovo, nel 1999, ero seduta a un caffè di Podgorica, la capitale in stile sovietico del Montenegro, insieme a un vecchio generale che da adolescente aveva combattuto con i partigiani di Tito, nascondendosi nelle grotte sui monti e tendendo agguati ai soldati tedeschi e italiani. Mi raccontò la sua versione della storia del Montenegro: il paese non era mai stato sottomesso dai turchi; era stato incorporato nell'impero serbo alla fine del XII secolo e aveva mantenuto la propria indipendenza dai turchi anche dopo che gli ottomani avevano sconfitto i serbi a Kosovo Polje nel 1389. Lo avevano riconosciuto come stato dopo il Congresso di Berlino del 1878, era stato governato dalla famiglia Petrović-Njegoš per circa 222 anni, finché il re Nikola I era stato detronizzato nel 1918 ed era fuggito in esilio.

Questo insieme di storia sbiadita, orgoglio e fiero spirito d'indipendenza dà al Montenegro un fascino mitico. Esistono innumerevoli leggende, alcune vere e altre probabilmente fiabesche. Mi raccontò che i montenegrini sono il popolo più alto d'Europa, che la maggior parte delle macchine rubate in Europa finisce lì e che i ricchi russi stanno comperando la costa, facendone un pacchiano Porto Ercole.

In ogni caso è un bel paese, con la sua irregolare costa adriatica, le spiagge vuote, gli aspri canyon tra le montagne e le minuscole comunità di pescatori, in cui le famiglie da centinaia di anni non hanno modificato il ritmo della propria vita a dispetto di guerre, dittatori e sanzioni. Ci sono ex città veneziane e monasteri sacri appollaiati in cima alle montagne, dove i monaci ti invitano a pranzo. C'è il risotto ai frutti di mare e l'aragosta arrosto e il delizioso cabernet del Montenegro. C'è una letargia tipicamente mediterranea.

Dovetti ritornare in Montenegro nella tarda primavera del 2005, mentre il resto del continente giaceva sotto coltri di neve, per vedere Dessa, semplicemente perché mi mancava. Allora viveva a Igalo, un sobborgo di Herceg Novi ("Castelnuovo"), un antico porto veneziano fondato nel 1382 da un re bosniaco. Dessa viveva lì tranquillamente da quando era scomparsa da Londra un inverno di qualche anno prima.

Un giorno andammo al monastero di Savina, del XVII secolo, dove nel 1934 re Alessandro di Jugoslavia, figura decisiva per l'unificazione del paese, aveva pregato e acceso una candela prima di fare vela per Marsiglia ed essere assassinato. La candela è avvolta in un nastro nero e montata in una teca di vetro su una parete. La sedia dove si era seduto ha sopra una fune. Un ragazzo, un novizio, stava spazzando il pavimento e cantava inni ortodossi. Un altro monaco ci invitò a pranzo e parlò con noi.

Aveva un modo di fare timido e pacifico. Gli chiesi perché l'altare ortodosso fosse nascosto dietro a una tenda. "Perché noi sentiamo Dio, non lo vediamo," rispose. "È questo il significato della vera fede."

Vagabondaggi religiosi

Fede voleva dire due cose per me: rito e senso di appartenenza. A prescindere da dove mi trovassi, sentivo di essere parte di una comunità più ampia, per quanto difficile, cupa o pericolosa fosse la situazione. Anche in una zona di guerra, riuscivo sempre a trovare una chiesa da qualche parte. All'interno della chiesa c'era qualcuno inginocchiato nella penombra, che cercava di comunicare con un'entità superiore. Per me (ma certo non per mia madre) non era importante che la chiesa fosse cattolica o protestante, che fosse una cattedrale a Sarajevo o un campo in Ruanda. Quando entravo in quello spazio, mi sentivo in pace e non più sola.

Di tutti i posti in cui ho visto la fede, il Medio Oriente, dove ho cominciato a lavorare una trentina di anni fa, è quello che mi ha permesso di capire meglio il concetto del divino e di definire le mie personali convinzioni. Il mio primo viaggio a Gerusalemme si svolse nel mezzo di una primavera fredda e umida, nel 1989. Arrivai all'aeroporto Ben Gurion in un'alba gelida, ma quando salii su un taxi la luce dietro alle colline si stava facendo color lavanda e rosa. Venendo dalla buia, fredda Europa, ero incantata da Gerusalemme già prima di superare le porte della città. E così cominciarono i miei molti anni di andirivieni in Medio Oriente, fra guerre, insurrezioni, omicidi, colpi di stato e le mie personali gioie e tragedie. Sullo sfondo della mia vita ci sono i molti viaggi che ho fatto nella regione. In tutti ci sono stati dei taccuini, di quelli massicci, in pelle, pieni di storie e racconti di popoli dimenticati o scomparsi.

Iniziai anche a studiare i cristiani di Gaza: la loro persecuzione, i loro timori per il futuro e anche le origini e la storia della loro minuscola comunità. Confrontavo la loro difficile situazione con quella di altri arabi cristiani in Israele, che spesso si trovavano presi fra due mondi. Da un lato, quei cristiani all'interno di Israele sono arabi, e quindi solidarizzano con la lotta palestinese, ma dall'altro sono anche cittadini israeliani per nascita.

In Egitto, prima e dopo la rivoluzione di piazza Tahrir del 25 gennaio 2011, ho seguito la situazione dei copti cristiani, dagli antichi monasteri nel deserto al loro recente esodo. Quale sarebbe il loro peggior nemico: l'emigrazione o la discriminazione? Più di un milione di copti ha lasciato l'Egitto dagli anni cinquanta del Novecento, perlopiù diretti negli Stati Uniti, nel Regno Unito, in Canada e in Australia. Per loro, la discriminazione in Egitto significa non poter costruire chiese per i loro fedeli. Le leggi sull'eredità, il matrimonio e il divorzio li penalizzano. Sono assenti nella maggior parte dei ruoli apicali nell'esercito e nel governo.

Dall'Egitto feci ricerche sulla Chiesa cristiana orientale fino in Etiopia e in Sudan. In Africa, dove ho vissuto per un felice periodo della mia vita all'inizio degli anni duemila e sono poi tornata nel 2012 per raccontare la guerra in Sud Sudan e la formazione della nazione più giovane del mondo, andavo a messa soprattutto per trovare un ritmo in un luogo dove mi sentivo persa e sola.

Come fa la fede a legare fra loro le persone e a impedir loro di sparire? Credo che in parte sia questione di unione, di senso di solidarietà che si accompagna alla fede.

Ma la fede ha portato anche alla guerra, allo spargimento di sangue e al genocidio, come nel caso di tanti conflitti che ho raccontato. Molti anni fa, in una camera d'albergo a Zagabria, lessi del vescovo Alojzije Stepinac, che all'epoca della sua nomina a primate della Croazia nel 1934 era il vescovo cattolico più giovane del mondo. Si trovò coinvolto con gli ustascia, un gruppo insurrezionale estremista in lotta per il nazionalismo croato, che si alleò con i nazisti e l'Italia fascista.

Gli ustascia condussero una brutale campagna contro i serbi ortodossi, gli ebrei e i rom, uccidendo centinaia di migliaia di persone e presiedendo a conversioni forzate, tutto in nome del Cattolicesimo. Nel 1942 Stepinac aveva condannato le azioni degli ustascia e si dice che avesse tentato di salvare molte vittime. Ma dopo la guerra fu processato dal governo jugoslavo e passò cinque anni in prigione. Ricordo di aver letto da qualche parte che l'intensa solitudine esistenziale che aveva provato era dovuta anche alla sua rottura con la Chiesa. Si era sempre sentito legato agli altri dalla fede; adesso, abbattuto e allontanato dal suo Dio, era solo.

In Africa, soprattutto in Costa d'Avorio e in Nigeria, la diffusione della fede e le dimensioni delle chiese mi sopraffecero. A nordovest di Abidjan, in Costa d'Avorio, guidai verso la basilica della Madonna della Pace, una rozza struttura degli anni ottanta costruita più o meno nello stile di San Pietro, nella capitale Yamoussoukro. Era una domenica mattina, calda e secca, e mi svegliai come quasi sempre in Costa d'Avorio con la sensazione di avere una leggera febbre, forse un po' di malaria. Il viaggio richiese circa tre ore dalla nostra casa a Deux Plateaux, vicino al ristorante vietnamita Nuit de Saigon (è così che la gente indicava il proprio indirizzo). Mentre le dimensioni e il numero di persone presenti nella chiesa mi lasciarono senza parole, rimasi delusa dalla struttura. Mi sembrava troppo moderna, troppo aperta verso il cielo, per essere spirituale; assomigliava piuttosto a un grande mercato. Non era piacevole. Ma la chiesa aveva vetrate a colori e un'alta cupola e la cosa importante era la concentrazione e il potere della preghiera. Migliaia di persone si inginocchiavano e pregavano tutte insieme.

Qualche settimana dopo il mio viaggio alla basilica, nel paese scoppiò una guerra. Accadde molto rapidamente, come capita spesso con le guerre. Ero stesa sul letto a leggere, una sera tardi, e sentii degli spari nel mio giardino. Amavo quel giardino, con i suoi alberi da frutto, una vecchia piscina e uno studio per scrivere dipinto di verde lime, e adesso c'erano soldati armati che lo attraversavano correndo.

Poco dopo la guerra scoppiò davvero e si propagò oltre il mio giardino, i miei alberi da frutto e la mia casa. La lasciai con i manghi che spesso raccoglievo per colazione sparpagliati in tutto il giardino, pensando che era uno spreco perdere tutti quei frutti che qualcuno poteva godersi, presi solo il passaporto e il computer, qualche vestito, un paio di scarpe. Lasciai lì tutto il resto. Quella guerra durò alcuni anni e le chiese erano troppo difficili e pericolose da raggiungere.

Un pomeriggio, prima di lasciare il paese per ragioni di sicurezza, feci due passi fino a un fruttivendolo dove in tempo di pace comperavo verdure da una ragazzina resa zoppa dalla polio. Era allegra, sempre sorridente, seduta su una sedia con indosso un vestito di cotone a pois vivacemente colorato.

Il giorno della mia partenza il fruttivendolo era chiuso. La ragazza era sparita, come il negozio di video dove noleggiavo sempre i DVD. La gente lasciava la città. Ma, tornando, vidi una vecchia signora in ginocchio nel cortile dietro a casa sua.

"Che cosa sta facendo?" le chiesi. Lei si voltò e io le vidi la faccia, rugosa, segnata dalla dura vita del suo paese. Era una di quelle donne che di prima mattina vedevo camminare lungo le strade di terra rossa, all'alba, per andare al lavoro, per andare da qualche parte.

"Che cosa sta facendo?" ripetei, più gentilmente.

"Sto pregando," rispose, indicando un ramo carico di papaie mature, pronte a cadere. "Dio è lì," disse. "È ancora in quell'albero."

Questo è ciò che ho sempre creduto: Dio, o la forza in cui credono le brave persone, è ancora in quell'albero. A dispetto delle guerre, della povertà, della pandemia.

Ma non posso pensare alla fede senza pensare a come le persone sopravvivono quando non hanno alcuna idea di speranza. Come fa a sussistere la fede in tempi e luoghi in cui c'è un vortice infinito, una tempesta di male?

L'allegria perduta

"Djeznana," mi ha detto una volta Velma, la mia amica di Sarajevo, pronunciando il mio nome alla bosniaca. "Ti ricordi del tuo primo Natale di guerra?"

Certo che me ne ricordo, le ho risposto. Mi ricordo tutto. Non è possibile dimenticare.

Il 24 dicembre 1992, la Vigilia, la città di Sarajevo era

immersa in un silenzio nero, interrotto solo di quando in quando dal lampo di un razzo tracciante o dall'esplosione di un proiettile. Mi svegliai presto, nella mia stanza gelida senza riscaldamento da molti mesi. L'aria ghiacciata della città di montagna entrava dalla plastica che copriva le finestre, spaccate dalle esplosioni.

La Vigilia di Natale. Quella mattina non erano passati molti anni dalla mia infanzia, dai giorni in cui non riuscivo a dormire per la gioia che sarebbe arrivata di lì a poche ore, quando mi sarei svegliata nella mia stanza, sarei corsa da basso a piedi nudi e avrei trovato mia madre e le mie zie in cucina a preparare cose complicate, cose straordinarie, ricette portate dall'Italia.

Adesso la mia giornata sarebbe stata impiegata in tattiche di sopravvivenza, in una città sotto assedio.

Allacciandomi i pesanti scarponi da neve e coprendomi contro il freddo con strati su strati di stoffa, scesi nell'enorme sala da pranzo e feci colazione con tè nero e pane raffermo.

Poi mi misi a camminare dal mio albergo verso la collina di Bjelave, dove abitava una famiglia cattolica di mia conoscenza. Il padre aveva avuto l'incarico di cercare cibo in un parco pubblico e io mi unii a lui, percorrendo cauta le strade ghiacciate fino al centro della città. L'aria gialla puzzava del carburo delle bombe. Raccogliemmo la legna nei sacchi, come gente del Medioevo, e la portammo in cima alla collina. Le persone che incrociavamo si muovevano adagio, in silenzio, con l'aria più di fantasmi che di esseri umani.

La guerra andava avanti da meno di un anno. Sarebbe durata per altri tre. Vicino al centro della città, dove cercavamo la legna, avevano cominciato a seppellire i morti in un ex campo di calcio. Alla fine della guerra sarebbe stato pieno.

Per pranzo mangiammo riso con dei pezzi di qualcosa tirato fuori da una scatoletta e io tornai a casa prima che facesse buio. La famiglia aveva scambiato scatolette di aiuti umanitari con una famiglia musulmana, ottenendo una lattina di maiale in cambio di olio per cucinare. Stavano preparando come meglio potevano una cena di Natale. Pensai ai miei genitori, lontani e sei ore indietro, mentre preparavano la loro cena di Natale, che secondo la tradizione cristiana mediterranea deve comprendere sette pesci. Qui, amici miei, avvolti in casa dentro cappotti e sciarpe e cappelli per il freddo penetrante e cattivo, eravamo emozionati perché riuscivamo a preparare del *burek*, un piatto tradizionale di quella parte del mondo. È una specie di pasta fillo avvolta intorno a carne e verdura, o a qualunque cosa saltasse fuori da una di quelle scatolette. Non c'era formaggio, non c'era verdura, né la pasta fillo che avrebbero usato prima della guerra, ma ci provavano.

La loro casa era come una chiesa per me: un santuario, un posto dove mi sentivo al sicuro anche se era in uno dei quartieri più esposti di Sarajevo. Conoscevo bene il percorso da casa loro alla mia, un triste Holiday Inn sul viale dei cecchini, con le finestre sfondate, senz'acqua, senza riscaldamento, senza elettricità, senza telefono. Quando lasciai la famiglia mi trovai del tutto sola e, all'improvviso, capii dov'ero, capii com'ero esposta ai proiettili, ai mortai e alle pallottole. Scesi dalla collina metà correndo e metà camminando, con il freddo che mi si insinuava nella schiena, e l'unica volta che fui presa di mira da un cecchino mi rifugiai nel portone di una banca distrutta. Corsi a zigzag attraverso un campo dietro all'Holiday Inn e finalmente raggiunsi la porta sul retro dell'albergo, gravemente danneggiata. Solo a quel punto abbassai lo sguardo e vidi le mie mani tremanti, che cercavano di accendere un fiammifero per una sigaretta.

Quella notte andai a messa sul viale dei cecchini, ma invece che a mezzanotte la messa si tenne a un'ora segreta, annunciata sottovoce fra i cattolici solo un'ora prima, in modo che i mortai non potessero sparare una bomba sulla chiesa dove tanta gente si era radunata a pregare. Fu comunque emozionante. Con il mio amico Kurt (che sarebbe stato ucciso otto anni dopo, mentre lavoravamo insieme in Sierra Leone) che mi teneva la mano, salimmo qualche gradino della chiesa fino al punto in cui, in tempi migliori, si trovava il coro e suonava l'organista.

I soldati cattolici erano scesi dalla linea del fronte per prendere la comunione, e furono i primi a mettersi in fila, a testa china, con le uniformi sporche e le scarpe rovinate. La gente cantò *Astro del ciel* in bosniaco mentre la fila avanzava. Io ero commossa fino alle lacrime e imbarazzata di piangere davanti a Kurt, che era appassionato, ma stoico.

Ma non potei farci niente.

Il prete metteva loro l'ostia sulla lingua, poi li benediva facendo il segno della croce sulla loro fronte. Quando si voltavano per tornare ai loro banchi vedevo le loro facce: bambini, in fondo. Alcuni dinoccolati, altri massicci, capelli corti, capelli lunghi, a malapena dell'età per guidare, per votare, per bere legalmente, per farsi la barba. Eppure, stavano combattendo. Eppure, la maggior parte di loro sarebbe probabilmente morta nei successivi tre anni. Era il primo Natale della mia vita in cui ero lontana dalla mia famiglia, e anche questo mi spingeva a piangere.

A Sarajevo, anche durante i peggiori bombardamenti, avrei continuato ad andare a messa, sotto i colpi dei cecchini, nella cattedrale neogotica del Sacro Cuore vicino a via Maresciallo Tito, nella città vecchia. A dispetto del pericolo di lasciare la casa, la gente riusciva sempre ad arrivarci: le anziane con le loro pellicce malconce, gli uomini con gli *ušanka*, i tipici colbacchi russi. E io ricordavo una cosa che avevo letto, una cosa che mi sosteneva: per quanto solo tu ti senta, quando entri in una chiesa sei unito a tutti coloro che condividono la tua fede.

C'erano altre chiese che amavo in quel periodo della mia vita, altre chiese cattoliche nell'Europa orientale. A

Zagabria, un giorno d'inverno, prima di partire all'alba con un volo umanitario diretto a Sarajevo, camminai fino alla cattedrale nel quartiere di Kaptol, nella città alta. Era stata la sede dell'arcivescovo croato e volevo accendere una candela per calmarmi i nervi prima di partire e passare mesi in una zona di guerra. La Croazia aveva appena finito la sua guerra e negozi e mercati erano senza cibo. Feci fatica a trovare una candela. Finalmente, nel crepuscolo, compii il mio pellegrinaggio alla cattedrale e mi inginocchiai vicino all'altare.

Aveva sopportato molte cose. Mille anni prima, re Ladislao aveva trasferito la sede episcopale da Sisak a Zagabria perché fosse più protetta. Poi c'era stata l'invasione ottomana alla fine del XV secolo. Si erano verificate catastrofi naturali – un terremoto nel 1880, per esempio, che aveva danneggiato gran parte delle strutture principali – e c'erano state altre violenze della storia: due guerre mondiali e varie guerre balcaniche. Ma alla fine del XX secolo, nell'epoca buia di un'ennesima guerra, la cattedrale era ancora in piedi. L'interno brillava, illuminato da molte candele. Mi inginocchiai all'altare e pregai. Sapevo di non essere sola.

Sono sopravvissuta alla guerra di Bosnia – al contrario di molti che conoscevo – e a un sacco di altri conflitti che andai a raccontare. Credo, so, che in parte è stata la fede a tenermi in vita.

The Atlantic nel 2019 pubblicò un saggio in cui si sosteneva che in America la santa trinità costituita da lavoro, famiglia e religione, i fondamenti della società tradizionale occidentale, si stava erodendo. I millennial erano "tre volte più inclini dei boomer" – le persone nate fra il 1946 e il 1964 – "a dichiarare di non credere in Dio". In buona parte questo era legato a una "sfiducia generalizzata nelle istituzioni e nelle autorità", una risposta ragionevole da parte di chi era diventato maggiorenne durante un tracollo finanziario globale. La frequentazione delle chiese era declinata con l'avvento di Internet. Invece di frequentare chiese comunitarie come occasione di interazione sociale e luoghi di spiritualità, i giovani, soprattutto maschi, trovavano la spiritualità online. La tesi di fondo dell'articolo era che le persone tentavano di "rinegoziare il loro rapporto con la religione scegliendo e selezionando elementi di varie tradizioni religiose che trovavano allettanti".[1]

The Atlantic citava uno studio del Pew Research Center. Tuttavia, il *Washington Post*, citando un altro studio del Pew, diceva che gli americani si rivolgevano alla loro fede in epoca di coronavirus:

> La maggioranza degli americani ha pregato per la fine della pandemia, sostiene un sondaggio del Pew Research Center. Secondo l'inchiesta [...] gli evangelici sono fra i più propensi a dire di aver pregato per la fine del virus, lo dichiara l'82

> per cento degli intervistati. Fra coloro che dichiarano di non aderire a nessuna religione in particolare, il 36 per cento dice di aver pregato per il virus, mentre il 15 per cento di coloro che in generale pregano di rado o mai dice di aver pregato per la fine della crisi.[2]

I due studi non sono in contrasto come potrebbe sembrare. L'articolo del *Post* riconosceva che "le persone anziane sono più propense a dichiarare di aver pregato per la fine [del coronavirus]", insieme a numerosi altri gruppi, fra cui le donne, i neri, gli ispanici, i repubblicani e gli evangelici. Il che, ovviamente, lascia fuori comunque molti millennial, che in entrambi gli studi sono indietro rispetto ad altri gruppi per quanto riguarda la pratica religiosa.

Questa è dunque la situazione della religione negli Stati Uniti: un probabile declino man mano che la generazione più giovane cresce. Che cosa significa questo per la nostra concezione, in costante evoluzione, della fede nel XXI secolo? E cosa significa per il modo in cui comprendiamo la situazione delle persone di fede in tutto il mondo che – Covid-19 a parte – lottano con problemi molto diversi dai nostri?

Ho cominciato questo libro per capire come i cristiani del Medio Oriente, luogo di nascita del Cristianesimo, sono sopravvissuti nella più turbolenta delle epoche. In un certo senso, è diventato un libro su come le persone pregano per sopravvivere alle loro epoche più turbolente.

Più del novantatré per cento delle persone che vivono nel Medio Oriente oggi si dichiarano musulmane.[3] I gruppi fondamentalisti musulmani, in particolare l'ISIS, hanno devastato parti dell'Iraq e della Siria e hanno condotto la già decimata popolazione cristiana di quei paesi sull'orlo dell'estinzione. In Egitto i cristiani copti affrontano discriminazioni giuridiche e sociali. A Gaza, che nel IV secolo era interamente cristiana, restano meno di mille cristiani.

Ho viaggiato in questi luoghi nel tentativo di registrare per la storia persone i cui villaggi, le cui culture e il cui ethos forse tra cento anni non esisteranno più.

Ma volevo anche scrivere delle persone che ho incontrato nel corso del viaggio, la cui fede e resilienza ha garantito loro di sopravvivere e rendere omaggio a coloro che sono scomparsi – alcuni dei quali avevano una grande fede, altri nessuna.

1. Iraq
2002-2019

Negli ultimi mesi del regime di Saddam Hussein in Iraq, il ministero dell'informazione, che controllava i movimenti della stampa, accettò la mia richiesta di poter viaggiare attraverso il paese in auto.

Quel viaggio lungo e malinconico, reso più cupo dall'imminente invasione americana, iniziò nel 2002. Di solito avevo due compagni: un autista, il gentile Munzer, un sunnita palestinese la cui famiglia si era trasferita in Iraq nel 1948; e un'interprete, Reem, una donna della provincia di Babil, dove si trovava l'antica capitale Babilonia.[1] In alcune fasi del viaggio fummo accompagnati anche da un arcigno sorvegliante graziosamente fornito dal ministero. Il suo compito era spiarci e prendere dettagliati appunti su dove andavamo e chi incontravamo. Ma lo scoprii solo in seguito. Mandava un rapporto quotidiano sulle nostre attività. Ogni tanto c'era anche un altro traduttore, Ali, che si rivelò uno studioso di cinema innamorato di Martin Scorsese. Lui e Munzer avevano un rapporto tumultuoso e a volte minacciavano di venire alle mani, per cui cercavamo di tenerli divisi.

Munzer aveva una Oldsmobile del 1987, quasi lo stesso modello che Hillary Clinton diceva di aver guidato da Little Rock a Washington quando suo marito era diventato presidente. Riempii la macchina di frutta e acqua, un kit di pronto soccorso e generi di prima necessità, e cominciammo ad andare su e giù, a nord e a sud, a est e a ovest, per tutto il paese.

Per me questi viaggi erano accompagnati da una sensazione luttuosa perché sapevo già, mentre percorrevamo le infinite autostrade costruite sotto il regime di Saddam – da Bassora a Baghdad, da Baghdad a Mosul – che non avrei percorso più così facilmente quelle strade. Anche se l'invasione non era ancora avvenuta, il viaggio si svolse in un momento in cui era prevedibile, lo sapevano tutti. Le autostrade, i villaggi, lo stile di vita nelle città e nelle campagne – tutto sarebbe sicuramente cambiato.

Ma la guerra incombente si sarebbe rivelata peggiore di quanto molti si aspettavano. Con l'invasione del 2003 e l'insurrezione che ne seguì, fu praticamente l'Iraq stesso a scomparire. Il paese delle palme da dattero, delle oasi e dei deserti sarebbe finito punteggiato da posti di blocco e tombe. Benché allora non potessi sapere la misura dell'angoscia che avrebbe investito quell'affascinante paese, mentre passavamo attraverso quelle rovine bibliche nell'antica terra dei profeti, attraverso languidi villaggi di contadini e città polverose, ero sicura che sarebbero cambiati per sempre non appena le bombe avessero cominciato a cadere.

Parte del lavoro che avevo intrapreso consisteva nello studiare i discendenti degli antichi cristiani. Le storie della Bibbia con cui ero cresciuta sembravano cominciare in Mesopotamia, la terra tra i due fiumi, nell'odierno Iraq: Adamo ed Eva nel Giardino dell'Eden, il fiorente luogo di nascita di Abramo, Ur, le storie di Daniele fra i leoni e di Ezechiele a Babilonia.

Da bambina, la mia Bibbia aveva dei disegni del Giardino dell'Eden, pieno di alberi immensi, con un uomo e una donna quasi nudi all'ombra del fogliame. Nella Bibbia per bambini che mi avevano regalato per la Prima comunione c'erano disegni della coppia che lasciava il giardino dopo aver assaggiato il frutto proibito. Il bel giardino, sensuale nella sua rigogliosità, sfuggiva loro per sempre. Poi arrivava un'altra punizione, il Diluvio.

Per via della descrizione dei quattro fiumi antichi che lo mantenevano verde e fertile, si credeva che il Giardino dell'Eden fosse nell'antica Mesopotamia. Nel libro della Genesi questi fiumi sono nominati chiaramente: "Un fiume usciva da Eden per irrigare il giardino, poi di lì si divideva e formava quattro corsi. Il primo fiume si chiama Pison [...]. Il secondo fiume si chiama Ghicon [...]. Il terzo fiume si chiama Tigri [...]. Il quarto fiume è l'Eufrate." Seguire la geografia biblica è complicato e io non sono una studiosa della

Bibbia. I luoghi moderni rimangono incerti. Per esempio, i due fiumi che conosco bene, il Tigri e l'Eufrate, che oggi scorrono dalla Turchia attraverso l'Iraq fino al Golfo Persico, potrebbero non trovarsi nella stessa posizione geografica dei fiumi biblici. La posizione del Ghicon e del Pison è sconosciuta. Dopo la Genesi non sono più citati nella Bibbia, e i fiumi notoriamente mutano il loro corso nel tempo.[2]

L'Eden biblico poteva essere in molti altri posti diversi dall'Iraq – compresa la Turchia, in cui gli antichi fiumi scorrono in parte. E ci sono legioni di cercatori dell'Eden, gente che passa tutta la vita e interrogarsi su dove poteva essere il giardino e cosa potrebbe esserci accaduto effettivamente. Tra loro ci sono scienziati, archeologi, biblisti e mattoidi.

Il Ghicon potrebbe essere il Nilo, anche se qualche studioso ha fatto i nomi dell'Indo o del Gange. La Bibbia in effetti non cita il "Tigri"; parla di "Hiddekel". La maggior parte delle traduzioni della Bibbia lo ritiene il Tigri, e così viene tradotto, ma alcuni studiosi del problema sostengono che si tratti di fiumi del tutto diversi. Alcuni hanno addirittura suggerito che i fiumi biblici fossero in realtà dei canali. La verità è che sappiamo ben poco della geografia della terra prima della presunta devastazione del Diluvio.

Di sicuro Abramo, il patriarca di cristiani, musulmani ed ebrei, veniva da Ur dei Caldei, una città-stato sumera della Mesopotamia. Oggi Ur si chiama Tell el-Muqayyar ed è vicina a Nassiriya, città dell'Iraq a circa trecentosessanta chilometri a sudest di Baghdad. È qui che, migliaia di anni dopo la morte di Abramo, nelle ultime settimane di marzo del 2003, le forze americane avrebbero combattuto contro gli iracheni nel sanguinoso tentativo di occupare il loro paese. E mentre passavamo in macchina a sud di Baghdad, parecchi mesi prima che la guerra cominciasse, io ero persa fra i due mondi. Immaginavo la vita lungo l'Eufrate ai tempi di Abramo, le palme ondeggianti, i mercanti, gli scribi e i templi, e poi venivo riportata alla realtà e al pensiero della guerra imminente: come avrei fatto a sopravvivere, come sarebbe stato il paesaggio dopo l'arrivo dei soldati americani. Questo, per me, era parte del fascino dell'Iraq: le certezze del suo antico passato erano avvolte dalle imminenti incertezze di un caotico presente.

Ero una giornalista di guerra e si presumeva che fossi immune dalla paura, ma non era vero. Ero ansiosa, spaventata, inquieta. Cercavo di nasconderlo alla mia piccola squadra di viaggiatori prendendo appunti, studiando le mappe – antiche e moderne – e parlando con più persone possibile, la maggior parte delle quali era troppo terrorizzata per parlare, poiché percepiva la guerra incombente. Come per Adamo ed Eva nell'Eden, anche i miei erano giorni che precedevano una caduta e le persone erano ben consapevoli che l'Iraq che conoscevano, come l'Eden, sarebbe stato ben presto perduto – forse per sempre.

E tuttavia la grandiosità di quegli antichi luoghi mi sbalordiva. Ur, la città natale di Abramo, un tempo era stata il centro di un ricco impero. Considerata da molti la prima grande metropoli del mondo, dominava la Mesopotamia meridionale dopo la caduta dell'impero di Akkad. La civiltà a Ur raggiunse il culmine intorno al 2000 avanti Cristo, all'epoca in cui si ritiene sia vissuto Abramo.

La città era molto ricca e aveva quasi sessantamila abitanti. C'erano navi mercantili, aziende tessili e fabbriche che producevano vesti di lana e tappeti, destinati all'esportazione. La Grande Ziggurat, una massiccia piramide antica di quattromila anni i cui resti sono stati ritrovati nel XIX secolo, incombeva sulla città.

A Ur c'erano quartieri per i mercanti stranieri che arrivavano in città fin dal Mediterraneo, 1200 chilometri più a ovest, e dalla civiltà dell'Indo, che gli antichi iracheni chiamavano Melukhkha, 2400 chilometri più a est. Il mercato era pieno di curiosità e del suono di lingue esotiche. C'era moltissima innovazione. I creatori di una delle prime forme di scrittura, quella cuneiforme, venivano da Ur. Io ho dormito in case non troppo diverse da quelle che esistevano nell'antichità – edifici bassi, quadrati, con scale per raggiungere il tetto, dove dormivamo d'estate per evitare il calore soffocante. Ai tempi di Abramo gli uomini si radunavano nei cortili per chiacchierare, fare affari e scambiare pettegolezzi, bevendo da grosse urne con delle cannucce. Nel 2002 ho visto uomini molto simili ai loro antenati. Erano seduti nelle sale a bere tè e a fumare il narghilè, mentre le donne stavano in cucina o fuori con i bambini. In Iraq tecnologia, elettricità e la scienza medica erano arrivate, ma le tradizioni e la società in qualche modo perduravano.

Si dice che anche altri profeti abbiano percorso la regione – o che vi siano rimasti per qualche tempo contro la loro volontà. Daniele, un eroico giovane ebreo, molto probabilmente veniva da Gerusalemme, ma venne portato in Iraq all'epoca della cattività babilonese, all'inizio del VI secolo a.C., con molti altri ebrei. Il Libro di Daniele descrive la città sotto il re di Babilonia, e poi ai tempi del conquistatore persiano Ciro, ma mostra anche il rigore morale di Daniele e la sua saggezza di fronte all'oppressore, e racconta come Dio continui a svolgere i suoi piani quando tutto sembra perduto. Alcuni studiosi moderni sostengono che Daniele non sia mai esistito; altri affermano che è sepolto nell'attuale Iran o Iraq.

Anche Ezechiele, un altro profeta ebraico in esilio, visse durante il regno di Nabucodonosor, più o meno all'epoca in cui vennero costruiti i Giardini pensili di Babilonia. Si definì "sentinella della casa d'Israele" e inviò messaggi di speranza agli ebrei in esilio, mettendoli al contempo in guardia dall'idolatria. Nelle sue visioni scorse la rinascita di Gerusalemme, ma sottolineò anche la necessità di conservare le tradizioni ebraiche in vista del giorno in cui Dio li avrebbe guidati nuovamente verso Israele, raccontando che Dio gli parlava del giorno in cui li avrebbe "ricondotti dai popoli e radunati dalle terre dei loro nemici e [...] mostrato in loro la mia santità, davanti a numerose nazioni".[3] In ultima analisi, le profezie di Ezechiele parlavano di redenzione. Mentre io attraversavo in macchina l'Iraq in quegli ultimi giorni prima della guerra, la cosa che le persone sembravano desiderare soprattutto era la consolazione. "Dimmi che la guerra non sta per arrivare," mi dicevano. Potevo dar loro un ben misero conforto, a meno di mentire spudoratamente.

* * *

L'invasione americana era programmata per la primavera del 2003, ma c'erano poche notizie sicure in merito. Sapevamo che stava arrivando, ma non eravamo sicuri del quando e del come, del giorno, dell'ora. A Baghdad prima della nostra partenza circolavano voci sul fatto che Saddam avrebbe incendiato la città, o che gli stranieri sarebbero stati presi e messi nel carcere di Abu Ghraib.

Fu con una sorta di rassegnato sollievo che, al momento della partenza, misi nel bagagliaio dell'auto le mie borse, qualche coperta e qualche cuscino. Durante quei viaggi eravamo tagliati fuori dal mondo. Internet a Baghdad era controllatissima e non c'era rete per i cellulari. Ero riuscita a contrabbandare un telefono satellitare, ma usarlo era illegale e il livello di paranoia che sentivo dopo mesi passati sotto il Mukhabarat, la polizia segreta di Saddam, era spaventoso. Mi vestivo al buio, sapendo che venivo filmata. Le cameriere mi perquisivano la stanza e mi leggevano i taccuini. Se avevo ospiti nella mia camera d'albergo, alzavo il volume della TV per rendere più difficile ascoltare quello che dicevamo. Soprattutto non sapevo mai con chi stessi parlando davvero e cosa avrebbero potuto raccontare per salvarsi la pelle. Dovevo presumere che tutte le parole fossero controllate. Ogni sera, quando lasciavo il ministero dell'informazione, un agente mi sigillava il telefono satellitare con della ceralacca e tutte le mattine la toglieva. Così poteva sapere se lo aprivo o meno e se lo usavo illegalmente durante la notte. La pena per questo era la sicura espulsione, ma poteva essere ancora peggio: il carcere. Nell'Iraq di Saddam vivevamo così: c'erano incertezza, paura e paranoia a un livello spiacevolmente alto.

Lo scopo del mio viaggio era incontrare persone e scrivere tutto quello che vedevo. Ogni tanto Reem e io guardavamo la TV irachena, ma soprattutto parlavamo con le persone e ci immergevamo nei pettegolezzi locali. Giravano le voci che inevitabilmente si accompagnano alla fine di un regime. Era un'epoca insopportabilmente tesa e claustrofobica.

"Cosa succederà quando arriveranno gli americani?" chiedevo a Reem e ad Ali. A Baghdad i bambini scavavano trincee e agli angoli delle strade si ammucchiavano sacchi di sabbia. Ma nessuno voleva pensare al futuro. Reem di solito restava in silenzio. Una volta Munzer rispose: "Combatteremo!"

Andammo a sud, nelle città sacre sciite di Najaf e Kerbala. Andammo a nord, nella città natale di Saddam, Tikrit, dove assistemmo a immense, pompose parate militari. Passammo l'Id al-Fitr, la festa che segna la fine del mese di Ramadan, con un contadino che tutto orgoglioso macellò una capra davanti ai nostri occhi, in un vicolo – una scena raccapricciante – e poi ce la servì per pranzo. Una volta andai con Reem al Mausoleo dell'imam Hussein a Kerbala. Reem entrò e tornò con un nastro verde per me. "Vuol dire," disse solennemente, "che puoi esprimere un desiderio."

Reem sapeva quello che volevo. Mi sarei sposata in agosto. Chinai il capo, chiusi gli occhi e desiderai un matrimonio felice, sicurezza e un bambino sano in futuro.

Durante le lunghe giornate di viaggio incontrammo iracheni di molte sette e tribù differenti. L'Iraq è un paese straordinariamente vario. Stemmo con gli yazidi e con gli assiri dagli occhi azzurri e incontrammo arabi sunniti, arabi sciiti, turchi, caldei, circassi, armeni, ebrei e curdi.

Tutti questi gruppi avevano motivi per temere l'invasione americana, ma il timore fra i cristiani era particolarmente forte. La comunità cristiana era presente in Iraq fin dai tempi dell'apostolo Tommaso, le cui ossa delle dita si dice siano state scoperte a Mosul nel 1964 durante il restauro di una chiesa. Tommaso a quanto pare portò qui la religione cristiana nel I secolo. Gli assiri dell'epoca adottarono rapidamente il Cristianesimo, facendo delle persone di lingua aramaica orientale che ancora vivono lì una delle più antiche comunità cristiane del mondo. Il Cristianesimo convisse con la religione locale per qualche centinaio di anni, finché quest'ultima cominciò a morire. I cristiani stessi, tuttavia, cominciarono a essere perseguitati nel VII secolo, con l'arrivo dell'Islam.

La comunità resistette malgrado i massacri da parte di mongoli e mamelucchi nel XIII secolo e le grandi distruzioni ordinate un centinaio di anni più tardi dal conquistatore turco-mongolo Tamerlano. In anni recenti la persecuzione aveva scatenato un esodo. Prima della guerra, quando io vivevo a Baghdad, in Iraq c'erano circa 1,4 milioni di cristiani, soprattutto cattolici caldei. Oggi ne restano fra i 250.000 e i 300.000, secondo un rapporto pubblicato da Samuel Tadros, Senior Fellow dello Hudson Institute, un think tank conservatore con base a Washington. Ma nessuno conosce davvero la cifra esatta, perché da trent'anni non viene fatto un censimento.

Di solito alla domenica, all'epoca di Saddam, pregavo nella bianca chiesa caldea di Santa Maria, nel quartiere di Shorja. Stare seduta con persone che meditavano e cantavano tranquillamente in un'antica lingua era per me un sollievo dalla follia dell'Iraq prebellico e dalla squallida camera dell'albergo Al-Rasheed, dove tutto era sorvegliato e registrato. Dovunque andassi, c'erano gli uomini del Mukhabarat con le loro giacche di pelle e i baffi cespugliosi. Erano tutti uguali, sfacciatamente visibili. Giornalisti e diplomatici avevano tutti paura dei filmati compromettenti, spesso di natura sessuale, che si diceva venissero fatti ai visitatori. Dopo la guerra, un ufficiale della sicurezza britannica trovò un intero palazzo pieno di questi filmati – il Mukhabarat li aveva conservati nel caso dovesse ricattare qualcuno. Le sere in cui i folli figli di Saddam, Qusay e Uday, venivano nel mio albergo, tutti parlavano sussurrando. Io me ne stavo chiusa in camera.

Dopo la messa, pranzavo con il mio autista palestinese in un ristorante cristiano, Saj al-Reef. Servivano deliziosi sandwich di pollo su *saj* tostato, un impasto simile a quello del pane messo sopra una griglia in un forno a legna, una specie di pizza irachena. Frequentavo una drogheria cristiana che vendeva alcol e altri generi rari. Quando gli agenti iracheni me lo permisero, andai a Mosul e a Ninive, a nord, per incontrare le comunità cristiane. Ospite delle famiglie cristiane, partecipai a feste di compleanno e parlai con preti e vescovi.

"Fra cinque anni non ci saremo più," mi disse un sacerdote nel 2003. Diciassette anni dopo, ripenso alle sue parole. Non è stato preciso – i cristiani in Iraq ci sono ancora – ma il loro numero si riduce ogni anno e la loro posizione è precaria. All'epoca, la sua previsione sembrava allarmistica, eppure non era così sbagliata.

Dopo l'invasione americana, i gruppi di insorti lanciarono una serie di attentati contro le chiese. Il 31 ottobre 2010 sei jihadisti dell'ISIS con giubbotti esplosivi entrarono nella chiesa della Madonna della Salvezza, a Baghdad, durante la messa serale. Uccisero cinquantotto persone, fra cui preti, fedeli e poliziotti. Alcuni furono uccisi da raffiche di mitra, altri dalle granate. Il brutale attentato era una vendetta contro un ministro evangelico della Florida che aveva minacciato di bruciare il Corano. In un successivo messaggio, l'ISIS definì la chiesa "una sporca tana di idolatri".

Pochi giorni prima del Natale 2002, eravamo in ginocchio con dei cristiani terrorizzati che celebravano la messa a Mosul e pregavamo tutti insieme per la fine della guerra. Pochi mesi dopo, il Mercoledì delle Ceneri, sedevamo con un gruppo di cristiani caldei – discendenti di alcuni dei più antichi cristiani del mondo. Questa setta, la Chiesa cattolica caldea, si era sviluppata da una corrente della Chiesa assira orientale durante uno scisma nel XVI secolo. La chiesa che visitammo, Santa Maria, in via Palestina a Baghdad, sarebbe saltata in aria per una bomba nel 2009 mentre i fedeli si allontanavano.

Era un periodo disarmonico, surreale e strano, avvelenato, in attesa che iniziasse l'apocalisse. Durante il viaggio per il paese visitai monasteri, università, biblioteche, siti archeologici e ospedali, in cerca di documenti e libri, ma soprattutto passai il tempo a parlare con le persone. Chiedevo della loro condizione nella società, se si sentissero al sicuro o meno nelle loro comunità. Ascoltavo le loro storie sull'Abramo della Bibbia, sui re assiri e su Ninive, l'antica terra che comprendeva parti degli attuali Kuwait, Siria e Turchia. Quando scendeva il buio smettevamo di guidare e dormivamo in alberghi spettrali, vuoti, con l'onnipresente Mukhabarat come unica compagnia.

In una sorta di febbre di quegli ultimi giorni di pace raccolsi il maggior numero possibile di nomi e numeri di telefono di iracheni comuni. Volevo poter tornare dopo la guerra e scoprire quanti erano ancora vivi e quanto radicalmente era cambiata la loro vita.

Non ho mai davvero lasciato l'Iraq. Dopo un breve periodo successivo alla nascita di mio figlio, nel 2004, pensai che non ci sarei tornata per molti anni. Ma l'Iraq ti attira e io ci tornai quando Luca aveva solo sei mesi. Poi ci sono andata ogni volta che potevo, anche parecchie volte in un anno.

Di quando in quando, tiravo fuori i vecchi taccuini e cercavo di rintracciare luoghi o persone. Ma molte delle persone dei miei taccuini non c'erano più: emigrate, morte o semplicemente scomparse. E alcuni dei luoghi erano stati occupati o erano troppo pericolosi da visitare, anche per me. Era come se il paese che c'era prima del diluvio della guerra fosse scomparso.

Una mattina di sole, a Baghdad, entrai nel Museo nazionale dell'Iraq chiacchierando con Munzer. Sarebbe stato saccheggiato nell'aprile del 2003, quando nel giro di alcuni giorni migliaia di oggetti furono portati via; molti sono ancora perduti, anche se il museo ha riaperto poco più di dieci anni dopo.

Un'altra volta, Munzer ci portò in un oscuro museo di Baghdad dedicato a doni e tributi a Saddam: un testamento della sua egomania, come le gigantesche statue di bronzo e gli onnipresenti, vistosi ritratti.

Ma nel caos dei ricordi ciò che spicca è il viaggio che abbiamo fatto nei luoghi che sono diventati noti come i resti dei mitici Giardini pensili di Babilonia. Reem e io passammo una giornata cupa a passeggiare nei giardini, che erano malridotti – un triste destino per una delle Sette meraviglie del mondo antico (sempre che non fossero semplicemente un'invenzione per Travel Channel). Non c'erano i prati verdi creati da Nabucodonosor II per la sua regina Amytis; né una Torre di Babele sullo sfondo. Era tutto vuoto, tranne che per una famiglia che vagava in mezzo alle rovine e un buio negozio di souvenir che vendeva portachiavi.

Saddam si paragonava spesso a Nabucodonosor II, re di Caldea, l'impero esistito fra la fine del IX secolo a.C. e la metà del VI nella paludosa zona sudorientale della Mesopotamia. Molte persone sanno come finì la storia: il re conquistò Gerusalemme e distrusse il Primo tempio, deportando molti ebrei a Babilonia. Ma secondo il Libro di Daniele – contenuto nell'Antico Testamento e scritto nel II secolo a.C. – che unisce una storia profetica e una crudele visione della fine del mondo, Dio umiliò il grande conquistatore. Il re impazzì, rimase vittima di esplosioni di rabbia folle e visse nel deserto, mangiando erba come le bestie, per sette anni.

Dopo quella visita Reem era silenziosa, sedeva di dietro con un grosso sacchetto di plastica accanto ai piedi. I Giardini pensili di Babilonia l'avevano turbata. Sembravano simboleggiare imperi caduti e mondi che scompaiono.

Sapevo che sentiva ondate di ansia infinita per quanto aspettava lei, la sua famiglia e il suo paese. "Il nostro paese svanirà," ripeteva come un lamento. I suoi studi si erano interrotti, come i suoi progetti matrimoniali. "Non c'è futuro per nessuno in questo momento," diceva, senza traccia di autocommiserazione.

Guardava fuori del finestrino, osservando le file infinite di palme da dattero che oscillavano lungo l'autostrada. Ali una volta mi aveva detto che gli alberi rappresentavano l'anima degli iracheni, il profondo legame con il loro paese, la loro terra sacra. Dopo l'invasione, il ricordo di quegli alberi sognanti, carichi di frutti, mi ha perseguitato. L'anima irachena era stata perduta.

La maggior parte delle persone che andammo a trovare in quei giorni strani e bui erano nel panico. I fedeli cristiani nella chiesa di Mosul sedevano in lacrime sulle panche fredde, supplicando Dio di risparmiare loro un'altra guerra. Pregavano in aramaico, la lingua che parlava Gesù. Io la trovavo dolorosamente bella. Nazareth e Cafarnao, presso il Mare di Galilea, dove Gesù svolse gran parte della sua predicazione, erano comunità che ai suoi tempi parlavano aramaico.

Poco prima del Natale 2002 arrivarono a Mosul le reliquie di santa Teresa di Lisieux. Teresa, una santa francese detta "il piccolo fiore di Gesù", era morta di tubercolosi nel 1897 all'età di ventiquattro anni. Questa era una delle tappe del lungo viaggio che le reliquie fecero in tutto il mondo – dall'Irlanda agli Stati Uniti, alle Filippine.[4]

Nella chiesa non riscaldata di Mosul, sedetti con una donna più anziana, dagli occhi azzurri e dalla pelle chiara, china sui grani del suo rosario mentre il prete portava in giro per la chiesa la scatola con le reliquie. Per la sua devozione e il suo coraggio mi ricordava mia madre. Quando parlammo, sussurrò incerta in inglese e in francese. Tremava leggermente, forse per il freddo.

Disse che quando fosse scoppiata la guerra non avrebbe lasciato l'Iraq. "Dove andremmo?" sussurrò. "L'arcivescovo ha pregato i cristiani di non andare via. Questa è la nostra patria, la nostra antica terra. Se ce ne andiamo, abbandoniamo qualcosa che è anche nostro."

Quando fu il nostro turno, ci unimmo alla fila serpeggiante diretta alle reliquie di santa Teresa. Avvicinandosi, le persone si inchinavano reverenti per baciare il vetro che racchiudeva le ossa, come se la santa morta fosse una specie di talismano che proteggeva dall'oscurità futura. Mi tornarono in mente le cerimonie del Venerdì santo di quand'ero bambina: la croce che emergeva a poco a poco dal panno viola e la gente che si inginocchiava per baciarla.

Arrivammo all'inizio della fila e ci inginocchiammo davanti alle reliquie. Qualcuno non si inginocchiava, ma si limitava ad appoggiare appassionatamente le mani fredde sul vetro, guardando dentro.

In quei giorni più parlavo con gli iracheni, soprattutto con i cristiani e con le altre minoranze, più capivo che la maggior parte di loro non aveva alcun piano per quando fosse arrivata "l'ora zero", l'invasione americana. È sempre difficile credere davvero che la guerra stia per arrivare in casa tua.

Imparai cosa vuol dire l'arrivo della guerra dai molti rifugiati che avevo intervistato nel corso degli anni. Nel panico, quando il pericolo incombe, che cosa prendi con te? Foto, certificati di matrimonio, animali domestici, cibo, il vestito preferito? O forse non hai tempo per nulla, solo per scappare fuori di casa, lasciandoti per sempre alle spalle la tua vecchia vita.

C'è sempre un senso di negazione nel prepararsi a una guerra, una vaga speranza che qualcuno – qualche diplomatico, qualche leader mondiale, Dio – la fermi.

Fu a Mosul che compresi per la prima volta, parlando con i membri di una famiglia cristiana che aveva cominciato qualche semplice preparativo – accumulando acqua e candele negli armadietti – che tutti questi popoli antichi correvano il grande rischio di scomparire, di essere inghiottiti come Giona dalla balena. Caldei, babilonesi, sumeri, accadi, questi intricati rami del Cristianesimo antico erano tutti minacciati dall'estinzione.

A Bashiqa, un villaggio a nordest di Mosul, nel distretto di al-Hamdaniya, incontrai una piccola comunità di yazidi che mi accolse nella propria vita famigliare. Passai lì qualche giorno, assistendo a un matrimonio e poi a un funerale. Questo molto prima del genocidio degli yazidi: a quell'epoca, ai tempi di Saddam, gli yazidi erano isolati, ma vivevano com'erano abituati a fare da centinaia di anni. Rimanemmo presso una famiglia con cinque figli e mangiammo con il sindaco del posto. Le donne rimasero in cucina a preparare grandi quantità di riso al profumo d'incenso, agnello, pane piatto e miele, passandosi i bambini paffuti quando si alzavano per badare ad altri bambini. A parte qualche Chevrolet arrugginita posteggiata davanti alle loro semplici case, le tradizioni yazide erano cambiate ben poco da più di duemila anni.

Uno degli anziani si sedette per terra e mi spiegò la loro fede. Parlò del fatto che spesso venivano accusati a torto di essere adoratori del diavolo e descrisse le ingiustizie che avevano subito per questo. Adorano Melek Taus, l'angelo-pavone, che assimilano anche a Satana ma, contro tutte le altre teologie cristiane, credono che questo arcangelo si sia pentito. La loro Bibbia, che narra la sua storia, è detta *Libro Nero*.

C'era qualcosa di semplice, di umile, nella dignità e nell'isolamento degli yazidi, così come nel fatto che fossero esperti nella sopravvivenza. Erano stati spesso ferocemente perseguitati, soprattutto – almeno fino all'arrivo dell'ISIS, i loro ultimi tormentatori – da Saddam.

Dodici anni dopo, nell'estate del 2014, l'ISIS si impadronì dell'Iraq, inghiottendo interi villaggi yazidi e cristiani, uccidendo e deportando chiunque non abbracciasse la loro ideologia salafita. Gli yazidi furono ancora una volta perseguitati, costretti a cercare rifugio su una brulla montagna nei pressi di Sinjar, dove affrontarono temperature roventi e mancanza di acqua, cibo e assistenza medica. Alla fine, furono salvati e portati nei campi profughi, ma l'ISIS conservò il controllo sulla terra yazida per parecchi anni. Gli yazidi divennero rifugiati e vagabondi, proprio come temevano.

Mio figlio aveva solo pochi mesi nell'agosto del 2004, quando tornai in una nuova Baghdad. Non era la stessa città che mi ero lasciata alle spalle un mese dopo la caduta di Saddam, nell'aprile del 2003. La mia camera all'albergo al-Hamra non era cambiata granché – le lenzuola lise, i lavandini sbeccati – ma non vivevamo più sotto la stessa paranoia di quando c'era Saddam. Quando accendevo la TV, in effetti, vedevo le immagini di un Saddam Hussein disperato e prigioniero. Sembrava un animale selvatico. Sei mesi prima, il 13 dicembre 2003, era stato tirato fuori – come un topo, aveva detto il presidente George W. Bush – dal suo nascondiglio in un buco vicino a Tikrit, la stessa città dove avevo guardato con Reem le orgogliose parate militare in stile Nabucodonosor. La maggior parte dei suoi compari ba'thisti, che avevano terrorizzato me e i miei colleghi al ministero dell'informazione, erano in fuga o latitanti.

"Signore e signori, l'abbiamo preso," aveva annunciato un esultante Paul Bremer, l'uomo incaricato dagli americani di governare l'Iraq, durante una conferenza stampa quel giorno stesso (il suo titolo ufficiale era direttore dell'Autorità provvisoria di coalizione). Tuttavia, non si trattava di un trionfo. Io non ero certo una fan di Saddam, ma sentivo che si era aperta una ferita gigantesca, che lasciava scoperti carne e sangue e non poteva essere guarita.

Tutti quelli che conoscevo avevano lasciato Baghdad. Reem era a Dubai, Ali era latitante e Munzer era fuggito. Il paese stava andando in pezzi: la previsione di Munzer (che avrebbero combattuto) era persino più esatta di quello che pensava. Stavano combattendo tutti. I sunniti erano insorti e lottavano contro la coalizione a guida americana; più avanti se la sarebbero presa con i collaboratori locali che lavoravano con le nuove forze di sicurezza irachene.

Nell'agosto del 2011 un'autobomba esplose nella città petrolifera meridionale di Kirkuk, davanti alla chiesa della Sacra Famiglia, uccidendo venti persone. L'anno prima, nel peggior massacro dalla guerra del 2003, circa cento fedeli della chiesa della Madonna della Salvezza presenti alla messa delle diciotto erano stati portati al centro della chiesa e gli uomini di un gruppo affiliato di al-Qaida li avevano inondati di pallottole. Cinquantotto erano morti.

"Abbiamo perso una parte della nostra anima, adesso," disse Rudy Khalid, un cristiano di sedici anni che abitava vicino alla chiesa, intervistato dal *New York Times*. "Del nostro destino, nessuno sa cosa dire." "Sono venuti per uccidere l'Iraq, non gli iracheni," dichiarò al *Times* Bassam Sami, uno dei sopravvissuti all'attentato alla Madonna della Salvezza. Il giornalista spiegava che Bassan Sami si era "rinchiuso per quattro ore in una stanza prima che le forze di sicurezza riuscissero a liberarlo". "Sono venuti a uccidere lo spirito dell'Iraq," disse Bassan Sami. "Sono venuti a uccidere le ragioni per vivere, tutti i sogni che uno vuole realizzare."[5]

Stavano eliminando la mescolanza che aveva reso unico l'Iraq – le religioni, le tradizioni, le leggende, i profeti, le cerimonie. Non si trattava solo dei cristiani. Quasi tutta la comunità ebraica era fuggita. Ricordai che in concomitanza con la caduta di Saddam a un mio amico e collega, lo scrittore Tim Judah, i cui antenati venivano dall'Iraq, era stato chiesto dai loro parenti all'estero di trovare gli ultimi ebrei di Baghdad.

Nella primavera del 2003, Judah girava per la città, comparendo all'improvviso nelle case di quelle persone stupefatte e terrorizzate, e dava loro il suo telefono perché potessero dire ai parenti di essere vivi. Le case erano in fiamme e i ministeri e i palazzi di Saddam venivano saccheggiati. In passato, gli ebrei iracheni per Pasqua andavano in pellegrinaggio al santuario del profeta Ezechiele nella città di al-Kifl. Siccome casualmente era la Pasqua ebraica, Judah e una famiglia che aveva trovato partirono per il pellegrinaggio – la loro ultima volta prima di lasciare l'Iraq tutti insieme.

"Fino alla seconda guerra mondiale, circa un quarto della popolazione di Baghdad era ebrea," scrisse in seguito Judah sulla rivista *Granta*. "Nel giugno del 1941, in seguito a un colpo di stato di matrice nazista, 179 ebrei morirono e quasi mille rimasero feriti in un pogrom, mentre la polizia e l'esercito stavano a guardare. Fino al 1948 c'erano ancora 150.000 ebrei in Iraq, ma nel 1951, dopo il ponte aereo organizzato dal governo israeliano, la gran parte di loro era andata via. A quelli rimasti, il governo impose severe restrizioni. Comunque, una comunità di circa seimila persone esisteva ancora. Ma adesso, secondo i pochi sopravvissuti, il loro numero arriva al totale complessivo di trentaquattro persone.[6]

Era come se, man mano che le minoranze venivano scacciate o uccise, tutto l'Iraq stesse morendo. La famiglia di Judah poteva risalire nell'albero genealogico in Iraq fino al 1540. Nel marzo del 2021, con la morte del dottor Thafer Eliyahu, che aveva tenuto segreto il fatto di essere ebreo, si calcolò che gli ebrei rimasti erano solo quattro. "Oggi è difficile immaginare che qui vivessero tanti ebrei," osservava Judah.

Poco dopo l'attentato alla Madonna della Salvezza, io tornai a Baghdad con la scrittrice Tamara Chalabi, il cui padre, Ahmed Chalabi, è stato vice primo ministro nel 2005 e nel 2006. In precedenza, dopo l'invasione americana, Ahmed era una delle figure più controverse in Iraq. Era stato consigliere di quelli che nell'amministrazione Bush avevano voluto la guerra – tutti neoconservatori, o neocons; insieme ad altre potenti lobby aveva fornito prove discutibili che Saddam fosse in possesso di armi di distruzione di massa e avesse legami con al-Qaida, affermazioni che, come sappiamo, erano false.

Dopo l'invasione, Chalabi fu incaricato della "deba'thificazione" – la sostituzione dei funzionari ritenuti sostenitori chiave del deposto Saddam. Fu un tentativo di smantellare il regime, ma si trattò di un errore marchiano. Ricordo di aver assistito alle "lezioni" impartite ai funzionari che dovevano essere rieducati e di aver pensato fra me che si trattava di una politica indiscriminata: l'assenza di processi, l'ingiusto licenziamento di semplici esecutori che si erano iscritti al partito solo per fare carriera. Il ministero dell'educazione, incaricato di indottrinare gli studenti, nonché altri dipartimenti furono completamente smantellati.

Conoscevo Chalabi fin dagli anni novanta, quand'era leader del Congresso nazionale iracheno, un'alleanza nazionale irachena in esilio impegnata a rovesciare Saddam. I suoi tentativi di unire i curdi del nord e gli arabi delle paludi del sud con l'aiuto della CIA erano miseramente falliti quando i suoi compari di Washington l'avevano abbandonato. Alla fine, coloro che avevano creduto in lui si defilarono a uno a uno, e lui rimase senza alleati. Finì che Chalabi e i neocons litigarono: lui venne messo da parte e l'ultima volta che lo vidi, nella sua fattoria di Baghdad, era un uomo addolorato e rabbioso. È morto nel 2015.

I Chalabi erano un'antica famiglia sciita, ricca e dignitosa. Tamara è una storica laureata a Harvard. Ha scritto la tesi di dottorato sugli sciiti del Libano, la terra d'origine di sua madre. Stava scrivendo un libro di memorie, la storia della famiglia politica di suo padre, con i ricordi di una nonna aristocratica e bellissima, grandi palazzi e tradizioni ottomane perdute. Era impegnata anche in altri progetti per dare a Baghdad una qualche parvenza di normalità: cercava di collaborare con gli archivisti alla Biblioteca nazionale, di fondare un premio per giovani storici e di restaurare la fattoria Chalabi, nei pressi di Kazimiyya.

La fattoria era un progetto di agricoltura biologica che intendeva essere replicabile, in modo che gli iracheni potessero imparare a curare la terra e godere di buoni prodotti, risparmiando soldi e migliorando la propria salute. I terreni agricoli in Iraq erano stati in gran parte rovinati dalla guerra e Tamara diceva di voler "purificare" il suolo. Mentre camminavamo in mezzo alle verdure, parlava della terra come se descrivesse la gente, spiegava che era stata danneggiata dal dolore e dalle perdite e non era in grado di produrre nuova vita finché non fosse stata nuovamente trattata con la giusta cura.

Tamara stava insegnando alle donne del posto a seminare e coltivare. Insegnava loro a usare lo sterco degli asini e il compost di foglie. Le guardai lavorare sotto il sole rovente, indossando ampi cappelli di paglia, piantando e strappando erbacce con metodo. I soldati americani se ne sarebbero andati di lì a poco e la gente si chiedeva come sarebbe stata la vita dopo la loro partenza. Un pomeriggio soffocante, andai in auto con Tamara alla tomba di Gertrude Bell, l'arabista britannica che aveva contribuito a disegnare la mappa dell'odierno Iraq alla vigilia della dissoluzione dell'impero ottomano. Bell fu una delle prime donne a laurearsi a Oxford, in storia moderna (anche se lei e l'altra laureata del suo anno non vennero elencate insieme agli uomini della classe). La vita di Bell mi aveva intrigato per tutto il tempo che avevo trascorso a Baghdad all'epoca di Saddam.

La sua era una storia tragica. Bell era stata profondamente innamorata di due uomini, entrambi statisti forti e appassionati come lei. Uno fu giudicato un partito inadatto in base agli standard vittoriani di suo padre, l'altro era già sposato e non poteva lasciare la moglie. Il primo morì in Persia, l'altro combatté e morì a Gallipoli nel 1915. Il dolore di Bell fu tanto profondo che se ne andò nel deserto a cavallo e cominciò a osservare e a studiare le tribù arabe, cercando sollievo nel lavoro. I suoi studi e le sue mappe erano brillanti, ma la sua vita privata era vuota. Morì, a nemmeno sessant'anni, di propria mano, nella sua casa di Baghdad. Si diceva che fosse morta vergine. Era una donna coraggiosa, forte, un'ispiratrice, che aveva amato l'Iraq con la passione che riserviamo a un primo amore.

Durante gli anni di Saddam mi ero intrufolata spesso attraverso il filo spinato per vedere la vecchia ambasciata britannica, abbandonata sul fiume, dove Bell e la sua rivale e amica Freya Stark risiedevano solitamente fra un lungo viaggio nel deserto e l'altro. Mi sedevo sulla riva del fiume e immaginavo le feste che si svolgevano al suo interno prima di Saddam: i sussurri, gli intrighi diplomatici, il fruscio delle rigide vesti di seta di Bell, la vedevo con un nastro di velluto al collo, abbigliata per la cena dopo una giornata a fare mappe.

Per molti anni, nell'epoca di Saddam, la tomba di Bell era stata abbandonata e Tamara aveva dato vita a un progetto per restaurarla. Mentre lei e io ci chinavamo sotto il sole per strappare le erbacce, con i veli e le lunghe abaya a coprirci, mi chiedevo cos'avrebbe pensato Bell della città vuota di adesso, e del paese distrutto che aveva tanto amato.

Mentre noi stavamo alla tomba, le guardie del corpo di Tamara sorvegliavano i dintorni. Eravamo andate alla fattoria guidando in silenzio una macchina blindata. Tutti erano preoccupati di restare bloccati nel traffico, intrappolati accanto a un'autobomba.

Nel 2014, tre anni dopo la visita alla tomba di Bell, ritornai. Avevo girato la regione prima e durante la Primavera araba, cominciando con la Tunisia nel 2010, poi l'Egitto nel 2011, poco dopo di nuovo a occidente in Libia, e alla fine ero andata in Siria, dove avevo cominciato a registrare le atrocità contro i civili. Altri cristiani erano fuggiti dall'Iraq negli anni in cui ero stata lontana. Tutto era cambiato. Quel poco di stabilità che avevamo visto quando avevamo pulito la tomba di Gertrude Bell era svanita; il progetto della fattoria biologica di Tamara era fermo, come molte altre cose. I soldati americani se n'erano andati due anni prima. Le strade – a parte quelle della Zona Internazionale, dove si trovavano le ambasciate e il quartier generale delle Nazioni Unite, ben lontano dalla popolazione irachena – erano incredibilmente brutte.

Sembrava che non ci fosse modo di attenuare il dolore che aveva perseguitato il popolo iracheno dopo l'invasione. Erano tornate le autobombe, una era esplosa sulla strada per l'aeroporto il giorno prima del mio arrivo. L'ISIS si stava mangiando intere fette di territorio, fattorie, villaggi.

Il 10 giugno i combattenti dell'ISIS entrarono a Mosul, la seconda città dell'Iraq, e innalzarono la loro bandiera nera. Poi si spostarono a Tikrit, la città natale di Saddam, ma la loro avanzata si bloccò a una trentina di chilometri da Baghdad. L'ISIS confiscava bestiame, granaglie, petrolio, reperti archeologici e donne. Sequestravano chiunque pensavano che potesse fruttare loro del denaro. Le donne erano costrette a indossare il velo.

I cristiani, terrorizzati, fuggivano. L'ISIS voleva un ritorno all'Islam nella sua forma più rigorosa, quella del VII secolo, quale pensavano fosse praticata dal profeta Maometto. Nient'altro veniva tollerato. Chi veniva sorpreso a fumare era picchiato e multato. Una dentista venne decapitata per aver curato delle pazienti. Scelsero Raqqa, in Siria, come loro capitale, imponendo una rigida sharia. Cominciarono a decapitare gli ostaggi occidentali, fra cui due miei colleghi giornalisti, Steven Sotloff e James Foley. E continuavano a combattere per assumere il controllo di tutto l'Iraq.

Ben presto si venne a sapere che erano vicini, nella cosiddetta cintura di Baghdad, intorno alla città. La paura era che, anche se l'ISIS non intendeva conquistare tutta la città, potesse infiltrarla con le sue cellule dormienti e provocare il caos con autobombe e mine lungo le strade.

Spezzava il cuore vedere la tensione in città dopo la caduta di Mosul. Quella gente, che dopo l'invasione americana aveva superato tante prove – stragi settarie, mine che lasciavano cadaveri decapitati ai bordi delle strade – ancora una volta era terrorizzata. Io tornai parecchie volte in quegli anni.

Nell'autunno del 2018 tornai a trovare gli stessi cristiani che avevo conosciuto ai tempi di Saddam, quelli con cui avevo pregato a Mosul, o gli yazidi con cui avevo partecipato a matrimoni e funerali. Erano successe tante cose. I viaggi che facevo adesso in Iraq non volevano più dire spaventosi percorsi in auto da Amman a Baghdad, di notte, nella più totale oscurità, in preda al timore dei banditi o dei posti di blocco. Adesso volavo direttamente in Kurdistan dal sofisticato aeroporto di Istanbul. Non c'erano più i posti di blocco di Saddam, né gli esami del sangue obbligatori al confine per il controllo dell'AIDS – una strana richiesta in quei brutti momenti, un esercizio vano che mirava solo a umiliare gli stranieri. (Di tutti gli esami del sangue che mi hanno costretto a fare in piena notte al confine tra Iraq e Giordania non ho mai visto un esito, anche se mi davano sempre un documento con il timbro del ministero della salute di Saddam.)

Adesso le linee aeree irachene mi portavano a Erbil e da lì guidavo con facilità fino ai villaggi cristiani alle porte di Mosul. E anche se non c'era Saddam e non c'era il ministero dell'informazione a mettermi i bastoni fra le ruote e a controllare tutti i passi che facevo, c'era qualcosa di altrettanto sinistro nell'aria: una radicata paura dell'estinzione. I cristiani rimasti erano sopravvissuti a un'altra guerra, ma a stento. Adesso affrontavano la prospettiva che le loro battagliere comunità cessassero di esistere.

Punto di non ritorno

Considerata la più antica comunità cristiana del mondo, quella dei cristiani iracheni risale a duemila anni fa. Eppure, questa millenaria presenza sta forse per essere sradicata.

Un uomo che è sopravvissuto all'invasione e all'occupazione dell'ISIS parlò con me di questo timore: "Siamo preoccupati," mi disse. "Anche se l'ISIS non c'è più, esiste un'altra grave minaccia: la mancanza di lavoro. Il nostro nemico è l'emigrazione. Ogni giorno parte qualcuno."

Questo è il punto di non ritorno, forse la fine del Cristianesimo in Medio Oriente. Migliaia di persone fuggono dai luoghi dove è nato il Cristianesimo – la terra dove si sono aggirati i profeti, dove Gesù Cristo ha camminato e predicato. E non solo a causa della persecuzione religiosa, ma anche per le desolanti prospettive economiche. Che significato ha per l'Occidente il loro destino, e in che modo i cristiani che fuggono dal Medio Oriente si possono assimilare alle attuali crisi migratorie?

Nel 2013 e nel 2014 ho lavorato per l'Agenzia per i rifugiati dell'ONU in Libano, Iraq, Turchia ed Egitto, intervistando e raccogliendo testimonianze di rifugiati siriani fuggiti dalla guerra. Molti di loro sapevano che non sarebbero mai tornati nelle loro case di Hama o Homs; la questione era dove ricollocarsi. La maggior parte mi disse di voler andare in Svezia o in Germania, ma i paesi europei offrivano solo un numero limitato di posti. Molti si rendevano conto che erano destinati a rimanere negli insediamenti o nei campi profughi per anni, ad appassire, a marcire, finché non fosse stato "abbastanza sicuro" tornare in Siria. Magari mai.

Molti cristiani che avevano subito gli anni dell'ISIS erano decisi a lasciare definitivamente l'Iraq. Sapevano che paesi come gli Stati Uniti e il Canada accettavano rifugiati cristiani dal Medio Oriente con più facilità di quanto non facessero con i rifugiati musulmani o con quelli che attraversavano il confine meridionale dall'America Latina.

I cristiani evangelici e i gruppi religiosi in tutto il mondo facevano addirittura pressione perché i cristiani del Medio Oriente potessero trasferirsi. In Francia, per esempio, c'era un movimento particolarmente forte per la protezione dei cristiani del Medio Oriente. Anche l'ex vicepresidente americano Mike Pence, un cattolico evangelico rinato (lui si definisce "un cristiano piuttosto normale"), era un acceso sostenitore dei cristiani perseguitati. L'ingiusta logica sembrava tracciare una distinzione fra i "buoni" rifugiati cristiani e i "cattivi" musulmani, a cui veniva regolarmente negato l'accesso negli Stati Uniti. Gli autisti e le altre persone che per anni mi avevano protetto e avevano lavorato per me a Baghdad, rischiando la vita per aiutarmi a documentare i crimini di guerra e l'insurrezione, non avevano il permesso di entrare negli Stati Uniti solo perché erano musulmani.

Ai tempi di Saddam Hussein, dal 1979 al 2003, i cristiani in Iraq e in tutta la regione erano sopravvissuti a dittature brutali. Spesso erano riusciti a sopravvivere sotto Saddam, o gli Assad, o Hosni Mubarak, solo in cambio della loro lealtà. Garantivano il loro sostegno in cambio di protezione. L'attaccamento ereditario alla terra dava loro la forza per superare i periodi di terrore e di incertezza. Ma dopo la caduta di Saddam, ancor prima dell'ascesa dell'ISIS, essi capirono che non avrebbero più potuto proteggere le proprie comunità.

L'Iraq di Saddam era governato dal partito laico Ba'th che, come i regimi laici in Egitto, Siria e Algeria, aveva protetto a lungo i cristiani in cambio del loro sostegno. Saddam apparteneva a una confessione sunnita che costituiva meno del trenta per cento della popolazione irachena: essendo il suo un governo di minoranza anche le altre minoranze, compresi i cristiani, godevano di una certa sicurezza. Diversi cristiani iracheni mi dissero di essersi sentiti molto più protetti sotto quel regime che dopo la sua caduta. "La vita sotto Saddam era difficile," disse Catherine, infermiera di Baghdad che pregava nella chiesa di Santa Maria prima dell'attentato. "Ma molte persone le diranno che si stava meglio di adesso. Ci sentivamo al sicuro."

È difficile immaginare i vantaggi di un regime brutale come quello di Saddam. Eppure, durante quel periodo c'era una specie di contratto sociale in Iraq fra le minoranze e il regime. Adeed Dawisha, professore alla University of Miami dell'Ohio, citato da PBS *NewsHour* in una sintesi sui problemi che affliggevano i cristiani della regione, lo spiegava così: "Sotto Saddam, era inteso che se non ti occupavi di politica ti veniva garantita una buona vita. Se i cristiani sostenevano Saddam, non era perché gli piacesse quello che faceva, ma per paura dell'alternativa."[7]

Il risultato era che i cristiani prosperavano economicamente. C'erano "uomini d'affari, medici, avvocati, ingegneri", notava l'articolo di PBS *NewsHour.* Gestivano i negozi, i mercati, gli alberghi migliori. Alcuni facevano parte dell'élite politica – per esempio Tareq Aziz, un caldeo, che era ministro degli esteri e vice primo ministro sotto Saddam. All'epoca di Saddam, i caldei, come altri gruppi di cristiani iracheni, se la cavavano bene sul piano economico. Le loro famiglie erano tranquille e loro avevano un posto garantito nella società. Secondo Brian Katulis, un esperto di sicurezza nazionale del Center for American Progress e anche lui citato da PBS *NewsHour*, tutto questo voleva dire che "nel cerchio ristretto di Saddam [...] una rete di protezione [...] scendeva a cascata" nella comunità cristiana. A dispetto della presunta laicità del regime di Saddam, tuttavia, le antiche spaccature permanevano.[8]

Dopo l'invasione del 2003, gli attacchi contro i cristiani si fecero più sensibili, ispirati dall'interpretazione radicale dell'Islam di Osama bin Laden. Nel 2004, un giordano sunnita di nome Abu Musab al-Zarqawi piantò in Iraq il seme di al-Qaida. I suoi bersagli erano i musulmani sciiti (considerati miscredenti dagli estremisti sunniti) e i cristiani. Allo stesso tempo, Jamaat Ansar al-Sunna, un altro gruppo jihadista che combatteva contro i soldati americani e i loro alleati, cominciò a minacciare le famiglie cristiane in Iraq.[9] Con gli anni, i gruppi jihadisti spostarono la loro attenzione dal "nemico lontano", l'Occidente, al "nemico vicino", i cristiani e le minoranze locali, nonché i regimi che le proteggevano.

Cullatisi in un falso senso di sicurezza sotto Saddam, dopo la sua fine i caldei si trovarono nel mezzo di un caos sanguinoso. Ci fu un drammatico aumento delle brutalità commesse contro di loro. Cardinali e preti vennero rapiti, torturati e assassinati, insieme a chiunque fosse ritenuto ricco, anche se non lo era. Quando arrivò l'ISIS, la persecuzione dei cristiani caldei in Iraq cominciava a definirsi come un genocidio.

Nell'agosto del 2014, mentre l'ISIS si inoltrava in territorio cristiano in Iraq, un leader della comunità caldea di San Diego, Mark Arabo, iniziò a fare pressioni per sollecitare misure di sicurezza e aiuti umanitari. Trasmise un messaggio disperato che aveva ricevuto dall'Iraq: "Quando voi avrete finito di fare quello che state facendo, non ci saranno più cristiani [in Iraq]. Saremo tutti morti."

"Questa è la nostra occasione per agire," disse Arabo all'epoca. "Il mio più grande timore è che fra tre anni ci guarderemo indietro e diremo che avremmo potuto fermare questo genocidio."[10]

Il 10 giugno 2014, quando l'ISIS prese Mosul, io ero in una camera d'albergo a Baghdad, distesa su un copriletto sporco. Stavo ascoltando la BBC. Era un albergo di proprietà di cristiani – mi ci aveva portato il mio autista, pensando che lì sarei stata al sicuro da un sequestro più che in qualsiasi altro albergo di Baghdad. Fuori faceva un caldo rovente. C'era una piscina, e per quanto fosse sporca andai a nuotare nel tentativo di calmare i nervi dopo una lunga giornata di lavoro. Aspettai che calasse il buio perché, pur avendo un costume intero castissimo, e una maglietta sopra, e pur essendo in un albergo cristiano, di giorno mi sentivo troppo esposta. Gli uomini si radunarono comunque a guardarmi mentre nuotavo. Uscii dalla vasca e indossai una lunga veste che mi copriva il capo. Gli uomini sogghignavano fissandomi, sicché in piscina non ci tornai più, ma mi chiesi: se le cose andavano così male a Baghdad, la città più cosmopolita e colta dell'Iraq, come sarebbe stato con l'ISIS, i cui membri disprezzavano le donne e volevano riportarle indietro al VII secolo?

In precedenza, quello stesso giorno, prima che sentissi il servizio della BBC sull'ISIS, l'autista era corso in camera mia in preda al terrore. Aveva sentito dire che l'ISIS avanzava sulla capitale. Erano tutti stupefatti dalla rapidità con cui il gruppo era avanzato verso sud, e i miei amici parlavano di lasciare la città. Non potevo fare a meno di pensare alle persone rimaste a Mosul. Ero preoccupata in particolare per le famiglie cristiane e yazide che adesso si trovavano là, sotto il controllo dell'ISIS.

Restammo per giorni senza notizie, ma poi cominciarono a filtrare. Ai cristiani veniva detto di partire o morire. "Oltre a costringerli a un esodo di massa da villaggi millenari," scrisse Sajad Jiyad, un rispettato analista del think tank di Baghdad Integrity e della Century Foundation, "i militanti dell'ISIS distruggevano le chiese, le biblioteche e i monumenti per cancellare ogni traccia del fatto che quelle erano zone cristiane."

Scioccata e preoccupata per questi abitanti di Mosul, attraversai in macchina la città per andare a trovare William Warda nella sua casa di Baghdad. Warda era il responsabile degli affari politici e militari di un partito chiamato

Movimento democratico assiro. Profondamente radicato nel suo paese, era nato e cresciuto a Mosul, dove si era anche laureato.

Quando lo trovai nel suo ufficio, Warda era sconvolto. Le notizie da Mosul erano inaffidabili: nessuno sapeva cosa stesse accadendo. Lui stava cercando di contattare dei parenti, ma le linee telefoniche erano cadute; continuava a prendere il cellulare, a posarlo e a riprenderlo in mano, come se una qualche magia potesse ripristinare la rete.

"Stanno ripulendo la regione da tutti i cristiani," disse.

Eravamo seduti in silenzio a bere caffè in una stanza buia, Warda si girava la tazzina fra le mani. I suoi assistenti andavano e venivano, parlandogli con urgenza in arabo. Gente confusa – parrocchiani, amici – continuava a bussare alla sua porta per chiedere consigli. Dovevano restare in Iraq e rischiare lo sterminio (questa è la traduzione della parola araba che usavano), o scappare dai parenti all'estero e rischiare di vivere per sempre in esilio? Warda rispondeva loro sottovoce e poi tornava da me.

"Come faccio a dirgli di non andare via?" mi chiese con la voce gonfia di emozione. "So che qui non hanno futuro. Ma se vanno via, siamo noi cristiani a non avere futuro qui."

Grazie a Dio, o per fortuna, Warda sopravvisse al regno di terrore dell'ISIS in Iraq, anche se irrevocabilmente cambiato: com'è possibile avere ancora fiducia nella vita se il tuo mondo crolla?

Mar Mattai

In una calda giornata d'autunno, pochi mesi dopo la definitiva liberazione di Mosul dall'ISIS nel 2017, insieme alla fotogiornalista Nicole Tung fui invitata a pranzo con alcuni cristiani. Un gruppo di vicini e amici si riuniva a Mar Mattai, ossia al monastero di San Matteo, uno dei monasteri cristiani più antichi del mondo. Era stato fondato nel IV secolo da Matteo l'Eremita, un noto guaritore ed evangelizzatore che praticava l'ascetismo sul monte Alfaf. Il monastero sembra sorgere dalla montagna stessa. Nel IX secolo più di settemila monaci pregavano e vivevano in comunità fra i cortili e i corridoi ad arco del monastero, affacciati sugli spettacolari panorami della campagna circostante. Nel 2015, quando nella regione arrivò l'ISIS, rimanevano solo cinque monaci.

Seguendo il crinale della montagna, il monastero ha lo stesso color sabbia delle rocce che sbucano sopra e sotto di esso. Arrivammo al mattino, mentre la temperatura aumentava. Ero salita fino al monastero nella luce della tarda mattinata e il prete e i fedeli riuniti mi salutarono con una sorta di stanchezza rassegnata. Trovai un punto tranquillo, accanto alle mura, e guardai fuori il panorama inaridito, immaginando cosa si doveva provare stando lì mentre l'ISIS infuriava. Il monastero era a trenta chilometri da Mosul, dove più di centomila cristiani erano stati deportati dalle loro case.

Avevano affrontato molte cose e un'estranea, per quanto benvenuta, ricordava loro ancora una volta il trauma che avevano subito poco tempo prima. Un bambino mi accompagnò a un'estremità del monastero e da lì mi indicò i campi marroni e polverosi. Dall'alto vidi quanto fossero vicini i villaggi, e come fosse esposta la strada per Mosul.

I miei ospiti tirarono fuori canestri di cibo e si disposero intorno a un lungo tavolo nel cortile. Una donna di nome Niser stese una tovaglia bianca e vi posò sopra un vassoio di *dolma*, foglie di vite ripiene. "È un modo per festeggiare il fatto che esistiamo ancora," mi disse. Stava arrivando altra gente – neonati, bambini, nonni, cugini, zii, lontani parenti – tutti membri delle più antiche comunità cristiane del mondo. Molti non si vedevano da tre anni, dall'inizio delle brutalità dell'ISIS.

Le loro conversazioni, mentre tiravano fuori il cibo, ruotavano intorno alla ricostruzione: come riparare le case colpite e le chiese distrutte, segnate da buchi di granate e di pallottole. Volevano ricostituire le loro famiglie a rischio. Volevano trovare le persone perdute.

Io rimasi seduta tranquilla, a parlare con un gruppetto di persone cercando di registrare ciò che era accaduto loro. Volevo dettagli: come avevano fatto a sapere che l'ISIS si stava avvicinando a Mosul? Quand'è che avevano deciso di scappare? Cos'avevano portato con sé? In trent'anni di lavoro con i rifugiati, sono queste le domande che ho sempre fatto. Ai tempi della guerra in Bosnia, quando non esistevano i cellulari, la gente passava le informazioni di paese in paese. In Siria, nel momento dei combattimenti più duri, la gente riceveva messaggi su WhatsApp. I cristiani con cui parlai al monastero, che erano pronti a raccontare le loro storie, dissero che le loro famiglie erano in contatto e avevano deciso insieme quando fuggire e, quando era arrivato il momento, l'avevano fatto in massa.

Dopo il pranzo, quando il calore divenne intollerabile, la gente si ritirò all'ombra fresca delle piccole celle monacali. Io andai di stanza in stanza, con il mio taccuino, parlando con tutti. Fra le persone che intervistai, le più ansiose mi parvero quelle giovani. Quelle più anziane sembravano rassegnate a una vita di difficoltà. "Siamo minoranze, abbiamo già sopportato molte cose," mi disse una persona. Ma quando parlai con Sara Bahodij, una ventitreenne di Mosul, mi raccontò i primi giorni dell'ISIS con voce tremante. Disse che i miliziani avevano innalzato le bandiere nere e dato ai cristiani un ultimatum: convertirsi all'Islam o pagare la *jizya*.

"Come ve l'hanno chiesto?" domandai gentilmente, nel tentativo di calmarla.

"Sono venuti a casa nostra," rispose. "Andavano a cercare i cristiani di casa in casa."

All'inizio, disse, non era così terribile. La sua famiglia, pagando, aveva potuto rimanere in città per qualche mese dopo l'occupazione.

"Quanto?" chiesi.

Disse che non c'era una somma prestabilita, ma una tariffa progressiva a seconda della ricchezza della famiglia.

"Potevano essere 10.000 dollari, potevano essere 1.000, quello che decidevano di chiedere," aggiunse Bahodij amaramente. Mi disse che suo padre aveva venduto i loro gioielli – i gioielli nuziali della madre, i gioielli di famiglia – e in totale aveva dato ai miliziani 800.000 dollari.

"La nostra storia è tutta sparita," disse. La loro terra era stata confiscata. Descrisse la sensazione di vederti sparire "tra le dita" all'improvviso tutto quello che avevi sempre conosciuto.

Pur avendo pagato l'ISIS, la sua famiglia non si sentiva al sicuro. Le donne cristiane erano abituate a uno stile più occidentale: jeans, magliette di fabbricazione turca, borsette contraffatte. Le più giovani spesso avevano capelli lunghi e fluenti, che scendevano sotto la vita. Non sembravano tanto irachene, quanto piuttosto studentesse di Parigi, anche se meno ricche. Adesso dovevano coprirsi i capelli e i vestiti con l'abaya e l'hijab. Bahodij trovò abiti informi, cose che poteva usare per coprire i suoi jeans. Si sentiva brutta e arrabbiata.

I combattenti dell'ISIS se n'erano andati, ma poi erano tornati. Stavolta erano passati di casa in casa, segnando le porte con la lettera N – un antico riferimento a Nazaria, ossia Gesù, il Nazareno. Un'orribile reminiscenza delle stelle gialle che gli ebrei erano costretti a indossare durante l'Olocausto.

Daniel Williams, che all'epoca era funzionario della squadra emergenze di Human Rights Watch, ricordava che l'eliminazione dei cristiani da Mosul e dalle zone circostanti era perfettamente organizzata. "Era in corso una campagna sistematica," scrisse nel 2016, descrivendo la rapidità con cui era iniziata la pulizia etnica dei cristiani iracheni.[11]

Dopo aver parlato con me, Bahodij mi portò da Elham, una maestra di scuola primaria che sembrava molto più vecchia dei cinquantanove anni che aveva. Parlò della propria infanzia e della propria giovinezza all'epoca di Saddam. Non si viveva male, mi disse. Si ricordava di avere "molte amiche musulmane". Ma si era sempre sentita un'estranea in Iraq. "Anche se eravamo protetti, ci sentivamo a disagio," rammentò. "Ci guardavano sempre come se fossimo strani, perché noi eravamo cristiani e loro erano musulmani. Avevo sempre l'impressione che mi guardassero come se fossi vestita in modo strano."

Nel 2008, mi disse Elham, la situazione cominciò a deteriorarsi. I gruppi di insorti, precursori dell'ISIS in Iraq, ordinarono alla sua famiglia di lasciare la loro semplice dimora di Mosul. Lei temeva per la propria vita e per quella dei suoi famigliari. "Bussarono alla porta e dissero che saremmo stati più al sicuro se fossimo andati via," disse. "Mi ricordarono che avevo tre figli."

Fu solo con l'arrivo dell'ISIS, nell'agosto del 2014, che Elham e i suoi figli finalmente scapparono. Stavolta non poterono ignorare le minacce dei jihadisti: la retorica dell'ISIS nei confronti dei cristiani si era fatta più bellicosa via via che il potere del gruppo aumentava in tutto l'Iraq. Nel 2015, per diffondere altro terrore, l'ISIS rilasciò un video intitolato *Messaggio scritto con il sangue per la nazione della croce*, che mostrava l'esecuzione di cristiani etiopi ed egiziani. A ottobre di quell'anno, la prima pagina di una rivista dell'ISIS esibiva la foto di piazza San Pietro a Roma con la bandiera dell'ISIS sull'obelisco che adorna il centro iconico del cattolicesimo. Il fondatore dell'ISIS, Abu Bakr al-Baghdadi, aveva promesso di marciare "fino a Roma" per "spezzare le croci" dei cristiani e "vendere schiave le loro donne".

Elham ricorda la paura. Disse ai famigliari di raccogliere un po' delle loro cose. In un'ora misero insieme quello che potevano e andarono in macchina, con altre famiglie cristiane ortodosse, a Qaraqosh, una città cattolica assira nelle vicinanze di Mosul, non lontano dalle città bibliche di Nimrud e Ninive.

Prima dell'ISIS, Qaraqosh, la città cristiana più grande del paese, era uno dei centri più prosperi della regione, con chilometri di campi coltivati e una fiorente industria di pellami e tessuti. Elham era sicura che Qaraqosh sarebbe sopravvissuta; le sembrava incomprensibile che una florida città potesse essere sopraffatta da jihadisti di cui nessuno aveva mai sentito parlare. Nell'agosto del 2014, poco dopo l'arrivo di Elham e dei suoi famigliari, le forze dell'ISIS arrivarono da sud. Una alla volta, le città cristiane vicine stavano cadendo. I miliziani incendiavano le chiese e spaccavano le statue, abbattevano i campanili e distruggevano le icone. Spezzavano le croci e lasciavano le chiese nude e spoglie, con i tetti sfondati, piene di pallottole usate per esercitarsi o di sostanze chimiche usate per fabbricare le bombe. Mentre, due anni dopo, camminavo attraverso le rovine di quelle chiese distrutte, provavo freddo e nausea.

Man mano che l'ISIS avanzava, la gente tentava di precederlo, scappando verso nord. Il 6 agosto 2014 Elham fece di nuovo i bagagli, senza sapere dove andare. Uscendo da Qaraqosh, vide i combattenti dell'ISIS che arrivavano in lontananza. Questo è il futuro, pensò, uomini con i calzoni corti, le barbe e le armi in pugno. La famiglia trascorse parecchi mesi da amici e parenti, presso chiunque volesse ospitarli. Altre famiglie finirono in formicolanti campi profughi alla periferia di Erbil. Alcuni andarono più a nord, a Dahuk, e alcuni dormirono per settimane a terra, sotto la statua sbrecciata della Madonna ad Ain Kawa, un quartiere cristiano di Erbil, prima di trovare un alloggio temporaneo.

"Non volevamo restare ad accogliere l'ISIS," disse Elham, rabbrividendo al ricordo. Non disfecero i bagagli. "Mi sentivo come se fossimo bloccati."

Dopo una tale conoscenza, quale perdono? Così chiedeva T.S. Eliot in *Gerontion*, la poesia del 1920 in cui parla del fatto che la storia non offre redenzione. Il Cristianesimo si basa sul perdono e sul porgere l'altra guancia, ma come farà questa gente a riprendersi? Il livello di ripugnanza era stupefacente. Mi ricordavo del ponte ottomano di Mostar, lo Stari Most, commissionato nel XVI secolo da Solimano il Magnifico e fatto saltare dalle forze paramilitari croate durante la guerra di Bosnia nel 1993. Questa guerra era stata lunga, aspra e piena di odio. Dopo il crollo del ponte – per secoli simbolo di coesistenza fra musulmani, ortodossi e cattolici – un anziano, con le lacrime che gli scorrevano sul volto, mi aveva detto: "Quel ponte aveva resistito a tutto: invasioni, guerre mondiali. Ci è voluto tanto odio per abbatterlo." Potevo solo immaginare i massacri dell'ISIS, la follia di odio intervenuta nella distruzione delle chiese di Qaraqosh.

A Mar Mattai incontrai Nazar Esa, un altro uomo che mi descrisse la fuga da Qaraqosh, la sua città natale.

Quella notte, sempre nell'agosto del 2014, "le strade erano piene di macchine, di gente a piedi, tutti che fuggivano," rammentò. "Erano le quattro di mattina, una cosa surreale." Al buio, con la macchina carica di persone e di valigie, la sua famiglia andò a Dahuk, a nord. Qaraqosh era diventata un campo di battaglia, mi disse; per le strade, i miliziani avvolti negli esplosivi erano impegnati a combattere corpo a corpo con i soldati dell'esercito iracheno.

L'esercito iracheno liberò Qaraqosh nell'ottobre del 2016, dopo due anni di occupazione durante la quale i combattenti dell'ISIS avevano vissuto nelle case degli abitanti, saccheggiando i loro beni, il loro bestiame, le loro fattorie. Quando Nazar tornò per contribuire allo sminamento, collaborando con l'NPU (Nineveh Plain Protection Units), un'organizzazione militare costituita in gran parte da cristiani assiri alla fine del 2014 per combattere l'ISIS, rimase sbigottito da quello che trovò.

Mentre camminava per la città distrutta, continuava a vedere cose che pensava di riconoscere, ma sarebbe stato difficile dirlo. Tutto era in rovina. Ecco la vecchia scuola che aveva frequentato, distrutta. Ecco la casa di sua zia, un mucchio di macerie. Ma finalmente, si disse Nazar fra le lacrime, era tornato.

"Ero come un fidanzato separato dalla sua fidanzata, ci eravamo ritrovati," disse in preda all'emozione.

"Abbiamo un detto, qui: questo villaggio è nostro. Non lo diamo a nessuno," mi disse. "Maria e Giuseppe sono stati qui," aggiunse, riferendosi a un'antica leggenda che dice che i genitori di Gesù siano passati per la città. Il commovente racconto biblico non impedì all'ISIS di distruggere mille case e di bruciarne parzialmente altre tremila, secondo Sabri Rafo Ibrahim, capitano dell'NPU.

Mentre parlavo con Nazar, qualche decina di persone si mise in cerchio e cominciò una danza giocosa. Gli uomini ballavano mentre le donne battevano le mani e cantavano. "Venga," disse Nazar, guidandomi nel gruppo. Mi indicò delle persone, sussurrando brevi commenti su quanto era accaduto loro: quest'uomo aveva perso la figlia, il marito di quella donna era morto, una famiglia era rimasta separata per due anni.

Queste famiglie erano legate da paura, timore e sopravvivenza. Dopo tutto quello che era successo, credevano a malapena di essere ancora vive. Una donna mi strinse un braccio e mi spiegò che aveva vissuto nel monastero durante i combattimenti. Al culmine dell'espansione dell'ISIS, a Mar Mattai vivevano sessantacinque famiglie, ogni cella ospitava dieci persone o più. Dormivano a turno. I preti condividevano il loro cibo. Per fortuna l'ISIS non aveva mai raggiunto quell'antica località.

"L'ISIS era all'altezza di Bashiqa," disse padre Joseph Ibrahim, uno dei preti assiri. Mi portò a un'estremità del monastero e mi indicò la città sottostante, proprio sotto le mura. "Se volevano occupare il monastero, potevano farlo con facilità."

Gli chiesi se avesse paura.

"No," rispose. Non dell'ISIS. Non del loro ritorno. Ma dell'ignoto.

Il fratello di padre Joseph, un noto leader cristiano cresciuto a Mosul, era stato ucciso dai jihadisti nel 2006, durante la prima ondata di violenza anticristiana. "Gli assassini non erano dell'ISIS, ma avevano la stessa mentalità," disse. "L'ISIS potrà anche finire, ma questo sentimento resta."

Una giovane madre si avvicinò timidamente a padre Joseph, tenendo in braccio la figlia di cinque mesi, nata alla fine del regime dell'ISIS. Rita al-Niser aveva ventiquattro anni, capelli lunghi e una maglietta con la scritta *Live in Paris. Love in Paris.* Offrì la bambina al prete, che la benedisse.

Al-Niser è la nuora di Elham. I suoi genitori, un chimico di successo e un'ingegnera, sono di Bartella, una città di quindicimila abitanti a una ventina di chilometri a est di Mosul. Lei è cresciuta in una famiglia colta e sofisticata, dava per scontato che la sua vita sarebbe stata come quella dei suoi genitori: sarebbe andata all'università, si sarebbe sposata, avrebbe vissuto in pace.

Nel 2014 frequentava l'ultimo anno di università, viveva con la famiglia e studiava letteratura inglese – "mi mancavano tre esami" – quando arrivò l'ISIS. La sera del loro arrivo aveva studiato, prima di andare a dormire. Dormì bene, ma venne svegliata intorno alle tre del mattino dalla telefonata di un parente che viveva in un villaggio vicino e che disse loro di fuggire immediatamente. Ricordava il padre che la faceva alzare in tutta fretta e i fratelli in lacrime. Dovettero fare rapidamente i bagagli, prendendo solo l'essenziale. Ricordava che le tremavano le mani.

"L'ISIS era dappertutto, all'improvviso," disse sottovoce. La famiglia caricò il SUV e si diresse a Erbil, raggiungendo una comunità locale di circa trentamila cristiani. Le strade, ricordava, erano piene di macchine, tutte cariche di famiglie e di qualunque cosa si fosse riusciti a prendere. Fece un elenco di tutto quello che aveva lasciato indietro: libri, vestiti, fotografie.

Erbil doveva essere una cosa momentanea. "Inizialmente pensavamo di starci solo poche ore," disse al-Niser. "Pensavamo che sarebbe finito tutto in pochi giorni." Ma la purga fu più brutale di quanto immaginavano. L'ISIS si fece strada nel territorio cristiano distruggendo case e università, bruciando libri, addirittura incendiando i giardini. Prima rubavano, poi bombardavano o bruciavano, mi disse. L'università dove si era quasi laureata venne completamente distrutta.

Solo dopo tre anni, a giugno del 2017, la sua famiglia sarebbe finalmente tornata a casa. La porta della loro casa era aperta. Trovarono mobili rotti, piatti infranti e tende strappate. Era come se i combattenti dell'ISIS avessero tentato di cancellare ogni traccia dell'esistenza della famiglia.

Bahodij, che è cugina di al-Niser, si avvicinò e si sedette con noi. Ascoltò al-Niser annuendo. La vita adesso, disse, è difficile come vivere in esilio.

"Riceviamo solo promesse. Promesse di una nuova casa, promesse di lavori. Promesse che l'ISIS se ne andrà per sempre. Promesse che vivremo in pace," disse.

L'alternativa è emigrare negli Stati Uniti. Ma lei non credeva che fosse la soluzione. "Fra pochi anni," disse, dando voce quel sentire che mi era stato ripetuto in continuazione, "se ne saranno andati tutti."

Che l'emigrazione sia il vero nemico dei cristiani in Medio Oriente resta da dimostrare. L'elezione di Donald Trump nel 2016 ha comportato un drammatico passo indietro nella diplomazia americana sui diritti umani, ma la presenza di Mike Pence, evangelico conservatore, ha rappresentato la possibilità che venisse fatto qualche sforzo per proteggere i cristiani perseguitati in tutto il mondo.

Nell'autunno del 2017 ebbi un incontro informale con importanti funzionari della Casa Bianca per discutere la strategia di Pence per i cristiani in Medio Oriente. Questo poco dopo che Trump aveva firmato la terza versione del bando ai viaggiatori musulmani. I funzionari chiaramente volevano segnalare che i cristiani sarebbero stati ancora accolti negli Stati Uniti a braccia aperte. Ricordo che lasciai la riunione in preda a sentimenti contradditori. Da un lato ero sollevata per il fatto che i miei amici cristiani in Iraq, Siria, Libano e Medio Oriente in genere avrebbero potuto cercare rifugio in America, ma dall'altro ero molto preoccupata per le più vaste implicazioni della politica condotta dagli evangelici di estrema destra che avevano abbracciato la loro causa.

Quell'autunno Pence fece un discorso a una cena solidale del gruppo In Defense of Christians e dichiarò: "Il Cristianesimo ora affronta in Medio Oriente un esodo senza eguali dai tempi di Mosè." Continuò dichiarando che gli Stati Uniti avrebbero "lavorato gomito a gomito, da questo momento in poi, con i gruppi religiosi e le organizzazioni private, per aiutare coloro che vengono perseguitati a causa della loro fede". Pence sollevò addirittura l'idea di una visita in Medio Oriente proprio per sottolineare la situazione dei cristiani nella regione.[12]

Ma dopo l'annuncio di Trump, datato dicembre 2017, che avrebbe riconosciuto Gerusalemme come capitale di Israele e avrebbe trasferito lì l'ambasciata americana, molti leader cristiani nella regione, fra cui il papa copto, rifiutarono di incontrare il suo vicepresidente. Durante la visita in Medio Oriente, a gennaio 2018, Pence si rivolse alla Knesset, il parlamento israeliano, dove annunciò un calendario accelerato per il trasferimento dell'ambasciata, scatenando le proteste dei deputati arabi. Parlò anche di un fondo di centodieci milioni di dollari per aiutare i cristiani e le altre minoranze religiose in Medio Oriente.[13]

La percentuale di rifugiati cristiani ammessi negli Stati Uniti era salita al sessantatré per cento nella primavera del 2016, dal quarantasette per cento dell'anno precedente – soprattutto perché il numero totale dei rifugiati ammessi negli Stati Uniti era crollato. Numero che continuò a diminuire durante gli anni di Trump, soprattutto perché la politica di tolleranza zero che il presidente attuava ai confini voleva dire che molti rifugiati erano respinti prima ancora di poter fare richiesta di asilo. Non c'è dubbio che le politiche di Trump sull'immigrazione abbiano danneggiato le prospettive di coloro che fuggivano dalla violenza nella loro patria, in varie regioni del mondo. I cristiani del Medio Oriente, tuttavia, sembravano fare eccezione. Per molte persone appartenenti a questa categoria la politica dell'amministrazione sembrava premiante.

Nel 2019 la giornalista Emma Green, che scriveva sull'*Atlantic*, notò una strana unione fra i cristiani del Medio Oriente e l'amministrazione Trump:

> Da quando Trump è al potere, il Nineveh Plain ha ricevuto somme significative da parte del governo americano. In parte questa politica estera è fondata su quella interna: gli elettori conservatori che hanno contribuito all'elezione di Trump hanno molto a cuore i cristiani oppressi e manifestano la loro preoccupazione attraverso un'attività di lobbying molto efficace a Washington. Ma la difficile situazione dei cristiani nella regione è anche un tema naturalmente forte per un'amministrazione che considera la politica estera come una lotta per mantenere la supremazia dell'Occidente nel mondo. Per Trump, il Cristianesimo può essere un baluardo dei valori cristiani in una regione piena di potenziali nemici.[14]

È difficile immaginare che una qualsiasi strategia di politica estera possa fare granché di fronte alla profonda crisi che devono affrontare i cristiani in Medio Oriente; anzi, qualsiasi politica favorevole ai cristiani della regione rischia di esacerbare la situazione provocando risentimenti verso di loro da parte di altri gruppi che ambiscono all'aiuto americano. Negli ultimi duemila anni, i cristiani del Medio Oriente hanno vissuto periodi di tranquillità e tolleranza interrotti da esplosioni di brutalità persecutoria. La prima guerra mondiale e la successiva caduta dell'impero ottomano contribuirono alla prima di queste ondate di violenza anticristiana della storia moderna. L'invasione americana dell'Iraq, nel 2003, ne lasciava presagire un'altra. Il caos provocato dalle conseguenze di quel conflitto ha compromesso la sicurezza di innumerevoli comunità cristiane non solo in Iraq, ma anche in Egitto, in Siria e forse anche in Libano. In tutti questi luoghi il conflitto ha reso la già complicata e pericolosa posizione dei cristiani ancora più precaria.

A Erbil, nel 2015, con l'ISIS ancora al potere, incontrai Aziz Emmanuel al-Zabari, un cattolico caldeo, professore alla Salahaddin University. Al-Zabari era fuggito da Mosul nel 2006, quando aveva capito che le crescenti tensioni la stavano già rendendo insicura per i cristiani iracheni. Mi disse che a giugno, di fronte all'avanzata dell'ISIS, più di centomila cristiani erano fuggiti dalla Piana di Ninive e da Mosul. A uno a uno elencò i nomi dei villaggi cristiani che erano stati purgati: Qaraqosh, Karemlash, Bartella, Bashiqa, Tel

Keppe, Batnaya, Tesqopa, Alqosh, Sharafiya. "Negli ultimi nove mesi, le campane delle chiese sono rimaste in silenzio e non c'è un solo cristiano in questi villaggi e nella città di Mosul," disse.

Mi disse come cercare le case in cui si rifugiavano i cristiani con i loro parenti ad Ain Kawa, così come nei campi profughi lungo le strade che portavano fuori città. Aggirandomi nei campi mi fermai di tenda in tenda per parlare con le persone che erano da poco scappate di fronte all'ISIS. "Hanno intenzione di ucciderci tutti?" mi chiese una donna. "Riusciremo mai a tornare a casa?" È difficile offrire una qualche forma di consolazione a persone che sono state private non solo delle loro case, ma anche della possibilità di praticare la loro fede. Non potevano più trovarsi con gli altri fedeli per prendere la Comunione, e se si riunivano con altri fedeli lo facevano con grande timore, in chiese distrutte.

Monsignor Nicodemus Sharaf, arcivescovo della Chiesa ortodossa siriaca a Mosul, era stato l'ultimo prete a lasciare la città. La sua famiglia ci abitava da generazioni e lui era categorico sul fatto che non avrebbe mai abbandonato un posto tanto significativo per la storia cristiana. Aveva tentato di restare a Mosul in segno di sfida. Quando alla fine se n'era andato, aveva portato con sé un manoscritto aramaico di cinquecento anni. Lo incontrai poche settimane dopo la liberazione di Mosul, nel 2017. Piangeva ancora la perdita delle reliquie e dei testi che aveva lasciato lì e che l'ISIS aveva bruciato. "Ma," disse con fermezza, "non possono portarci via Dio." Ci hanno preso tutto il resto, ripeté, "ma non Dio."

Il monsignore non credeva che l'ISIS fosse finito. La mentalità sarebbe rimasta. La guerra contro i cristiani, disse, era cominciata con la caduta di Saddam Hussein, e sarebbe solo peggiorata.

Qualche giorno dopo il mio lungo pomeriggio a Mar Mattai, andai in macchina a Qaraqosh, dove la maggior parte delle vecchie strade era ridotta a cumuli di macerie. I ragazzi dell'NPU sorvegliavano la città facendo i turni ai posti di blocco, ma sembravano più interessati a scattarsi selfie che a proteggere la popolazione. Sulla via principale, erano aperti solo pochi kebab e un barbiere.

La città sembrava quasi abbandonata e io mi chiesi se le persone fossero chiuse in casa, nascoste, o se semplicemente si riparassero dalla calura del giorno. Ero con Nicole Tung, la fotografa, e ci fermammo a mangiare qualcosa. Comperai del pollo arrosto – incredibile, c'era una macelleria aperta dove si poteva comperare della carne – e mangiammo all'aperto, sedute su delle sedie pieghevoli abbandonate sul marciapiedi. C'era qualche uomo che beveva tè su delle panche davanti al negozio e qualche donna sciita, coperta dall'abaya, che passava con i bambini parlando i farsi. Il nostro autista ci disse che gli sciiti erano arrivati in città con le milizie venute a combattere l'ISIS. Non mi sentivo del tutto al sicuro, ma volli aspettare per andare alla messa del sabato sera nella chiesa bombardata di Santa Maria al-Tahira, una delle più grandi dell'Iraq. Il suo altare adesso era annerito dal fuoco e le reliquie e i crocifissi erano stati distrutti dall'ISIS.

Al tramonto, quando il caldo diminuì, si radunò un'immensa folla: uomini che tenevano in braccio dei neonati, famiglie che occupavano intere file di posti a sedere. Io rimasi in piedi in fondo, in silenzio, poi passeggiai nel cortile distrutto, scavalcando vetri infranti e pezzi di cemento. Incrociai un gruppo di anziane sedute in una stanza sul retro, che ascoltavano la messa da un punto più fresco. Sembravano eleganti con i loro abiti di cotone a fiori, i cappelli di paglia e il rossetto sulle labbra. Volevano tutte parlare con me, raccontarmi cosa avessero vissuto: come le loro cose erano state rubate, come i ragazzi combattenti dell'ISIS le avevano minacciate di violenza e stupro. Io mi sedetti su una traballante sedia di plastica e le ascoltai.

Alla fine della messa, la gente andò all'unica gelateria rimasta aperta. Se si ignorava la distruzione tutt'intorno a noi, avremmo potuto essere in un qualsiasi villaggio sulla costa del Mediterraneo, come le famiglie che facevano la tradizionale passeggiata serale dopo una lunga, calda giornata estiva.

Pochi giorni dopo andammo al monastero della Vergine Maria, vicino al villaggio di Alqosh, una trentina di chilometri a nord di Mar Mattai. Era stato costruito nel XIX secolo su richiesta del patriarca caldeo Yosep VI Audo, che aveva bisogno di ospitare i monaci del monastero di Rabban

Ormisda – anch'esso caldeo, costruito nel 650 – in un posto più moderno e sicuro.

Il monastero della Vergine Maria è bellissimo: color sabbia, con un cortile quadrato pieno di alberi, erba verde, un cancello in ferro battuto con un intrico di parole e motivi floreali – il linguaggio iconografico della zona. C'è anche una passeggiata dove le famiglie si riuniscono tranquillamente intorno alla statua dorata della Vergine. Lì incontrai padre Andrew Toma, che mi raccontò di come nei secoli i cristiani iracheni si fossero abituati a essere estranei. "Un'aquila vivrà qui," disse, "con tutti questi piccioni." Uno dei suoi timori per i cristiani della regione era l'incertezza sul loro futuro economico.

"Negli anni ottanta le famiglie cristiane se ne andavano perché non volevano che i loro figli combattessero nella guerra tra Iran e Iraq," spiegò padre Toma, ricordando il sanguinoso e aspro conflitto che era durato otto anni e che aveva lasciato quasi un milione di morti. "Adesso se ne vanno perché non c'è vita per loro. Come posso dire di restare? Come faccio a salvarli?"

Il prete si sedette stancamente su un antico muro fuori da casa sua. "Non posso salvare neanche me stesso," sospirò. Continuavo a incontrare questa forma di disperazione, la sensazione che il passato fosse importante e che la fede dovesse essere conservata a ogni costo, ma che i cristiani fossero vittime di un'oppressione invincibile. Continuavo a pensare a tutti i tatuaggi cristiani che avevo visto fra i giovani camerieri di Ankawa, a poca distanza da Erbil: i grandi crocifissi incisi sulla loro pelle, i rozzi disegni di santi e profeti, l'inchiostro vistoso che prometteva una stabilità smentita dalla loro attuale situazione. Gli parlai della loro condizione di insicurezza: del fatto che erano rimasti separati dalla famiglia durante l'invasione dell'ISIS, che temevano il futuro, che risparmiavano quello che guadagnavano in modo tale che un giorno avrebbero potuto pagare dei contrabbandieri per uscire dall'Iraq. Ma una volta usciti, dove sarebbero andati? La vita a Istanbul sarebbe stata migliore? Molti volevano andare in Canada, alla fine. La maggior parte aveva dei parenti là, o aveva sentito dire che la vita sarebbe stata più facile che a Erbil. E in effetti lo sarebbe stata, se ci fossero arrivati.

Eppure, a dispetto del desiderio di una nuova vita, erano abbastanza abili e scafati da capire che oltre i confini dell'Iraq o della Turchia li aspettava una vita di vagabondaggi, da rifugiati, un altro impiego da cameriere, ma in un paese straniero, con una lingua non loro, senza il conforto – per quanto magro – di tradizioni, radici e parenti e di una comunità che viveva su questa terra da secoli. "È una scommessa terribile," mi disse un cameriere una torrida giornata di agosto a Erbil. "Una scelta molto triste."

In fondo alla strada, Sharafiya era una città fantasma, un villaggio abbandonato distrutto dall'ISIS, finché nel 2016, a poco a poco, le famiglie non cominciarono a tornarci. Sembrava in paese che non ci fosse nessuno, tranne che nella casa dove abitava il prete locale. Bussai e padre Asad interruppe il pasto in famiglia, spostò la bicicletta di uno dei suoi figli e venne fuori a parlare. I bambini guardavano dalle finestre.

Padre Asad mi disse che la sua parrocchia in origine era una comunità di quattrocento famiglie, la maggior parte delle quali era fuggita. "La gente ha abbandonato le bestie e le case, ha preso i gioielli ed è scappata di corsa," disse. Ricordava le file di paesani in preda al panico, file di macchine cariche di persone e di cose. Camminammo per la cittadina collinosa. Le porte erano chiuse e sbarrate, la gente se n'era andata di fretta. Su un pendio c'era qualche pecora abbandonata.

Ma la gente era decisa a cominciare una nuova vita, e così, a gennaio del 2018, tredici bambini erano stati battezzati nella chiesa restaurata di San Giorgio a Sharafiya. Sei mesi prima, quando per la prima volta avevo incontrato padre Asad e avevo assistito alla messa serale, tra i banchi c'era solo una manciata di fedeli. I neonati, mi disse, erano il segno che i cristiani avrebbero vinto, per quanto difficile fosse la situazione.

Comunque, aggiunse, la politica locale continuava a tormentare i cristiani. I curdi preparavano un referendum a settembre 2017 per separarsi ufficialmente dall'Iraq, e nonostante lui dubitasse che ciò accadesse, si chiedeva se i cristiani sarebbero stati coinvolti in una faida tra iracheni e curdi.[15]

"Non che mi tocchi convincere la gente a restare," disse. "Non abbiamo problemi con curdi e arabi. Ma se i curdi e gli arabi continuano a combattere, saremo vittime di questo gioco."

I cristiani iracheni hanno rapporti complicati con i loro vicini curdi. Da un lato trovano solidarietà condividendo la condizione di minoranze spesso oppresse. Molti cristiani considerano i musulmani curdi più tolleranti rispetto ai loro correligionari arabi sunniti, e apprezzano i servizi e la stabilità che il governo regionale curdo garantisce in generale. Ciononostante, resta la preoccupazione che le tensioni fra Erbil e Baghdad possano dar vita a nuove esplosioni di violenza.

Passare nelle strade dei minuscoli villaggi rimasti deserti dopo l'occupazione dell'ISIS era inquietante. In alcuni, come nel villaggio assiro di Sharafiya, non c'era praticamente alcun suono a parte il belato delle capre. Da lontano sentii il suono di un corno. I campi erano incolti. Le case vuote e le porte aperte, come se la gente fosse uscita solo un attimo, convinta di tornare subito.

L'ultimo giorno che passai a Ninive, mentre il sole tramontava, Nicole e io salimmo al monastero caldeo di Rabban Ormisda, che sembra un antico castello di sabbia annidato fra le colline. Mi sembrava di fare quei passi nel VII secolo. Il monastero era vuoto, illuminato da poche candele tremolanti, mentre il cielo si stava preparando per la notte. Ma sentimmo un debole canto ultraterreno, una salmodia. Seguii i freschi corridoi di pietra, posando le mani sull'antica roccia.

In fondo, in una stanza quasi nascosta, trovammo la fonte del canto. Un uomo e una donna mi davano le spalle. La donna aveva lunghi capelli fluenti che le arrivavano sotto la vita e indossava una veste semplice. L'uomo, un prete, indossava i paramenti. La donna si girò, mi vide e fece un gran sorriso. Continuarono a cantare in aramaico davanti a un altare con una sola candela accesa.

Mi inginocchiai, emozionata dal suono delle loro voci armonizzate in un'antica preghiera – una veglia serale. Poi il prete mi si avvicinò e mi porse la mano. Era un iracheno australiano, padre Isaac Royel. Era arrivato con sua moglie alla vigilia della caduta dell'ISIS per far visita all'anziana madre, nel vicino villaggio di Alqosh.

Padre Isaac era stato un prete ortodosso (quindi con la possibilità di sposarsi) fin dall'età di vent'anni.

"Volevo vivere una vita spirituale. Stavo morendo nel mondo reale," disse. "Volevo una connessione con la spiritualità che potevo ottenere solo mediante digiuni, veglie e preghiere."

Trovammo un posto per sederci sul muro esterno, guardando il territorio ai piedi del monastero. Parlammo mentre il cielo si faceva buio, e alla fine per farci luce tirammo fuori i cellulari. La fede diminuisce in tutti i sensi, mi disse, anche in questo antico luogo.

"Questo paese è la nostra radice," disse, sottolineando la necessità di conservare il Cristianesimo in Iraq. Usò se stesso come esempio: trasferirsi in Australia non era stato solo superare un confine. La sua cultura irachena si era ridotta e lui lottava per conservarla.

"Per chi da Oriente si trasferisce in Occidente è molto difficile, perché si viene assimilati. Noi quindi scompariremo del tutto," disse. "L'Occidente è tecnologia, conoscenza. L'Oriente ha un che di più tradizionale. Se qualcosa viene distrutto, non lo si può più ricostruire."

Si diresse verso la strada sotto di noi, ormai buia, e ci disse che era ora di andare, perché la discesa era difficile. Lui avrebbe passato la notte nel monastero, un semplice monaco insieme a sua moglie, alle sue preghiere e alla sua fede.

2. Gaza
2019

Poco dopo essere arrivata a Gaza in una rovente giornata di luglio del 2019, mi sistemai in un alberghetto ancora in costruzione. Di fronte, sulla via principale, c'era un'immensa sala per matrimoni, che veniva usata di tanto in tanto dagli abitanti che potevano permettersi di sposarsi. La musica e il rumore dei piedi dei ballerini – uomini da una parte e donne dall'altra – continuavano fino a tarda notte. La mia camera dava sul retro, con grandi finestre che si aprivano su una lunga, spettacolare spiaggia a forma di mezzaluna.

Scelsi l'albergo per la posizione e per il nome: Gloria, il mio secondo nome. Durante le ore più calde del giorno la spiaggia era vuota, ma quando il sole tramontava si trasformava in un variopinto circo di persone: famiglie che organizzavano elaborati picnic con griglie e kebab, acrobati adolescenti che facevano salti mortali all'indietro sulla sabbia, due solenni sorelle con lunghe vesti scure che si rilassavano ciascuna sulla propria sedia in riva al mare. I bambini costruivano castelli di sabbia e strillavano mentre le onde del Mediterraneo bagnavano loro le gambe. Prima dell'alba Nicole Tung, che lavorava con me, si alzava con il nuovo giorno e andava in spiaggia per guardare nell'oscurità i pescatori che partivano sulle loro barche.

Qui, più di trent'anni prima, era iniziata la mia carriera di giornalista. Quando avevo cominciato a lavorare a Gaza ero piena di speranze in ciò che sarebbe potuto accadere nel futuro per migliorare la condizione della popolazione. Non mi ero mai abituata all'odore di spazzatura che c'era a Gaza: né avevo dimenticato la prima volta che avevo visto le strade polverose, o la quantità di persone chiuse in così poco spazio, il senso di disperazione, infelicità e ingiustizia. In trent'anni non era cambiato granché. Gaza sembra essere stata lasciata indietro per sempre.

Mi tornò in mente un viaggio di tanto tempo prima, in una tiepida giornata primaverile del 1991, tre anni dopo lo scoppio della Prima intifada, la sollevazione della popolazione palestinese contro l'occupazione israeliana della Cisgiordania e di Gaza. Ero in un angolo della spiaggia deserta di Gaza e guardavo l'infinito panorama del Mediterraneo. Il mio amico palestinese Ali era con me. Ali era un attivista, era stato recentemente liberato da una prigione palestinese in mezzo al deserto, un luogo infame chiamato Ansar III (e detto anche, in ebraico, Ktzi'ot). Aveva sopportato torture fisiche e psicologiche da parte delle forze di sicurezza israeliane note come Shin Bet. L'avevano trattato con una durezza tale che se gli arrivavi alle spalle senza preavviso faceva un balzo, come un gatto terrorizzato. Non sapevo granché del disturbo post traumatico da stress, all'epoca. Oggi capisco qualcosa di ciò che doveva aver patito Ali.

Restammo a guardare uno dei più bei panorami che avessi mai visto: sabbia dorata, un vasto orizzonte rosso e riflessi di luce sull'acqua. Si confondeva il confine tra il mare e il cielo infinito, tra noi e il paradiso.

Ma la spiaggia era costellata di spazzatura, ed era vuota. Questo accadeva due anni prima degli Accordi di Oslo del 1993, una serie di intese fra l'Organizzazione per la liberazione della Palestina (OLP) e Israele che erano il fondamento di un percorso di pace. Gli accordi furono infranti quando nel 2000scoppiò la Seconda intifada, molto più micidiale della prima. Ma per qualche anno c'era stato nell'aria qualcosa di simile alla speranza. Yasser Arafat, il presidente dell'OLP, ritornò a Gaza dopo aver siglato gli accordi e affrontò una folla giubilante che credeva che lui portasse una Palestina autonoma e libera dall'oppressione.

"Un giorno staremo su questa spiaggia insieme e ci sarà la pace, qui," dissi. "Ci sarà uno stato palestinese e voi sarete liberi." Ali pareva scettico, ma riuscì a sorridere. "*Inshallah,*" rispose. Se Dio vuole.

Nell'estate del 2019 mi trovai su quella stessa spiaggia, da cui i pescatori palestinesi non potevano far uscire le loro barche in mare. Ero sola. Gaza era nelle condizioni peggiori che avessi mai visto. Superai l'aeroporto abbandonato, che doveva essere un simbolo dell'apertura di Gaza al mondo. Adesso era un campo di erbacce, lo scheletro abbandonato di quello che avrebbe dovuto essere un terminal. A dispetto di tutti i miei sforzi, non riuscii a trovare Ali. Era svanito nella diaspora palestinese o, peggio, era stato inghiottito dalla disperazione.

All'inizio del millennio, nei primi anni duemila, ero tornata a Gaza per cercare dei bambini che avevo conosciuto in precedenza, alla fine degli anni novanta. Come al solito, andai al checkpoint di Erez a bordo di un taxi sovraffollato, stavolta con l'ottimo fotografo americano Judah Passow. Andammo in vari campi profughi, cercando i bambini che avevamo incontrato e documentato anni prima. Arrivammo armati delle loro foto. All'epoca erano bambini piccoli e confusi che, seduti per terra, disegnavano con le matite soldati, armi, elicotteri che sganciavano bombe. Dieci anni dopo, nei campi, ne restavano solo due. Erano adolescenti, ormai, induriti dalla guerra, dalla deprivazione, dalla miseria.

Faglie

La prima domenica dopo essere tornate a Gaza, nel luglio del 2019, io e Nicole lasciammo il Gloria Hotel per andare a messa nella chiesa della Sacra Famiglia, dopo esserci godute una enorme colazione palestinese sulla terrazza affacciata sul mare. I camerieri mi dissero che erano fortunati ad avere un lavoro, un lavoro che amavano. Sorridevano e portavano troppo cibo: succo d'anguria, cestini di pane, miele, hummus e sottaceti. Io sedevo bevendo caffè arabo aromatizzato al cardamomo e guardavo i pescatori salpare nella luce lattiginosa.

Il calore era già insopportabile. La temperatura a Gaza sembra sempre parecchi gradi più alta di quello che dice il termometro a causa della densità, sia degli edifici sia degli abitanti – quasi due milioni di persone vivono in un'area lunga quaranta chilometri e larga undici, circa quattro volte la popolazione di Atlanta, che è leggermente più grande in termini di superficie. E ogni anno il territorio palestinese diventa più piccolo e più claustrofobico. Ali una volta mi spiegò che in base agli Accordi di Oslo i pescatori dovevano poter arrivare con le loro barche a venti miglia marittime dalla costa per guadagnarsi da vivere. Ma le limitazioni imposte da Israele nel corso degli anni hanno ridotto questi limiti: adesso possono arrivare a meno di metà di quella distanza, se non vogliono prendere forti multe e farsi confiscare barca e attrezzature. La bellezza del Mediterraneo e i suoi vasti orizzonti, quindi, sono uno scherno, per i pescatori legati alla costa. In un certo senso la spettacolarità del contesto rende la difficoltà dell'assedio – perché questo vuol dire vivere a Gaza, circondati dall'umiliazione di checkpoint, ispezioni e barricate – apparentemente ancora più disperata.

Nei primi giorni del mio reportage a Gaza, andavo

spesso nelle chiese cristiane, che sembravano lontane dalla violenza nelle strade e nei campi. Nell'oscurità, nella quiete, circondata dal profumo greve dell'incenso, che ricorda la fede in qualcosa di meglio oltre questa vita, potevo pensare e potevo respirare.

La chiesa della Sacra Famiglia è un semplice edificio di pietra bianca in un complesso su Zeitoun Street frequentato da circa cinquecento fedeli, non tutti cattolici. Oltre alla chiesa c'è un centro di aggregazione dove le persone si riuniscono dopo la messa a bere tè e a mescolarsi con gli altri parrocchiani. Ero arrivata in leggero ritardo, così presi posto verso il fondo, dopo aver immerso la punta delle dita in un'acquasantiera ed essermi fatta il segno della croce sulla fronte, un gesto che mi è stato insegnato fin da quando ho iniziato a camminare.

Malgrado il caldo, la chiesa era piena: c'erano famiglie, bambini piccoli e rumorosi, donne con abiti di cotone e i lunghi capelli scoperti. C'erano anche le suore occidentali dell'ordine di Madre Teresa, parte della comunità religiosa della Sacra Famiglia, con le loro vesti bianche. Quando cercai di parlare con loro, furono gentili ma ferme: non potevano parlare delle difficoltà dei cristiani a Gaza, avrei dovuto rivolgermi alla loro leader spirituale in India.

La messa era in arabo, ma io seguii lo schema che unisce i cattolici di tutto il mondo: letture, omelia, consacrazione, eucarestia. Ci fu un po' di disordine quando la gente si spinse avanti per l'ostia, ansiosa di ricevere un sacramento che l'avrebbe protetta dalle terribili prove della vita al di fuori della chiesa.

Dopo la messa, rimasi in cortile mentre la gente usciva. Una donna anziana con un ampio cappello di paglia mi si avvicinò. Molto abbronzata, parlava veloce in inglese. Mise la mano nella mia e mi disse che si chiamava Elham Fara. Piccola, energica e leggermente autoritaria, mi disse che aveva dei parenti in Maryland e a New York e che a Gaza faceva l'insegnante di musica.

"Io sono pianista," disse. "Ma sono l'unica che sa suonare l'organo durante la messa, per cui faccio anche questo."

Mentre i parrocchiani affollavano il cortile della chiesa, Elham parlò della vita impossibile che si conduceva a Gaza. "Siamo prigionieri, qui," disse. "È il modo migliore per dirlo." Ci chiese un passaggio per tornare a casa e si sedette accanto all'autista per dargli indicazioni. Gli chiese se fosse musulmano. Lui rispose di sì.

Superammo persone dirette al mercato, asini che portavano ceste cariche di frutta, banchetti traballanti con venditori di succo fresco. Elham raccontava storie della vita nella sua minuscola comunità. "È difficile per tutti i cristiani in Palestina. Ma a Gaza è… be', a Gaza è impossibile. Ma restiamo. È casa mia."

I cristiani palestinesi risalgono ai primi seguaci di Cristo. Dei circa 47.000 cristiani palestinesi che vivono ancora in Palestina, il novantotto per cento vive in Cisgiordania.[1]

Una minuscola frazione della comunità cristiana, fra le 800 e le 1100 persone, vive nell'assediata Striscia di Gaza, la parte più povera della Palestina. Di tutte le comunità che ho visitato, la loro è la situazione più precaria.

Mentre il loro numero continua a diminuire, i cristiani palestinesi affrontano un'immensa discriminazione. Secondo il *Jerusalem Post*, solo nel 2019 si sono verificati almeno tre importanti episodi di violenza contro i cristiani palestinesi, tra cui una folla che ha preso di mira un villaggio cristiano della Cisgiordania, terrorizzando gli abitanti e danneggiandone le proprietà, oltre a vandalizzare due chiese, una a Betlemme e l'altra a Ramallah. Elias al-Jalda, responsabile dei rapporti religiosi per la Chiesa greco-ortodossa nella Striscia di Gaza, ha criticato Hamas per aver reso sempre più difficile per i cristiani attraversare il confine, con perquisizioni invasive, e per aver fatto pressioni su quei cristiani che contraggono matrimoni interreligiosi affinché si convertano all'Islam.[2]

Oltre alla minaccia della violenza, le limitazioni agli spostamenti rendono estremamente difficile la vita di tutti i palestinesi. Dal 1993 i palestinesi che vivono in Cisgiordania e a Gaza non possono entrare a Gerusalemme Est senza un permesso, che è quasi impossibile ottenere. Questo vuol dire che i cristiani palestinesi non possono accedere ad alcuni dei luoghi più sacri del Cristianesimo. Non possono visitare la meravigliosa e commoventissima basilica del Santo Sepolcro, costruita nel punto in cui si dice sia stato crocifisso e seppellito Gesù. La sua gigantesca cupola azzurra sembra riflettere il cielo soprastante; gli archi fessurati ti accolgono all'interno per ammirare gli ori brillanti e i rossi rubino che ricoprono lo spazio, nella celebrazione della vita di Gesù. Non possono percorrere la Via Dolorosa con le stazioni della Via Crucis, dove legioni di turisti seguono i preti che recitano il rosario in innumerevoli lingue, lungo la strada della crocifissione dove Gesù cadde dopo essere stato flagellato e umiliato. Non possono visitare il Getsemani, un fiorente giardino ai piedi del Monte degli Ulivi, dove secondo il Nuovo Testamento Gesù pregò nella sua agonia prima che Giuda lo tradisse.

Avevo passato molte ore in tutti quei posti, come cristiana e come giornalista, e avevo visto le dirette conseguenze della politica di Israele in questi luoghi santi. Durante la Prima intifada, alla fine degli anni ottanta, quand'ero impegnata nel mio primo reportage all'estero, la Città Vecchia di solito era chiusa e pesantemente sorvegliata. Era troppo pericoloso per me andare in giro da sola con un taccuino in mano. Anche all'interno delle sacre mura del Santo Sepolcro, le religioni che presiedevano al luogo – greco ortodossa, cattolica romana, apostolica armena e, in misura minore, copta ortodossa, siro ortodossa e ortodossa etiope – tendevano a litigare sui riti o su chi avesse il ruolo più importante. Ma il fatto che la rete del conflitto politico in cui sono impigliati rendesse più difficile per i cristiani palestinesi praticare la loro fede, sembrava particolarmente doloroso.

Anche Betlemme, la piccola città della Cisgiordania dove molti cristiani di Gaza hanno dei parenti, è difficile da visitare, per loro. La città, che nel 1947 era cristiana all'ottantacinque per cento, adesso è dominata dai musulmani palestinesi, nell'ambito di un più vasto cambiamento demografico della Palestina che si spiega con il tasso di natalità più basso tra i cristiani e con l'aumento della loro emigrazione.

Ma non sono solo i cristiani a lasciare la Palestina per sempre, né la politica discriminatoria di Israele è l'unico fattore all'origine dell'emigrazione. A Gaza i problemi sono stati accentuati dal rigido governo di Hamas, il gruppo islamista sunnita eletto nel 2006, oltre che da anni di povertà, infrastrutture rovinate da quattro guerre e continue lotte intestine fra i partiti politici palestinesi. Dal 2007 si è verificata una spaccatura politica tra l'Autorità palestinese, con base a Ramallah e in Cisgiordania, e Hamas. La divisione ha fomentato la violenza nella regione e ha ridotto le speranze di un futuro stato palestinese indipendente. La popolazione di Gaza è quella che ne subisce le conseguenze.

L'ONU aveva previsto che Gaza sarebbe diventata invivibile nel 2020. I molti abitanti che restano tenacemente legati alla loro patria fanno sembrare questa previsione troppo pessimistica, ma le condizioni mostrano che non si trattava di un'affermazione infondata. Dalla Battaglia di Gaza del 2007 ci sono state tre guerre. Se qualcuna di esse ha avuto un vincitore, non è chiaro quali siano stati i benefici della vittoria; quello che è sicuro è il costo della sconfitta. L'ultima guerra ha avuto un impatto orribile sulle infrastrutture di Gaza. I danni fisici hanno riguardato la distribuzione dell'elettricità e hanno portato a frequenti interruzioni del servizio (in media gli abitanti di Gaza hanno ricevuto corrente elettrica per quattro ore al giorno). Anche i rifornimenti di acqua dolce sono limitati: solo il cinque per cento dell'acqua è potabile.

Dall'avvento di Hamas nel 2006 e dall'inizio del conseguente blocco, povertà e disoccupazione sono schizzate alle stelle. Gli abitanti sono stati puniti da due lati: dagli israeliani, che continuano a sottomettere, umiliare e dominare le loro vite anche dopo il ritiro delle loro truppe e l'eliminazione delle colonie israeliane che vi si trovavano; e dagli egiziani, che considerano il governo di Hamas con profondo sospetto e trattano gli abitanti della Striscia come una peste. I palestinesi di Gaza sono alienati dal loro governo di Ramallah perché l'Autorità palestinese e Hamas sono ai ferri corti e perché il blocco impedisce agli abitanti di Gaza di entrare con facilità in Cisgiordania. Presi nel mezzo del pasticcio politico, gli abitanti della Striscia hanno accusato il colpo. Dal 2007, le restrizioni agli spostamenti dei palestinesi si sono intensificate e, a dispetto di qualche recente riforma, gli abitanti della Striscia sono bloccati in un fazzoletto di terra sempre più piccolo, e si vedono negare l'accesso agli altri territori palestinesi e al resto del mondo.

Al-Fatah, il partito politico fondato da Yasser Arafat e con profonde radici nella lotta rivoluzionaria per la liberazione della Palestina, ha dominato le elezioni legislative fino al 2006, quando Hamas ha ottenuto la maggioranza. I due partiti hanno formato una coalizione di governo instabile.

Per anni il movimento laico di al-Fatah ha mirato a creare uno stato palestinese basato sui territori occupati da Israele nel 1967. Al-Fatah riconosce Israele e crede che negoziare con il paese sia necessario per arrivare a uno stato palestinese. In aperto contrasto con l'identità non religiosa di Fatah, Hamas è un partito radicale islamista. Non riconosce Israele e crede che i palestinesi debbano ricorrere alla resistenza armata contro Israele, anziché ai negoziati, per ottenere uno stato palestinese basato sui confini precedenti al 1967.[3]

Nel 2006 la gente di Gaza era stufa della corruzione e dell'indifferenza dell'Autorità palestinese guidata da al-Fatah. Non è un caso che Gaza, che subisce le maggiori violenze da parte dello stato di Israele, sostenuto dall'Occidente, abbia votato per il partito meno occidentale. Voleva un cambiamento. Hamas, come Hezbollah in Libano, prometteva molto: programmi sociali, istruzione, sanità, libertà, una vita nuova. Molte persone hanno votato Hamas non per paura, ma per il desiderio di una nuova via di uscita dalla fatica della vita quotidiana a Gaza.

Le differenze ideologiche e di metodo fra Hamas e Fatah, oltre ai risentimenti personali, hanno condotto a una rapida dissoluzione dell'unità del governo. Nel 2007 i due partiti hanno litigato con violenza. Hamas ha assunto il controllo di Gaza, mentre l'Autorità palestinese, liberatasi di Hamas e guidata nuovamente da al-Fatah, ha mantenuto la presa sulla Cisgiordania. L'AP, con base a Ramallah, si considera l'unica rappresentante della Palestina nella comunità internazionale, e i paesi occidentali tendono a riconoscerla come tale, guardando a Hamas come a un'organizzazione terroristica.

Quello di Hamas, guidato dall'ex primo ministro Ismail Haniya, è un governo autoritario. Non gestisce il potere con lo stesso grado di repressione dell'Iraq di Saddam, della Libia di Muammar Gheddafi e della Siria degli Assad, ma a Gaza non accade nulla senza l'approvazione di Hamas. Dal 2007, Hamas non ha mai lasciato il governo di Gaza, ma non è riuscito a realizzare ciò che i suoi leader avrebbero dovuto – non del tutto per colpa loro: i blocchi di Israele e dell'Egitto hanno impedito a Gaza di prosperare economicamente. Ma loro non hanno contribuito a migliorare la situazione. Ritenuti un tempo incorruttibili dalla popolazione locale, a causa dei loro principi religiosi sunniti, Hamas è sempre più spesso considerato compromesso quanto l'AP. "Stanno diventando come quelli che hanno combattuto," mi ha detto uno studente.

Hamas si è rivelato corrotto in molti modi, soprattutto perché ha approfittato di trasferimenti medici illegali fuori dal paese. Una giornalista di nome Hajar Harb, che ha tentato di denunciare la corruzione, ha subito minacce violente ed è stata condannata a sei mesi di carcere prima di essere assolta in appello.[4] Un funzionario di Amnesty International mi ha detto che Harb è stata punita da Hamas semplicemente per aver fatto il suo lavoro di ricercatrice sui diritti umani.

Le sofferenze dei palestinesi, già grandi a causa del peso dell'occupazione israeliana, sono state esacerbate dalle divisioni politiche che li hanno messi gli uni contro gli altri. Come molte persone, io credo che la spaccatura fra Hamas e Fatah sia un regalo agli israeliani, che vogliono vedere divisa la base politica palestinese. Ma un ex comandante militare israeliano a Gaza che incontrai a Gerusalemme, Grisha Yakubovich, non era d'accordo con me.

"La spaccatura fra i poteri palestinesi non avvantaggia Israele," mi disse. "Sia la destra sia la sinistra [israeliane] ne soffrono."

Ciò che salva Gaza dalla completa distruzione interna è la solidarietà emotiva dei palestinesi, che è forte quanto i loro legami famigliari. La gente di Gaza ha risorse incredibili, e perfino nei più sovraffollati campi profughi, a dispetto di immense sofferenze, le famiglie si riuniscono per mangiare, per piangere e per sognare insieme. Lo spirito collettivo degli abitanti di Gaza aspira alla libertà – cristiani e musulmani, radicali e moderati che siano. Tutti hanno qualcosa che li lega: sono sotto assedio.

Nel luogo di nascita di Cristo, nella terra dove crebbe, dove fu battezzato e dove morì, i suoi seguaci rimasti parlano affettuosamente di se stessi come di "pietre vive". L'espressione si riferisce a *Pietro* 1,2-5: "Quali pietre vive siete costruiti anche voi come edificio spirituale, per un sacerdozio santo e per offrire sacrifici spirituali graditi a Dio, mediante Gesù Cristo." Oggi l'espressione riflette il fatto che i cristiani d'Israele e Palestina sono oggetti viventi dai tempi di Gesù, prova di una bimillenaria storia cristiana nei luoghi santi che continua ancora. Dalla notte in cui Maria diede alla luce un bambino, a Betlemme, la Palestina e il Cristianesimo sarebbero stati intrecciati per sempre. I primi cristiani in Palestina erano i discepoli originari di Cristo; il primo uomo a predicare nell'attuale Striscia di Gaza fu l'apostolo Filippo, allievo dell'apostolo Paolo.

Si riteneva che Filippo, probabilmente di origine greca, fosse nato a Betsaida, dove potrebbe aver conosciuto Pietro e Andrea. Era presente alle nozze di Cana – quando, secondo il Vangelo di Giovanni, Gesù compì il suo primo miracolo trasformando l'acqua in vino – e forse era presente quando Giovanni Battista proclamò Gesù "l'agnello di Dio". Fu l'apostolo Filippo a essere sfidato da Gesù con una domanda su come nutrire cinquemila persone: "Prima di nutrire miracolosamente la moltitudine, Cristo si rivolge a Filippo con una domanda: 'Dove compreremo il pane per dar da mangiare a costoro?' e l'apostolo risponde: 'Duecento soldi di pane non sono sufficienti perché ciascuno di questi ne abbia un poco.'"[5] In seguito la religione avrebbe continuato a diffondersi nella regione tra ebrei messianici, romani e greci.

Sebbene Betlemme abbia un posto speciale come luogo di nascita della fede cristiana, non divenne un vero centro del Cristianesimo per altri trecento anni. L'impero bizantino, governato dal neoconvertito Costantino, legalizzò la religione e stabilì la Siria-Palestina come provincia all'inizio del IV secolo. Dopodiché il Cristianesimo crebbe e fiorì in Palestina fino all'arrivo nella regione dell'Islam, nel VII secolo. I cristiani che rimanevano nell'area erano la discendenza mista dei primi ebrei messianici, dei romani convertiti e degli invasori musulmani. Dopo il 1095, i crociati cristiani che arrivarono tentarono di strappare la Palestina al controllo musulmano, ma senza successo. Di conseguenza gli abitanti cristiani che rimanevano, "pietre vive" per davvero, possedevano la chiave della più antica storia del Cristianesimo dentro le loro tradizioni e i loro alberi genealogici.

Oggi a Gaza restano meno di 1100 cristiani, e il loro numero cala rapidamente, dai 4500 che erano nel 2014. Nel 2015, secondo l'Institute for Middle East Understanding, i cristiani palestinesi costituivano all'incirca il 2,5 per cento della popolazione della Cisgiordania, e meno dell'uno per cento nella Striscia di Gaza.[6]

I registri della Lega delle Nazioni dell'epoca del mandato britannico mostrano che la popolazione cristiana della Palestina costituiva il 9,5 per cento del totale nel 1922 e il 7,9 per cento nel 1946.[7] Il declino è fenomeno di lunga durata, ma adesso siamo arrivati a un punto in cui assomiglia a un'estinzione.

* * *

Un pomeriggio, andando verso Rafah, all'estremità della Striscia di Gaza verso il confine egiziano, ci fermammo a guardare le rovine di un antico monastero. Fondato all'inizio del V secolo, quando Gaza era in maggioranza cristiana, era governato da san Porfirio, il vescovo di Gaza che aveva presieduto alla conversione dei pagani che vivevano nella regione all'epoca – nonché alle loro successive persecuzioni. La sua tomba si trova nell'angolo nordorientale della chiesa di San Porfirio a Gaza, una chiesa di mattoni dorati con soffitti blu scuro e candelabri di vetro. Anche nella torrida estate, è piena zeppa di fedeli superstiti di Gaza.

Trovai rifugio nella fresca, buia canonica della chiesa con Kemal Ayyad, portavoce ufficioso della congregazione, che mi raccontò la vita di san Porfirio secondo gli scritti del diacono Marco, un monaco del V secolo.

Nel 395, quando Porfirio arrivò a Gaza da Salonicco, l'antica città era chiusa da otto porte. Lui era già un uomo di mezza età, quasi quarantacinquenne, e aveva di fronte un compito colossale. A parte un pugno di famiglie cristiane, alcune delle quali avevano patito il martirio, la maggioranza della popolazione era pagana.

La tradizione dei pagani consisteva nel pregare il sole implacabile chiedendo la pioggia e Porfirio era arrivato nel pieno di una siccità. Lui li convinse a pregare il Dio cristiano e la pioggia arrivò. Dopodiché presero a portare da lui gli ammalati, affinché li guarisse, e così fu fondata una prima comunità di cristiani a Gaza. Il passo successivo di Porfirio per affermare il Cristianesimo a Gaza fu la distruzione dei templi e la costruzione di una chiesa. Ma prima dovette procurarsi del denaro.

Mandò il suo diacono Marco a Costantinopoli, capitale dell'impero, chiedendo aiuto per distruggere i templi pagani. Nel 401 Porfirio stesso compì il lungo viaggio e chiese aiuto all'imperatrice Eudossia. Lo ottenne. La leggenda dice che Eudossia aveva avuto due aborti spontanei; Porfirio pregò con lei, che alla fine mise al mondo cinque figli e lo ricompensò con denaro e soldati.

Nel maggio del 402 cominciò il rogo dei templi e degli idoli di Gaza. Porfirio prese le mosse dal grande tempio di Marnas, che era stato costruito sotto l'imperatore Adriano per onorare questo dio dell'agricoltura, assimilato a Zeus. Per dargli fuoco furono usati pece, zolfo e grasso. Altri templi bruciarono insieme a questo. I soldati andavano di casa in casa, sequestrando libri e "idoli" privati. La chiesa cristiana, che allora fu intitolata in onore dell'imperatrice Eudossia, fu costruita nel 407 sulle rovine del tempio romano. Il paganesimo smise ufficialmente di esistere a Gaza: il Cristianesimo aveva vinto.

Ayyad continuò il racconto. "Nel 640 i soldati persiani distrussero la chiesa. Pochi anni dopo arrivò l'Islam." Negli anni cinquanta del Novecento, disse, c'erano circa 46.000 cristiani che vivevano ancora a Gaza e costituivano circa il venti per cento della popolazione. Poi cominciò l'epoca dell'emigrazione.

"Ricordo che mio zio andò in Kuwait e poi in Australia," mi disse Ayyad. "È morto là, non è mai tornato a Gaza."

Ayyad disse che sotto Yasser Arafat, che divenne il simbolico presidente della Palestina nel 1988, i cristiani erano protetti. C'era un'Amministrazione per gli affari religiosi che si occupava dei loro bisogni. "Le cose stavano cambiando a Gaza," ricordò. "Si stava aprendo un aeroporto. C'era un nucleo di stato. La gente voleva restare e costruire un futuro."

Molti dei cristiani che potevano farlo, tuttavia, presero la cittadinanza egiziana, per precauzione. Quando Arafat morì, nel 2004, il clima politico cambiò. Due anni dopo Hamas vinse le elezioni; arrivarono le guerre brutali e i cristiani che potevano andarsene lo fecero. Come tutte le altre persone di Gaza a cui avevo chiesto una stima di quanti cristiani ci fossero rimasti lì, Ayyad era incerto. "Un po' più di mille?" tirò a indovinare.

Quella notte cercai di leggere un documento francese che mi aveva dato padre Mario, un prete della chiesa della Sacra Famiglia. Era scritto da un sacerdote che aveva prestato servizio prima di lui e raccontava la grande ascesa e il declino dei cristiani: "Quella del Cristianesimo a Gaza è una storia cominciata più di duemila anni fa, che continua ancor oggi con i discendenti dei primi convertiti. È la storia dei primi cristiani perseguitati dai romani. È anche la storia dei primi anacoreti, i mistici separati dal resto del mondo, i famosi 'padri del deserto' che vivevano in capanne costruite sulle rovine dei primi monasteri palestinesi." Il prete scriveva dei monasteri fondati nel V e nel VI secolo dopo Cristo e di come, anche sotto i vari governi musulmani, la comunità cristiana aveva sempre avuto un sacerdote. Alcuni musulmani pregavano addirittura nelle chiese cristiane.

Un famoso vescovo ed esploratore inglese, san Villibaldo, venne in visita a Gaza per tre anni a partire dal 723 e divenne uno dei primi inglesi a mettere piede in Terra Santa.[8] Parlò di una bella "moschea cattedrale" dove pensava che cristiani e musulmani potessero in qualche modo aver fuso le loro religioni. Anche nel 1099, mentre i crociati stavano distruggendo Gerusalemme durante la Prima crociata, Gaza era stata un rifugio. Il documento continuava sostenendo che l'amicizia fra le due comunità, quella cristiana e quella musulmana, era sincera; nessuno si preoccupava della religione del vicino. "L'unica cosa che mancava," osservava, "erano i matrimoni interreligiosi, ma bisogna capirlo, dato che le persone non si sposavano per amore, ma per decisione delle loro famiglie." Il mese di Ramadan e la Pasqua erano celebrati allo stesso modo.

I monaci del deserto che arrivarono in Palestina tra il IV e il VI secolo scrissero di una vita difficile, ma spiritualmente appagante. A dispetto delle enormi sfide, si moltiplicarono. I discendenti di quegli antichi cristiani seguono il loro esempio, vanno avanti attraverso le durezze della vita a Gaza.

Oggigiorno la scomparsa della comunità cristiana è in parte conseguenza dell'economia e dell'assedio, ma è innegabilmente peggiorata dalle condizioni di vita sotto Hamas. Un anno dopo l'elezione di Hamas, nel 2007, l'ultima libreria cristiana nel centro di Gaza, nota come The Teacher's Bookshop, "la Libreria dell'insegnante", fu vittima di ben due attentati incendiari, nell'ambito di una serie di attentati simili che si verificarono a Gaza in quel periodo. La libreria, una sorta di rifugio, con un Internet café e servizi educativi, era stata fondata dieci anni prima dalla chiesa battista di Gaza. Il suo proprietario cristiano, Rami Ayyad, un uomo profondamente religioso e gentile, venne rapito, torturato e assassinato dagli estremisti. Da anni riceveva minacce di morte dai jihadisti, ma si era rifiutato di chiudere il negozio. Hamas condannò l'omicidio e promise di proteggere i cristiani superstiti, ma gli aggressori non furono mai trovati.

Durante i miei molti viaggi ero passata tante volte davanti a quella libreria; mi ricordo di quando aveva aperto, nel 1998 – un'epoca in cui a Gaza si poteva bere birra e sedere nei caffè all'aperto sulla spiaggia. Quando tornai nel 2019 la gente sembrava aver paura di parlare con me della morte di Rami Ayyad o degli attentati, anche se si erano verificati anni prima. Invece, una donna che ammucchiava libri nella libreria che aveva preso il posto di quella vecchia mi indirizzò al quinto piano di una casa in cui si svolgeva un servizio religioso. "È appena in tempo!" disse con passione, spingendomi fuori dal negozio e su per una rampa di scale.

La celebrazione non aveva i caratteri di una messa cattolica o ortodossa, mostrava piuttosto quelle che mi parvero le radici battiste dell'organizzazione dietro alla libreria da basso. La scena mi ricordava certe finte chiese Latinx del Lower East Side di Manhattan, che sembra siano state costruite durante la notte, ma sono piene di fedeli appassionati. A Gaza, una domenica pomeriggio, un gruppetto di persone sedeva su vecchie poltrone di velluto marrone mentre i loro bambini giocavano in fondo alla stanza. Sembrava più un salotto privato o un gruppo di giocatori che una chiesa. Alle pareti c'erano quadri di uccelli in volo sullo sfondo di un tramonto infinito, e un'inquietante musica elettronica copriva le grida dei bambini.

Il pastore era in piedi accanto a una ragazzina che indossava jeans a vita alta e una maglietta con le spalle scoperte, un iPhone infilato nella tasca di dietro. Erano vicini sul pulpito e leggevano a turno una Bibbia in arabo. La ragazza cantava con voce profonda e melodiosa, alzando le braccia per invitare i fedeli a unirsi a lei.

Non sapevo bene che ruolo giocasse la chiesa battista a Gaza e molte persone ne parlavano con cautela. Finalmente il dottor Attalah Tarazi, che presiede il Gaza Center of Light and Culture, un'altra organizzazione battista, mi ricevette nel suo ufficio. I Tarazi sono un'antica e stimata famiglia cristiana a Gaza, piena di medici, avvocati, professori e proprietari terrieri, con molte ramificazioni e decine di cugini di secondo e terzo grado. Attalah era nato a Gaza accanto alla chiesa ortodossa subito dopo la Nakba del 1948 – la "catastrofe" in arabo – quando Israele vinse la sua guerra d'indipendenza e diede avvio alle deportazioni di massa dei palestinesi dalla loro patria ancestrale.

"Israele nacque e noi perdemmo la Palestina," disse semplicemente.

Gaza nel 1948 era un altro mondo. Le strade erano chilometri e chilometri di sabbia. I Tarazi erano un clan potente nella regione. Il padre di Attalah, un ricco gioielliere, era nato nel 1906, quando c'era ancora l'impero ottomano;

ricordava un Medio Oriente che non esiste più. La famiglia era composta da otto sorelle e quattro fratelli. Uno di essi rimase ucciso da un soldato britannico durante il mandato, cioè il quarto di secolo in cui i britannici ebbero il controllo sugli attuali Israele e Palestina.

La casa della famiglia Tarazi era una grande villa coperta di fiori dai colori vivaci. Via via che la sua fortuna aumentava, il padre di Attalah acquistava sempre più terre che, alla fine, passò ai figli. Attalah avrebbe dovuto sostenere gli esami all'università nel 1967, ma furono cancellati a causa della guerra. Attraversò il confine per studiare in Egitto, dove si laureò in medicina nel 1973, quando un'altra guerra stava per cominciare. Per molti anni lavorò come chirurgo all'ospedale battista, dove uno dei suoi cugini è oggi amministratore. Adesso opera all'al-Shifa, il sovraffollato e sottofinanziato ospedale statale.

Attalah mi disse che i cristiani a Gaza sono generalmente più sani degli altri palestinesi, ma lui non cura solo i cristiani. "Non siamo così lontani," disse. "Abbiamo buoni rapporti con Hamas. Sono miei pazienti." Fece una pausa e aggiunse: "Guariscono come tutti gli altri."

Un'altra domenica, Elham Fara, l'organista che avevo incontrato in chiesa la domenica prima, mi portò a prendere il tè da una famiglia che viveva nel suo stesso palazzo. Come molti condòmini, erano cristiani. Posteggiammo e superammo mucchi di spazzatura – la quantità di rifiuti a Gaza non finisce mai di stupirmi – e arrivammo a un brutto palazzone di cemento grigio in mezzo a un deserto.

Non c'era elettricità, il che voleva dire una lunga scalinata da salire alla luce incerta dei cellulari quando finalmente la porta si aprì. "Cristiani o musulmani, questo è insopportabile," disse a mo' di saluto Boolus, ventunenne studente di odontoiatria, indicando i ventilatori immobili.

"Niente corrente elettrica. Siamo al settimo piano. Mio padre è malato di cuore e deve salire le scale tutti i giorni. Non abbiamo acqua potabile. Il fatto è che siamo cristiani e sopportiamo. Ma tutti noi, qui a Gaza, soffriamo delle stesse privazioni."

Alle pareti c'erano arazzi di lana che rappresentavano l'Ultima cena e il Buon pastore. C'era un piccolo organo e mentre bevevamo tè e mangiavamo anguria Elham si sedette senza invito e cominciò a suonare *Old Black Joe*, una malinconica canzone da camera scritta da Stephen Foster nel 1860. In un angolo della stanza c'erano strumenti, leggii e un altoparlante. Boolus e suo fratello suonavano il violoncello e la tromba, mentre il padre, Maher, li accompagnava al piano. "Siamo tutti cristiani," si strinse nelle spalle Boolus quando gli chiesi quali fossero esattamente i vari rami del Cristianesimo a Gaza. "È lo stesso Dio." Boolus deve il suo nome a san Paolo. È un cristiano ortodosso ma prega alla chiesa cattolica. Da bambino aveva frequentato una scuola cattolica e non aveva mai notato alcuna discriminazione. Si definiva "dentro la bolla cristiana". Quando arrivò alla al-Azhar University di Gaza, a diciotto anni, all'improvviso si sentì parte di una minoranza. "La prima cosa che ti chiedono – insegnanti, studenti – è 'Sei cristiano?'"

Tutti gli anni a Natale e a Pasqua la famiglia fa richiesta di un permesso per andare a Betlemme. Di solito non tutti i membri della famiglia lo ottengono, il che vuol dire che sono separati durante le feste più importanti. Il Natale precedente, Boolus aveva avuto il permesso ma suo padre no.

Elham, come se fosse un segnale, attaccò a suonare *Jingle Bells* all'organo.

Boolus voleva lasciare Gaza e trovare un lavoro migliore, ma non sopportava il pensiero di lasciare la sua famiglia, così unita. Studiare è una fatica inutile, disse, sapendo che alla fine non c'è ricompensa, non c'è un lavoro.

Aspirava anche alla stabilità. Disse che suo padre aveva vissuto la guerra del 1967 e le molte sollevazioni e repressioni successive, "e si merita un po' di pace e di libertà dalle preoccupazioni." I suoi genitori, entrambi impiegati statali, dagli ultimi contrasti politici fra Hamas e l'AP nel 2017, ricevevano solo metà dello stipendio.

"Quindi veniamo puniti dal nostro stesso popolo," disse amaramente Boolus.

Prese una fetta di anguria e mi porse un piatto. "Ecco quello che succede alle persone normali: devi studiare, poi devi lavorare. Ma a Gaza studi e poi resti a casa. Quando mi laureerò, sarò il tremillesimo laureato in odontoiatria. Magari cinquecento avranno davvero un lavoro."

Boolus disse che molto probabilmente sarebbe finita con lui che lasciava Gaza per prendere un master, e poi ritornare.

"È la mia gente," disse. "Hanno bisogno di dentisti. E di medici. E di avvocati. Se tutti i professionisti se ne vanno in cerca di una vita migliore, chi ci rappresenterà?"

Padre Mario

Quando incontrai padre Mario, il prete che mi aveva dato il documento francese che spiegava la storia del Cristianesimo, si stava preparando a lasciare Gaza. Originario del Brasile, era il pastore della chiesa della Sacra Famiglia e parlava con calma in un inglese dal forte accento. Mi accolse in un ufficio silenzioso e spoglio, con le pareti bianche per difendersi dal caldo, e mi versò un bicchiere d'acqua. Sembrava stanco. La partenza da Gaza gli suscitava sentimenti ambivalenti.

Padre Mario aveva trascorso sette anni alla chiesa della Sacra Famiglia. Quand'era arrivato, nel 2012, non parlava arabo. La seconda guerra di Gaza era appena finita e c'era una desolazione assoluta. I tunnel, sistema vitale di Gaza, vennero chiusi pochi mesi dopo. Le infrastrutture erano in pezzi. "Era tutto distrutto," disse.

Veniva da un lungo servizio in Vaticano e non sapeva se stare a Gaza per anni. Pregava perché Dio lo guidasse. Chiedeva la felicità. Diceva a Dio: "Prendimi tutto, ma rendimi felice."

"Mi sentivo malissimo," disse, parlandomi dei primi tempi. "In quanto prete, chiedevo consolazione. Pregavo perché Gaza migliorasse ogni anno. Ma ogni anno era peggio."

Padre Mario stava tutte le domeniche di fronte alla sua gente a messa e cercava di incoraggiarla a conservare la fede, ma non sapeva bene come fare. Era preoccupato dalla pressione a cui la leadership di Hamas sottoponeva la sua congregazione e, soprattutto, non aveva idea di come guidare il suo gregge sempre più esiguo.

"Adesso siamo centodiciassette cattolici latini [romani] nella mia chiesa," disse. "Quindici anni fa c'erano quattromila cristiani cattolici e ortodossi."

I suoi parrocchiani appartenevano in genere a famiglie calorose e unite. Lo accolsero bene, ma erano in grande difficoltà, data la loro situazione. Padre Mario, tuttavia, rimase commosso: dall'unità delle comunità palestinesi, dal profondo legame tra i famigliari. A dispetto di quella che gli appariva una miseria assoluta, c'era un legame con le loro radici cristiane che risalivano a secoli prima e a cui restavano aggrappati.

"Era una bella comunità," disse. "Ma ne abbiamo perso il settanta per cento. La gente si chiede se sia colpa di Hamas. Ma io posso dirle qual è la causa principale."

Padre Mario si guardò le mani. "È troppo difficile vivere qui. Difficile per chi non ha un reddito. Difficile vivere senza libertà. I cristiani non possono far visita ai parenti di Gerusalemme. Non possono lavorare a Tel Aviv. Non c'è futuro."

Fra i giovani cristiani, molti dei quali si laureavano quella settimana, c'era una disoccupazione del settanta per cento. Ma non erano solo i cristiani a soffrire, aggiunse. Solo nel 2018, disse, trentamila musulmani avevano lasciato Gaza.

Due anni dopo il suo arrivo, scoppiò un'altra guerra con Israele, ancora più brutale di quella precedente, nel 2008: i bombardamenti feroci, i cadaveri intrappolati nel cemento, intrappolati nell'acciaio. L'ospedale sovraffollato di insanguinati, di feriti, di spezzati. Niente elettricità, niente acqua, solo bombardamenti di rappresaglia per settimane. La rovina, alla fine della guerra, era immensa. Padre Mario rimase sempre a Gaza. Tentava di pregare. Non riusciva a trovare una ragione, una logica per la sofferenza che lo circondava.

Due anni dopo, nel 2016, ci fu un momento di speranza per la popolazione cristiana, durante una breve tregua fra Hamas e al-Fatah. Allora padre Mario si concesse di credere, per un breve periodo, che le sue preghiere fossero state ascoltate.

"Pensavamo che avremmo avuto la corrente elettrica ventiquattro ore al giorno!" disse. "Che avremmo potuto viaggiare. Era una festa di nozze!" Si riferiva alla speranza che le due fazioni politiche principali, Hamas e al-Fatah, si stessero finalmente unendo.

Ma la rappacificazione non durò. Ben presto, disse, il presidente palestinese Mahmoud Abbas cominciò a punire Gaza. Gli israeliani aumentarono le loro misure di sicurezza, rendendo impossibile superare i confini, anche per i cristiani.

Quell'anno le famiglie della congregazione chiesero seicento permessi per Betlemme o Beit Sahour; ne ottennero trecento. Metà delle persone che volevano festeggiare il Natale con i loro parenti non poté farlo. Le famiglie rimasero divise e andarono da padre Mario a chiedere consiglio.

Lui provava una grande angoscia. Le persone gli dicevano che avevano la possibilità di andare via, di andare in Canada o negli Stati Uniti, di raggiungere dei parenti.

"Che cosa posso dirgli, se cercano una vita migliore?" mi chiese con tono addolorato. "Come posso impedirgli di andarsene?" Era la stessa reazione angosciata che avevo sentito dai preti in Iraq, in Siria e in Egitto quando i loro parrocchiani affrontavano la scelta di emigrare o di restare nelle loro terre ancestrali.

"A Gaza vediamo morire la nostra comunità," disse. La classe dirigente cristiana a Gaza – i medici, gli impiegati statali, gli ingegneri – se n'era andata con l'avvento di Hamas. E avevano portato con sé i figli e le figlie. "Le persone rimaste sono vecchie," soggiunse padre Mario.

I rapporti fra cristiani e musulmani a Gaza, disse, si stanno deteriorando. Nessuno lo ammetterà, nessuno vuole parlarne. Mi disse che i suoi parrocchiani parlavano di un passato in cui i rapporti erano migliori. Ma Hamas ha cambiato le cose.

Padre Mario aveva qualche buon momento a Gaza, quando battezzava un neonato o presiedeva a una cresima. Quando vedeva nuova vita. Ma altri momenti erano meno positivi. “Io lavoro per Dio,” disse. “Faccio quello che mi chiede. Mi soffermo a chiedermi perché faccia questo, ma spesso non lo capisco.”

Mentre mi accingevo a salutarlo, mi disse: “Sto dando la vita nel tentativo di aiutare i cristiani di qui. Ma la verità è che non dipende da me.”

Mi rivelò che la prospettiva di lasciare Gaza lo gettava nella desolazione. “Ieri stavo pensando di partire e mi sono messo a piangere,” disse. “Mi rattrista andarmene… ma quest’anno è stato il più duro della mia vita. La gente viene da me tutti i giorni per risolvere dei problemi. ‘Padre, può pagarmi la bolletta della luce?’ ‘Padre, può aiutarmi a trovare un lavoro per mio figlio?’ E non si può aiutare tutti. Se dai a uno, scontenti tutti gli altri. Non è gente cattiva. È gente disperata.”

Mi disse che se fosse stato davvero padre avrebbe sofferto se i suoi figli non avessero avuto da mangiare. Ecco come si sentiva, disse, nell’essere padre di una chiesa dove le persone soffrivano.

"Quando prego," disse semplicemente, confermando le prime frasi che aveva detto sulle proprie speranze, "chiedo la felicità."

Nell'ultima messa, padre Mario disse addio alla sua gente. Pianse di nuovo. Disse che andarsene lo scoraggiava, ma che non li lasciava soli: Dio sarebbe sempre stato con loro, con la gente di Gaza. Disse che non erano soli nella loro sofferenza.

Poi chiuse la porta della chiesa e andò al confine per entrare in Israele. Superò i checkpoint. Nel 2020, mentre le restrizioni per il Covid-19 si allentavano per l'estate, mi chiesi dove fosse padre Mario e come se la cavasse. Gli scrissi e lui mi rispose prontamente. Era in Brasile, la sua patria di origine. Gli mancava la sfida della sua missione a Gaza, ma stava anche riflettendo sulle conseguenze che a lungo termine avrebbe avuto l'infinito lockdown di Gaza: "Per me è stata una bella esperienza, ma è stato anche un periodo difficile," scrisse. "Penso che la situazione di Gaza ci tocchi psicologicamente. È impossibile vivere lì e non farsi coinvolgere dai problemi che ci sono. È stata la mia realtà, anche se ci ho vissuto solo per sette anni e mezzo. Non possiamo immaginare che problemi abbiano le persone che ci hanno trascorso tutta la vita."

La Grande Marcia

La condizione dei cristiani a Gaza dev'essere considerata nel contesto più ampio delle lotte che affrontano tutti gli abitanti di questa stretta striscia di territorio, chiusa fra Israele, l'Egitto e il mar Mediterraneo. In una soffocante giornata di luglio 2019, quando l'aria era talmente densa che era difficile anche respirare, incontrai Ahmed Abu Artema. A gennaio del 2018 Artema, che aveva allora trentun anni, aveva scritto un post su Facebook, promuovendo un movimento di protesta chiamato la Grande Marcia del Ritorno. Era stato un momento cruciale nella storia moderna di Gaza.

La Grande Marcia cominciò come una dimostrazione pacifica e Artema, poeta ed ex giornalista che aveva studiato le proteste per i diritti civili di Martin Luther King, guidò la folla esultante verso il confine tra Gaza e Israele. Il suo obiettivo era attirare l'attenzione del mondo sulla situazione della Striscia di Gaza: tre guerre in meno di dieci anni, infrastrutture a pezzi, giovani frenati dalla disoccupazione e dall'asservimento a Israele. Ma l'obiettivo principale era dimostrare il desiderio collettivo dei palestinesi di tornare in quelle che erano state le loro case e che erano state sottratte loro con la creazione di Israele, quando 750.000 persone erano state trasferite.

I manifestanti lo consideravano il loro "momento gandhiano", spiegò Matthias Schmale, capo dell'UNRWA (United

Nations Relief and Works Agency for Palestine Refugees in the Near East, l'Agenzia delle Nazioni unite per i rifugiati palestinesi nel Vicino Oriente). Tutti i venerdì, i palestinesi si radunavano al confine. Chiedevano la fine del blocco israeliano ed egiziano, che era diventato un simbolo di violenza deliberata e ingiusta fra contendenti impegnati in un gioco diseguale.

Gli israeliani al di là del confine vedevano la Grande Marcia in una luce del tutto diversa: come un problema che bisognava tacitare. Grisha Yakubovich, ex colonnello dell'IDF (Israeli Defense Forces, le forze armate israeliane) ed esperto di relazioni israelo-palestinesi, indicava la causa della guerra del 2014 fra Gaza e Israele, l'operazione Protective Edge, per capire la reazione violenta di Israele alla Grande Marcia. In seguito al sequestro e all'uccisione di tre adolescenti israeliani da parte di alcuni membri di Hamas, Israele e Gaza si scambiarono attacchi aerei e colpi di missile. Il conflitto si concluse con un'invasione via terra da parte delle forze israeliane, un'operazione in cui morirono più di 2000 persone. Tra le vittime, i civili palestinesi furono 1462 e 638 i soldati palestinesi; i civili israeliani furono 7 e 66 i soldati israeliani.[9] Le condizioni a Gaza, già difficili prima della guerra, si deteriorarono ulteriormente e la ricostruzione promessa dalla comunità internazionale non si verificò. "La terribile realtà di Gaza ha creato le condizioni per un'altra guerra," disse Yakubovich.

Dal punto di vista psicologico, durante la mia visita del 2019 l'esercito israeliano era ancora presente a Gaza, anche se ufficialmente si era ritirato. Questo si vide benissimo durante le proteste del venerdì. Quando i manifestanti si avvicinavano alla recinzione del confine, gli israeliani dall'altra parte li falciavano a colpi d'arma da fuoco. A metà del 2020, 214 palestinesi erano morti e 36.000 erano rimasti feriti nelle proteste della Grande Marcia.[10] Più di cento persone avevano subito amputazioni perché l'esercito israeliano sparava alle caviglie e alle ginocchia, con il palese intento di azzoppare.

Yakubovich mi disse che gli israeliani credevano di sparare a dei "terroristi", ma c'erano stati appelli da parte di gruppi per i diritti umani (fra cui B'Tselem, i coraggiosi difensori dei diritti umani in Israele) che accusavano l'esercito israeliano di crimini contro l'umanità man mano che il numero dei morti aumentava. L'esercito israeliano dichiarò di aver aperto il fuoco solo come ultima risorsa e di considerare i colpi agli arti inferiori un gesto di moderazione. Accusava Hamas di aver orchestrato la marcia.

Yakubovich disse: "Ci sono troppe vittime da entrambe le parti, ma riconosco che ce ne sono state molte palestinesi. Anche una sola vittima è troppo. Dal punto di vista dell'esercito israeliano, però, i cecchini sono addestrati a non uccidere nessuno. Non sparano per uccidere. Purtroppo, non possiamo sapere chi vuole superare il confine. Ecco perché siamo costretti a sparare, è una misura precauzionale."

È una forma di moderazione brutale e spietata, che lascia il segno per decenni sulle persone amputate e sulle vittime di Gaza. I soldati israeliani, dal canto loro, demonizzano i palestinesi e cadono nello schema mentale del "o noi o loro". Questo modo di ragionare emerge in tutti gli aspetti della cultura israeliana, dalla politica ai media. Nella popolare serie di Netflix *Fauda*, che esamina la vita interiore di un'unità speciale infiltrata in un villaggio arabo – in cui provoca grandi distruzioni – nemmeno una volta i palestinesi sono mostrati come esseri umani imprigionati in circostanze terribili e soggiogati dai loro oppressori. Al contrario, la serie spesso li rappresenta come assassini a sangue freddo.

Un venerdì andai alla Grande Marcia del Ritorno e vidi giovani uomini e donne correre verso il confine cantando canzoni di protesta, pur sapendo che potevano essere abbattuti dai soldati israeliani appollaiati al sicuro nei rifugi color fango a molte centinaia di metri da loro. Una bella ragazzina reggeva una bandiera palestinese. Si sentiva il suono delle ambulanze che trasportavano i feriti e, stranamente, c'era un'aria di festa. Più lontano dal muro, le persone venivano portate in autobus dai campi e si sedevano ad ascoltare uno spettacolo teatrale organizzato da funzionari di Hamas. Le donne ricamavano e mangiavano frutta secca salata che facevano girare.

Ma non tutti erano dell'umore giusto per fare festa. Schmale dell'UNRWA mi disse che, in un certo senso, per qualcuno avvicinarsi al confine era una forma di suicidio. Il tasso di suicidi era drammaticamente salito a Gaza, a dispetto dell'immensa vergogna che arreca alla famiglia del morto, in parte perché il suicidio è vietato dall'Islam. "Immagino che il pensiero sia, 'Invece di buttarmi dal tetto di una casa e gettare la mia famiglia nella vergogna, preferisco andare al confine e morire da eroe,'" disse.

In una clinica gestita da Medici senza frontiere a Gaza, creata appositamente alla vigilia della marcia per affrontare il massiccio afflusso di emergenze ortopediche, un membro del personale mi mostrò le radiografie e mi spiegò che gli israeliani miravano chiaramente alle articolazioni per azzoppare e infliggere il maggior dolore possibile.

Le vittime che incontrai erano tutte disarmate quand'erano state colpite; andavano da una madre poco più che trentenne, rimasta ferita seriamente, a ragazzi malridotti e uomini di mezza età. Tutti avevano strani chiodi di metallo piantati nelle ossa. Jacob Burns, di Medici senza frontiere, mi spiegò: "Questo dolore debilitante alle ossa è difficile da immaginare," disse. "Inoltre, sono ad alto rischio di infezione e noi non siamo attrezzati per operare." Fece una smorfia: "Lei non ha idea del dolore che sentono." Burns mi spiegò poi che molti sarebbero rimasti disabili per sempre.

Quando chiesi a un manifestante, il trentunenne Ahmed, operaio, che aveva perso la parte inferiore di una gamba, perché si fosse avvicinato al confine sapendo che potevano spararg li, mi rispose: “Ci sono andato perché sono un patriota. Se non vado io, chi ci va?”

Poi vidi Reda al-Banna, madre quarantacinquenne di cinque figli rannicchiati in un angolo. Mi sorrise e si avvicinò saltellando sulle grucce per prendere parte al dialogo. Era una delle volontarie e stava curando i feriti accanto al confine quando l’avevano colpita. Aveva appena subito la terza operazione, dopo un’orribile infezione ossea, e aveva evitato per un pelo l’amputazione. “Non dormo da quando mi hanno colpita. Il dolore è immenso,” mi disse. Si sedette su una sedia e mi fece vedere la gamba danneggiata. I chiodi di metallo erano penetrati nell’osso e le sbucavano dalla pelle. Sussultò e alzò la gamba per mostrarmi il punto in cui i chiodi penetravano nella carne.

Per la maggior parte, i cristiani con cui parlai non avevano preso parte alla Grande Marcia, in genere perché preferivano tenere politicamente la testa bassa e restare più o meno anonimi. Ma la cosa ha conseguenze nella loro vita quotidiana, nella loro sicurezza, nel loro livello di ansia. Anche se i giovani di tutte le religioni sono colpiti dalla miseria di Gaza, alle proteste partecipavano soprattutto i giovani musulmani, che si ribellavano all’infelicità e alla stagnazione diffusa. Dall’inizio della Grande Marcia, era diventato normale vedere giovani con le stampelle che zoppicavano per le vie di Gaza. Mahmoud Abu Zer, un giovane manifestante, mi disse: “Non c’è nessun futuro per i giovani, qui.

Darei tutt'e due le gambe per migliorare la situazione della mia famiglia."

"Gaza non offre niente," ribadì la dottoressa Caitlin Procter, studiosa di scienze politiche di Harvard che lavorava a Gaza e studiava gli schemi migratori. "Quando se ne vanno, se ne vanno. Partono senza pensare al ritorno."

Avevo conosciuto Procter in un ristorante di pesce quasi vuoto affacciato sul mare. Ci aveva guidati all'interno, dov'era buio e fresco; essendo arabista, chiacchierò tranquillamente con i camerieri, poi andò da sola alla vasca dei pesci e scelse una spigola perfetta, dalle scaglie scintillanti.

Si accomodò e ordinò un succo di frutta. Riprese il discorso dal punto in cui l'aveva interrotto e mi disse che partire, per la maggior parte di coloro che vivono a Gaza, non è facile. "Corrono dei rischi pazzeschi per andarsene," disse. "All'inizio del 2019 il viaggio da Gaza all'Egitto costava fra i cinque e i settemila dollari."

"Ci sono pochi autobus," aggiunse. "Bisogna mettere il proprio nome su una lista e pagare per guadagnare posizioni. Il Belgio dava asilo ogni anno a un numero di richiedenti fra i trenta e i settantamila, ma non ci sono dati certi disponibili." E tutto questo prima che arrivasse la pandemia da Covid-19 all'inizio del 2020, che ha reso ancora più difficile attraversare il confine.

Rendere Gaza invivibile fa parte della mentalità "colonizzatrice", il cui obiettivo, spiegò Procter, è "far svanire la

Palestina... Se smette di esistere, la uccidi politicamente ed economicamente."

Per questo molti palestinesi di Gerusalemme Est chiedono la cittadinanza israeliana, mi disse Procter. Rinunciano alla loro identità in molti modi, ma almeno hanno una vita sopportabile. Perché più facile. Gaza non offre nulla, mi disse con tristezza – perché Procter è una studiosa che ama il suo lavoro, che si preoccupa davvero per le persone e per il luogo, e ha passato anni a studiare gli schemi migratori nella speranza di rendere Gaza un posto dove valga la pena stare.

Si guardò le mani, ancora impolverate dalla strada.

"La Palestina non offre nulla," disse in tono definitivo.

Dignità

Nel futuro che possiamo prevedere, la vita per i giovani di Gaza, cristiani o musulmani che siano, è soffocante. I loro ricordi, soprattutto per chi ha meno di vent'anni, si riducono quasi esclusivamente a tre guerre e a bombardamenti aerei. Tutte le famiglie hanno perso qualcuno o conoscono qualcuno che è stato ucciso. Chi ha qualche anno in più, possiede i ricordi dell'occupazione israeliana e di una profonda ingiustizia. Si ricordano di quando i soldati entravano nei campi e portavano via genitori o fratelli in piena notte.

Perché emigrano? "Quando si mette un uomo in una stanza chiusa senza cibo, bussa alla porta per chiedere da mangiare. Se non c'è altra soluzione, sfonda la porta," spiegò Artema.

"Tutti gli esseri umani vogliono vivere con dignità," aggiunse.

Dignità è la parola che ho sentito più spesso quand'ero a Gaza. Non libertà, non ricchezza, non povertà, ma dignità.

La dignità comprende la capacità di essere indipendenti sul piano economico, ma l'economia, secondo Mahmoud Sabra dell'università di al-Azhar a Gaza, è arretrata a causa dei "due governi, Hamas e l'AP", oltre che per il blocco israelo-egiziano.

L'Autorità palestinese ha smesso di investire quando Hamas ha preso il potere nel 2006 e le infrastrutture – strade, scuole, sanità, acquedotti – ne hanno sofferto moltissimo. Le organizzazioni internazionali donano meno risorse a causa della presenza di Hamas. L'amministrazione Trump, che disprezzava apertamente i palestinesi, ha tagliato tutti i fondi all'UNRWA, ponendo fine al ruolo degli Stati Uniti come maggior donatore per l'organizzazione dei rifugiati.[11] La notizia arrivò due giorni dopo che Trump aveva annunciato un taglio di 200 milioni di dollari all'USAID (l'Agenzia statunitense per lo sviluppo internazionale), che aveva gestito programmi di aiuto per migliaia di persone a Gaza. Hamas ha dovuto anche ridurre lo stipendio ai suoi dipendenti. Sabra stimava un tasso di povertà del cinquantatré per cento.

Sottolineò anche la difficoltà degli abitanti di Gaza nel procurarsi all'estero ciò di cui avevano bisogno. "I beni protetti non possono entrare a Gaza a causa del blocco," disse. Le rimesse vanno riducendosi; un tempo aiutavano le famiglie di Gaza con la scuola e la sanità, ma sono sempre di più i palestinesi espatriati che tagliano i rapporti con la madrepatria e mettono radici fresche nei loro nuovi paesi, dove si considerano immigrati permanenti e non persone di passaggio.

Con tutto ciò, disse Sabra, l'economia palestinese ha un enorme potenziale in termini di crescita e di capitale umano. "Abbiamo lavoratori specializzati che costano poco," disse, "e una forza lavoro molto produttiva." A giudicare dal numero di brillanti laureati che ho incontrato, il livello d'istruzione è altissimo, così come le abilità linguistiche. La Palestina ha un tasso di alfabetizzazione che va oltre il novantasei per cento, ben al di sopra della media regionale. Le donne, mi disse Sabra, hanno fatto i progressi maggiori, passando da un tasso di alfabetizzazione del 78,6 per cento nel 1995 al 94,1 per cento di oggi.[12]

Che cosa potrebbe cambiare la disperata situazione economica e l'alto tasso di disoccupazione? Oltre a usare tutta questa forza intellettuale, disse Sabra, la risposta è una ristrutturazione del governo e un'espansione delle infrastrutture e del porto. "Se gli israeliani considerassero i palestinesi soci alla pari – e se noi non li vedessimo come occupanti, ma come partner – entrambe le parti ne beneficerebbero molto."

Tuttavia, Gaza potrebbe anche uscire dalla crisi economica, ma gli effetti a lungo termine dei traumi resterebbero.

Il dolore a Gaza è tanto psicologico quanto fisico. "Le condizioni non fanno che peggiorare. Stanno arretrando," mi disse il dottor Yasser Abu-Jamei, che dirige un programma sociosanitario (Community Health Program) a Gaza. Anche dopo la fine della guerra nel 2014, i traumi non sono finiti. Il dottore a Gaza osserva alti livelli di PTSD e di depressione. "Perché si verifichi la guarigione, abbiamo bisogno di pace. Perché la mente si riprenda, si riabbia dalla tragedia."

Questo sentimento emerge in continuazione a Gaza. "Un grosso problema è costituito dalla condizione mentale della gente dopo tre guerre importanti," mi disse Schmale dell'UNRWA, che gestisce 274 scuole e 22 centri sanitari a Gaza ed è responsabile dell'alimentazione di un milione di persone. "C'è una lenta, persistente decadenza della società. Non è che la gente muoia di fame e cada morta in strada per la mancanza di cibo."

In risposta alla previsione della Banca Mondiale, secondo la quale nel 2020 per Gaza sarebbe arrivata la fine, Schmale si strinse nelle spalle. "È già invivibile adesso. Cosa c'è di vivibile nell'essere disoccupati? Cosa c'è di vivibile se si dipende dall'ONU per mangiare? Cosa c'è di vivibile se non si ha acqua potabile? O dignità?" Questo nell'estate del 2019, nove mesi buoni prima che il Covid colpisse Gaza. Il distanziamento sociale fu tanto più duro per gli abitanti di Gaza, soprattutto per chi viveva in quartieri affollati e usava la spiaggia per sfuggire alla reclusione.

Gaza è un disastro provocato dall'uomo, una comunità deprivata. La gente non deve affrontare la fame. Quando andai al mercato del venerdì, gli stand erano pieni – c'erano piramidi di peperoni, cetrioli e melanzane, montagne di uva e di pesche. Vidi casse e casse di polli in attesa di essere decapitati e spiumati per il pranzo del venerdì, dopo la preghiera. C'erano mucchi di cellulari. Il succo di canna da zucchero fresco era a disposizione accanto a cataste di abiti fatti in Turchia o in Cina. Ma in pochi avevano i soldi per comprare qualcosa.

Sentii la claustrofobia collettiva, una situazione di repressione costante, di pesantezza e tensione. Anche per i giovani più colti, decisi e concentrati, laurearsi all'università non apre la strada del successo – non c'è dove andare. Khaled al-Nairab, un ventiduenne di Gaza City, definì Gaza "un cimitero del talento."[13]

Non ci sono posti di lavoro, e anche se trovano qualcosa all'estero i cittadini di Gaza non riescono a ottenere i visti e i permessi per espatriare. I tassisti che ho conosciuto avevano numerose lauree. Uno, sociologo laureatosi con una tesi sulla povertà, mi disse che gli restavano venti dollari al giorno, tolti il noleggio dell'auto, la benzina e le tasse. E si considerava fortunato ad avere quel piccolo guadagno. Gaza, a dispetto della sua stagnazione economica, si sta rapidamente popolando. L'età media è 17,4 anni.[14] Ogni donna ha, in media, circa quattro figli. Due terzi della popolazione è più giovane di ventiquattro anni. Cosa fanno questi giovani quando il loro mondo nega loro di volare?

Omar e Gaza Sky Geeks

Un pomeriggio, nel 2019, incontrai Omar al-Khatib, un giovane giornalista che lavorava come project manager per un collettivo chiamato #wearenotnumbers.[15] Il collettivo era nato nel 2015 "per raccontare le storie umane dietro ai numeri delle notizie" da Gaza, per spiegare come vivevano le persone senza ridurle a politica e statistica. Volevano superare i numeri, che rendevano "insensibili"; non volevano dire semplicemente quante persone morivano, quanti cristiani stavano scomparendo, quanti erano disoccupati ecc. Volevano scrivere della vita quotidiana dei palestinesi sulla strada e nei campi profughi: "Le lotte e i trionfi, le lacrime e le risa, le aspirazioni così universali," come scrivevano sulla loro pagina Facebook.[16]

Omar, un alto, timido venticinquenne, mi raccontò la sua storia. Aveva subito una tragedia in famiglia. Suo fratello Abdel era a casa di un amico a godersi una gelatina con la panna montata, all'epoca della guerra del 2014, quando la casa venne colpita da un razzo F-16 israeliano.[17] Abdel, appena ventitreenne, fu scagliato fuori dalla casa e morì.

A casa di Omar, quel giorno, c'erano altri cinque amici. Erano rimasti sepolti vivi dalle macerie, senza alcuna possibilità di fuggire. Per otto giorni di attacchi mirati, nessuno poté scavare tra le macerie per cercarli; quando gli attacchi finirono, erano tutti morti soffocati o schiacciati. Omar entrò in una profonda depressione, ma decise di trasformare la sua sofferenza in scrittura.

Qualche mese prima del nostro incontro aveva partecipato a un convegno in Egitto, emozionato all'idea di lasciare Gaza e incontrare persone di fuori. Aveva viaggiato come al solito, attraverso il valico di Rafah, al confine sud di Gaza, dal quale si poteva entrare in territorio egiziano. Aveva ottenuto chissà come un passaporto palestinese valido, emesso dall'AP, e il permesso di recarsi in Egitto.

Un giorno fu preso da un poliziotto egiziano mentre cercava di rinnovare il permesso di residenza. Le forze di sicurezza egiziane sono famose per la loro brutalità: nel solo 2015, la polizia egiziana ha ucciso 267 persone, ci sono state 1250 sparizioni e più di 40.000 prigionieri politici.[18] Il poliziotto lo maltrattò e lo accusò di aver falsificato il passaporto. Disse a Omar che sapeva bene che lui non aveva fatto niente di male, ma gli gridò: "Io odio gli sporchi palestinesi." E si rifiutò di lasciarlo andare.

Omar fu portato davanti a un giudice, che decise che poteva essere rilasciato pagando una cauzione di 20.000 sterline egiziane. Non potendo telefonare ai genitori, né a un avvocato, Omar era disperato e quindi pagò. Finì comunque in prigione per un mese intero, metà del quale in isolamento. Finalmente fu riportato a Gaza, ma era stato privato del passaporto e di tutti gli altri documenti di viaggio.

Omar mi propose di tenere una lezione di giornalismo agli "artisti della parola" del centro Gaza Sky Geeks (GSG), un tech incubator fondato da Google e Mercy Corps. Così nel 2019, in un pomeriggio di luglio, andai in visita a Gaza City. Sky Geeks è stato fondato da Google e Mercy Corps, ma poi altre compagnie e fondazioni hanno sostenuto il programma. GSG ospita una scuola di coding, fornisce sovvenzioni per startup e gestisce programmi di mentoring per aiutare le persone ad avere successo in attività freelance di diversi settori. Favorisce la diversità e l'inclusione, con il cinquanta per cento di partecipazione femminile ai suoi programmi, e sostiene di aver "aiutato migliaia di giovani a guadagnare collettivamente milioni di dollari di reddito sostenibile."[19]

Quando arrivai all'anonima sede di GSG, chiesi il motivo del nome – Sky Geeks – e un impiegato mi disse allegramente: "Lo chiamiamo così perché il limite è il cielo." Per quanto improbabile ciò potesse sembrare a Gaza, dovetti ammettere, entrando, che mi sentivo come alla Silicon Valley. L'atmosfera di quel posto era incredibile. Le sale avevano i nomi di città straniere che le persone che ci lavoravano probabilmente non avrebbero mai visto: Berlino, New York, Tokyo. In ogni sala i partecipanti si riunivano e lavoravano a progetti che, senza il sostegno di Sky Geeks, non avrebbero mai visto la luce, a causa dell'isolamento di Gaza.

Tutti i "Geeks" parlano perfettamente inglese. GSG si basa sull'idea che la fibra ottica ad alta velocità per Internet può aiutare le giovani comunità. Forse nel mondo moderno il cielo può essere raggiunto digitalmente.

Parlai con molti dipendenti e partecipanti. Zada mi spiegò come funzionava la scuola di coding, poi mi fece vedere le sale e i progetti. Parlò del fatto che le guerre limitavano soprattutto i giovani, uccidevano il loro spirito di innovazione. La fuga dei cervelli è una campana a morto, disse, ma per molti è anche l'unica alternativa. "Quanto potremo resistere?" chiese. "Ma, d'altro canto, nessuno vuole lasciare la propria patria."

Iyad, informatico, mi elencò le opzioni. "In buona sostanza, quando ti laurei, se sei fortunato puoi lavorare per una ONG, oppure fai il funzionario statale per Hamas, con uno stipendio mensile di duecento dollari."

Schmale mi disse che gli abitanti di Gaza erano le persone più innovative e coraggiose che avesse mai conosciuto.

Era una vita che lavorava in zone di conflitto. “Ma finché non gli viene tolto il piede dal collo” – si riferiva a Hamas, Stati Uniti, Israele, Egitto e Autorità palestinese – gli abitanti di Gaza non potranno prosperare.

Una volta ritornato a Gaza, confuso e intontito da ciò che aveva passato, Omar aveva saputo di aver vinto una borsa di studio della prestigiosa accademia Chevening, che gli avrebbe permesso di ottenere un master nel Regno Unito. Poche settimane più tardi gli venne notificato che aveva ottenuto anche una Fulbright Scholarship per studiare la risoluzione dei conflitti negli Stati Uniti. Fu allora che il vero incubo ebbe inizio.

Quando Omar fece domanda per un nuovo passaporto a Ramallah, i funzionari dell'AP gli dissero che non ne aveva diritto, perché “era di Gaza, e quindi di Hamas”. Si rivolse allora ai funzionari di Hamas per farsi aiutare, e questi si strinsero nelle spalle. L'organizzazione britannica che gli aveva dato la borsa di studio non poteva aiutarlo a riottenere il passaporto e il permesso di viaggiare. Per mesi scrisse lettere, fece telefonate e bussò a tutte le porte.

A luglio del 2019, quando lo incontrai, Omar era disperato. Aveva la possibilità di lasciare Gaza, di studiare e poi tornare portando a casa le sue conoscenze, ma veniva punito dalla sua stessa gente. “Per tutta la vita ho fatto la cosa giusta,” disse, non in tono di autocommiserazione ma di sbalordimento. “Non ho mai infranto le regole. Ho ubbidito. E adesso i palestinesi mi puniscono perché sono palestinese?”

All’inizio di settembre mi mandò un’emoji con una lacrima. “Tutti gli altri vincitori della borsa di studio sono arrivati all’università,” scrisse. Io attivai i miei contatti per tentare di aiutarlo, scrivendo lettere a capi negoziatori, assistenti del presidente Mahmoud Abbas, diplomatici, responsabili dei diritti umani all’ONU, chiunque pensavo che potesse aiutarlo. Da Ramallah arrivava un silenzio assordante.

Andai a casa di Omar, per verificare che non ci fosse qualcosa di sospetto, magari trattenevano il suo passaporto perché sospettavano che la sua famiglia avesse stretti rapporti con Hamas. Al contrario, trovai genitori che avevano allevato nove bambini con amore a dispetto delle orribili circostanze, fra cui l’omicidio di uno dei loro amati figli. Non c’era radicalismo, né estremismo. Solo gente per bene, che lavorava duro. Mentre mi offrivano in abbondanza un delizioso *madfouna* (un pane piatto ripieno, in questo caso, di pollo speziato e riso), vassoi di frutta matura e dolci al miele, i genitori di Omar mi raccontarono di quanto fossero orgogliosi dei loro figli.

Sembrava che Omar fosse vittima di una punizione collettiva: l’Autorità palestinese si rifiutava di riemettere il suo passaporto per dare un segnale a tutta la gente di Gaza, che aveva eletto un nemico. La crudeltà di negare a Omar l’occasione per una nuova vita era sconcertante.

La seconda settimana di settembre, quando stavano iniziando le lezioni, un diplomatico europeo scrisse all'AP a Ramallah in preda alla rabbia. Disse che se non avessero emesso un nuovo passaporto nel giro di ventiquattro ore avrebbe denunciato pubblicamente la loro corruzione e avrebbe raccontato che stavano ostacolando la possibilità di un giovane studioso di realizzare un sogno.

Che sia stato per quella lettera o per un'altra ragione, il passaporto arrivò. Per prendere un volo verso il Regno Unito, Omar fu costretto a passare dall'Egitto e poi dalla Giordania. Mi mandò un SMS da Amman. Adesso studia giornalismo internazionale. Il suo sogno si è realizzato, ma ha richiesto un'immensa quantità di aiuti esterni, sia da me sia da una squadra di diplomatici e di funzionari di alto livello. E se fosse stato solo, in un campo profughi, senza aiuti e senza una voce per farlo uscire da Gaza? La possibilità stessa di una nuova vita sarebbe stata perduta.

Adesso mi domando se tornerà mai a Gaza. Ripenso alla cena che ho fatto con la sua famiglia, a tutto l'amore che condividevano: sua madre che serviva enormi piatti di pollo, i suoi fratelli che lo prendevano in giro, i cugini che passavano per un caffè dopo cena, la gente che si chiamava dalle finestre. Ricordo la strana sensazione di invidia che mi aveva colto. La vita in Occidente, tanto più materialistica e isolata dalla famiglia, a volte sembra meno gioiosa.

Pensavo, e lo speravo, che la storia di Omar fosse finita bene. Ma quando ripresi contatto con lui nell'estate del 2020, la terribile estate del Covid, fui sopraffatta dalla sua risposta, che mi spezzò il cuore.

"Quando sono arrivato nel Regno Unito," mi scrisse, "e mi sono inserito nel corso, ero al settimo cielo! Non appena ho mosso i primi passi a Londra ho dimenticato tutto il dolore che avevo vissuto. Ero felicissimo." Adesso, tuttavia, si è convinto che "un palestinese non è destinato a essere felice". Gli ultimi mesi hanno lentamente e spaventosamente consumato il suo spirito. La sua dolorosa esperienza in Egitto è tornata a galla, poiché i funzionari hanno emesso un ordine di arresto a suo nome. Poi, nei primi giorni della pandemia, sua sorella gli telefonò per dirgli che la mamma era ammalata: "I medici dicevano che l'avremmo persa in pochi giorni." L'ultimo desiderio della madre moribonda era di rivedere suo figlio. Omar non poteva tornare a casa per timore di essere arrestato in Egitto. Sua madre morì senza l'amato figlio accanto.

Le parole di Omar mi tormentano: "Mia madre è morta e un pezzo del mio cuore è morto con lei. Piango ancora scrivendoti queste parole. Mi laureo fra un mese e così scade il mio visto per rimanere nel Regno Unito. Non posso tornare a Gaza perché gli egiziani vogliono arrestarmi. Mi sento bloccato, in trappola. E non so cosa fare."

Mentre scrivo, Omar è ancora nel Regno Unito a studiare, diviso fra due mondi. Gli manca la sua famiglia a

Gaza. Stava per chiedere asilo politico, ma se ne vergognava. Era grato al paese che l'aveva accolto e alla gentilezza di tanti estranei. Ma era preoccupato di perdere la propria identità. Aveva trascorso tutta la vita a Gaza; adesso non era neanche sicuro di poterci tornare, un giorno.

I vivi e i morti

Per decenni ho visto e testimoniato alcune delle scene più orribili che si possano immaginare: pulizie etniche, genocidi, stupri sistematici. Sono sempre stata preoccupata per i sopravvissuti e per come alcune società sarebbero riuscite a tornare, se non alla normalità, almeno a un'apparenza di vita regolare. Come ci si riprende, come si va avanti, quando accade l'impensabile?

Gaza quindi mi ha sempre intrigato. Per essere un luogo così profondamente ferito, la gente sopravvive, compresa la piccola, minoritaria e vulnerabile comunità cristiana. Durante il mio viaggio a Gaza nel 2019 andai sulla spiaggia quasi tutte le sere dopo il tramonto, quando le famiglie si riunivano con picnic e sdraio e si godevano una pausa dal calore e dalla claustrofobia dei campi. Mi sedevo a parlare con loro. Una sera c'erano due bellissime sorelle, una dentista e l'altra ancora studentessa. Un'altra sera incontrai un famoso imam cieco. C'era una neomamma con il suo bambino e una famiglia allargata che insistette per offrirmi del tè in tazzine di porcellana che si erano portati in spiaggia. Malgrado la gioia di stare insieme, il loro messaggio era sempre lo stesso: siamo vivi, ma stiamo morendo.

C'è un costante sentimento di ingiustizia. Schmale mi raccontò la storia di una sua collega, una cinquantatreenne malata di cancro che per continuare a vivere aveva bisogno della chemioterapia. Morì dopo che gli israeliani avevano respinto la sua richiesta di un permesso per andare in Cisgiordania. "Di storie così ce ne sono a centinaia," mi disse.

Anche il dottor Jihad el-Hissi, abitante di Gaza e membro della Caritas cattolica, espresse le sue preoccupazioni per l'ambiente tossico della Striscia, che provoca gravi danni non solo alla salute mentale, ma anche al benessere fisico. Elencò una serie di malattie presenti a Gaza: stress cronico, diabete, ipertensione, una percentuale di tumori innaturalmente alta. Ma, fra tutte, la sua prima preoccupazione riguardava la malattia dell'ambiente. "Ci sono tonnellate di rifiuti solidi sulla spiaggia," disse. "Il mare è inquinato. Non ci sono impianti di depurazione. La vita del mare è minacciata, ma i bambini ci nuotano dentro. Registriamo infezioni agli occhi e alla pelle. Poi c'è l'inquinamento dell'aria provocato dalla plastica bruciata. Non c'è controllo sui pesticidi per l'agricoltura, il che provoca malattie croniche."

El-Hissi si diceva convinto che Gaza avesse un tasso di tumori al seno più alto di altre regioni a causa dell'inquinamento. "Vediamo ragazze di diciannove anni con tumori al seno," mi disse. "Questo è senza dubbio l'inquinamento ambientale." A Gaza, la radioterapia non si poteva fare da nessuna parte e spesso, aggiunse, alle cliniche mancavano le sostanze necessarie per completare i cicli di chemioterapia.

Eppure, a dispetto della marea di miseria, c'era anche una tremenda resilienza. C'erano persone che in un modo o nell'altro tiravano avanti con la loro vita, inventavano progetti, erano creative, producevano idee e concetti originali. Incontrai poeti e produttori biologici. Andai all'YMCA e vidi ragazzine adolescenti che giocavano a basket con gusto. Nel mezzo del caos, Hamas, secondo il portavoce Hassim Qasser, si sta "reinventando". Sta sviluppando, diceva, un volto più gentile, più dolce, con un nuovo manifesto che riconosce lo stato di Israele. "Non lo neghiamo," diceva. "Stiamo cambiando, ci adattiamo. Anche nei rapporti con gli altri partiti palestinesi: stiamo accettando i comunisti, il Fronte popolare per la liberazione della Palestina [un partito radicalmente laico all'interno dell'OLP], altri partiti."

Più interessante fu la conversazione che ebbi, davanti a un tè, con il dottor Ahmed Yousef, alto consigliere ed ex vice del primo ministro Ismail Haniya. Autore di quaranta libri, Yousef aveva studiato negli Stati Uniti e aveva uno staff con una maggioranza di donne che trattava alla pari, cosa inaudita nella precedente manifestazione di Hamas.

Yousef era convinto che, quando Hamas aveva vinto le elezioni per la prima volta, mancasse dell'esperienza politica per governare Gaza. Era un partito di religiosi, disse, gente sospettosa che non era mai uscita da Gaza. Ma sono profondamente cambiati, sosteneva. "Adesso sono nell'universo," diceva, pur sostenendo che erano ancora in difficoltà.

Come tutti quelli con cui parlai, Yousef ammetteva che l'unica soluzione era una leadership più forte: "Abbiamo bisogno di un grande uomo – o di una grande donna – che guidi la lotta. Dobbiamo continuare la Grande Marcia, per ricordare alla gente nel mondo che c'è ancora un'occupazione in corso." Ma, aggiunse sorridendo: "Sarò onesto con lei – non sappiamo cosa fare. Se si mette una persona in gabbia, questa comincia a muoversi in tutte le direzioni. Non sa cosa fare. Ha fame, ha sete, vuole uscire." Fece una pausa e sorseggiò il tè. "Dobbiamo uscire. Dobbiamo liberarci da questo assedio."

Sorelle

Prima della mia partenza, due sorelle cristiane che avevo incontrato alla chiesa ortodossa mi invitarono a casa loro.

Le avevo notate entrambe mentre andavano a messa. Vestite con eleganti abiti di lino e cappelli, mi ricordavano mia madre e sua sorella Rosemary, cattoliche devote che andavano sempre a messa vestite come per una sfilata di moda.

Queste donne mi sembravano appartenere a un mondo antico che stava scomparendo: un'epoca in cui Gaza era elegante, le famiglie ricche abitavano in ville enormi con i domestici, il tè era servito su vassoi d'argento, le bambinaie insegnavano l'inglese e il francese e per le vacanze si andava in treno al Cairo e a Beirut.

Casa loro era un sollievo dal caldo, dalla sabbia, dall'inquinamento di fuori. Arrivai sudata, lasciai le scarpe impolverate nell'ingresso, imbarazzata per i miei piedi così sporchi, anche se mi ero già fatta due docce, quel giorno.

Margaret indossava un vestito di seta e aveva i capelli in un'acconciatura meravigliosa. Per molti anni aveva insegnato nelle scuole dell'UNRWA e non si era mai sposata. Helen, che era più silenziosa e sembrava timida, possedeva la medesima eleganza. Aveva sposato un uomo di Jaffa, un ex rifugiato che era venuto a Gaza nel 1948. Sua figlia viveva in Kuwait.

Le due donne abitavano poco lontano dal Gloria Hotel, in un elegante grattacielo. Dalla loro finestra la vista sul Mediterraneo rivaleggiava con quelle di Miami o Los Angeles. Anche l'ascensore funzionava, perlomeno il giorno che andai a trovarle.

La vita delle due sorelle era un altro mondo rispetto a quella dei rifugiati nei campi. Ciascuna di loro aveva il proprio appartamento, Helen abitava di fronte a Margaret con il marito, ma avevano una stanza in comune. Il salotto di Margaret dava sull'ampia distesa del Mediterraneo. Aveva l'aria condizionata ed era arredato con raffinatezza e gusto, con statue della Madonna, crocifissi di legno e divani. Una domestica portò il caffè, dei dolci arabi e dei cioccolatini su un vassoio d'argento con le zollette di zucchero. Si definivano "vecchie residenti", dato che la loro famiglia si era stabilita a Gaza prima dell'arrivo dei rifugiati da Israele, nel 1948. Hanno ricordi di ville bianche, feste grandiose, piscine, giardini di fiori vivaci. "Era un paradiso," dice Margaret. "C'era tanto spazio."

Il padre era di Jaffa, la città portuale a nord di Gaza, in territorio israeliano; i britannici l'avevano nominato direttore della ferrovia che andava da Gaza all'Egitto, un viaggio di otto ore. Era un impiego da gentiluomo e lui era stato scelto perché parlava perfettamente l'inglese. Le figlie crebbero parlando inglese e arabo e viaggiando in tutta la regione, in Siria e in Libano. Il padre era morto a trentanove anni, quando Margaret ne aveva solo due, e il fratello maggiore ne aveva preso il posto. La madre aveva venduto la grande casa di Jaffa e aveva comprato una villa a Gaza.

Margaret non si era mai sposata, si era laureata in letteratura araba in Libano nel 1979 ed era tornata a Gaza a insegnare. "Assumevano tutti quelli che sapevano insegnare," disse prendendo una zolletta di zucchero. Disse che quando aveva iniziato a insegnare, i bambini, in gran parte rifugiati, erano talmente poveri che per pranzo mangiavano una fetta di pane con un peperone rosso.

Le sorelle dissero che la fede cristiana è importante, per loro. Sono legate al Cristianesimo dal punto di vista culturale, oltre che religioso; fa parte della loro identità ed è alla base del loro senso di comunità. Sono ben consapevoli che quel mondo si sta rimpicciolendo intorno a loro, ma non vogliono andarsene. Come tutti, cercano di ottenere i permessi per andare a Betlemme in occasione del Natale. Vanno alla sede della YWCA (la Young Women's Christian Association) con gli altri cristiani della comunità, dove giocano a bingo e guardano i bambini giocare a pallacanestro.

Ci sarà mai pace a Gaza? Margaret fece una risata leggera. "Non siamo né ottimiste né pessimiste," disse. "Vogliamo solo un piccolo stato nostro. Stiamo ancora aspettando."

Prima di lasciare Gaza, feci un favore a un'amica australiana. Il suo prozio era rimasto ferito mentre combatteva in Africa settentrionale durante la seconda guerra mondiale ed era stato portato a Gaza, dov'era morto. Era stato sepolto nel cimitero di guerra del Commonwealth; in tutti gli anni che avevo lavorato da quelle parti non ci ero mai andata. Durante la loro occupazione, soprattutto alla fine del XIX secolo, i britannici costruirono chiese anglicane e ospedali, perlopiù scomparsi. Ma quello strano cimitero solitario dov'erano sepolti soldati dimenticati, difensori del vecchio impero britannico, esisteva ancora.

Arrivai al mattino insieme a Nicole Tung, la fotogiornalista, prima che il calore divenisse insopportabile. Non lontano dal valico di Erez, attraverso cui si va in Israele, trovai la sua tomba. Qualcuno l'aveva curata: era pulita e ordinata. C'erano degli alberi, lì vicino, che ombreggiavano file e file di tombe di stranieri morti a Gaza. Tutto era silenzioso e fermo. Poi sbucò una famiglia palestinese che si unì a me nel guardare le tombe. Erano i custodi. I bambini avevano portato il gatto di famiglia.

Restammo in piedi, silenziosi, davanti alla lapide di pietra che segnava la tomba di Sapper J.G. Eckford, morto a ventotto anni nell'ottobre del 1942 per le ferite ricevute, così lontano da casa. Posai dei fiori rossi. Fu un momento intenso, pieno della tristezza di tante guerre e di tante tragedie. "Vivere nei cuori che lasciamo è come non morire," diceva l'epitaffio.

Scattai delle foto per i suoi parenti in Australia e me ne andai, mezza in lacrime. Pensai a tutte le persone che avevo incontrato a Gaza, dai contadini vicino a Erez alle famiglie che si aggrappavano alla speranza di uscire da Rafah dove, al di là della rete, si vede l'Egitto. Pensai a tutti i bambini che ho intervistato nel corso degli anni, quand'erano piccoli ai tempi della Prima intifada e si sedevano per terra con me a disegnare carri armati, soldati israeliani e armi automatiche. Pensai che avevo cercato di ritrovarne qualcuno dieci anni dopo, poi venti, e molti erano morti, o partiti. Spariti.

Ci sono state molte catastrofi qui. Gaza è un posto raso al suolo, cosa che rende la sopravvivenza, per non parlare della speranza e del sogno di un qualsiasi miglioramento, ancora più incredibile. Forse la nuova generazione ha una visione che ai loro genitori è preclusa. C'è, a dispetto della miseria, tanta intelligenza. Tante potenzialità.

Inoltre, Gaza ha una tradizione di stoica sopportazione, di attesa solitaria del momento trasformativo. Riflettevo su ciò a Tell Umm el-'Amr, che conserva le rovine del monastero bizantino di Sant'Ilarione, un monaco asceta vissuto a Gaza fra il III e il IV secolo, che trascorse la maggior parte della vita in preghiera, nel silenzio e nella solitudine del deserto.

Il monastero si trova a sud di Gaza, sulla strada per Rafah. Ci ero passata accanto innumerevoli volte durante i miei tanti viaggi a Gaza, nel corso degli anni, ma non mi ero mai fermata né mi ero mai interrogata sulla gente che ha pregato lì tanti secoli fa. I resti del sito abbracciano un periodo di oltre quattro secoli, dalla fine dell'impero romano al periodo omayyade. Un tempo c'erano cinque chiese, nonché dei bagni, una cripta e un santuario. Oggi è un mucchio di pietre riarse.

Il monastero venne abbandonato dopo un terremoto nel VII secolo e fu riscoperto dagli archeologi solo nel 1999, poco dopo lo scoppio della Seconda intifada. Ha urgente bisogno di essere preservato ed è stato inserito nella lista dei siti a rischio del World Monuments Fund nel 2010.

Mi fermai lì brevemente, in una calda giornata, con Nicole e un'amica di Gaza, appartenente a un'antica famiglia di agricoltori. Il calore del sole all'orizzonte era insopportabile. Rimasi delusa da quelle rovine insignificanti, che stavano scomparendo nella sabbia.

Contemplai Sant'Ilarione chiedendomi come doveva essere la vita nel deserto e ripensai alle sorelle gentili ed eleganti, Margaret e Helen, che al momento dei saluti mi avevano dato dei regali per mia madre. Nel mio bagaglio, quando attraversai il confine da Gaza verso Israele, avevo dei rosari, una statua della Madonna, una bottiglietta di acqua santa.

In una delle precedenti visite a Gaza ero andata alla Marna House, dov'ero stata durante il mio primo incarico da giornalista. Durante la Prima intifada era praticamente l'unico posto dove si poteva stare nella Striscia di Gaza. Era un albergo gestito dagli Shawra, un'antica e ben nota famiglia di Gaza.

Nel 1991 rimasi alla Marna House per parecchi mesi, mentre lavoravo a un libro. Un custode, Radwan, mi faceva anche da cameriere e da cuoco. All'epoca doveva avere tra i quaranta e i cinquant'anni o poco più, e aveva un enorme ciuffo di capelli tinti di nero che teneva pettinati alla Pompadour. Una sera dopo l'altra, mi sedevo al lungo tavolo da pranzo di legno, mangiando pesce, e siccome ero molto giovane Radwan mi trattava come una figlia. Avevo l'abitudine di sedere nel portico, alla sera, a trascrivere i miei appunti e a leggere le *Storie* di Erodoto ma, soprattutto, a sentirmi sola e spaventata. I giornalisti anziani andavano e venivano e io mi sentivo intimidita dalla scarsità delle mie conoscenze.

All'epoca Radwan e il proprietario della Marna House, Alya Shawra, erano stati gentili con me. Mi avevano dato la stanza più bella, con una finestra che affacciava sul giardino, mi portavano caffè e tè zuccherato e si occupavano di me quando stavo male dopo una lunga giornata di lavoro nei campi profughi.

Anni dopo, la prima volta che tornai alla Marna House, la mia richiesta di Radwan fece spuntare un uomo vecchio, più piccolo di quello che ricordavo, ma con lo stesso tremendo ciuffo di capelli (anche se ormai grigi). Si ricordava tutto: dei nostri amici uccisi o morti, della vecchia sala da pranzo – l'albergo era stato ristrutturato – e delle speranze della Prima intifada.

Mi sedetti in giardino per un'ora, bevendo una Pepsi tiepida, ricordando, vedendomi più giovane, tentando di rammentare com'era apparsa Gaza la prima volta, al mio sguardo fresco. Quando fu il momento di partire, abbracciai Radwan. Lui rimase in giardino a salutarmi con la mano. Mi si chiuse la gola per l'emozione. Era passato tanto tempo. E a Gaza, quando si saluta qualcuno, non si può sapere se lo si rivedrà.

Ci misi quasi tre ore a superare i controlli di sicurezza per entrare in Israele, anche se avevo il tesserino da giornalista, un passaporto straniero e il privilegio di poter esprimere sia il mio disgusto per l'arroganza delle guardie israeliane sia la rabbia quando mi controllarono la valigia e frugarono tra i miei taccuini e le confezioni di aspirina, aprendo i tubetti di dentifricio e di crema. Vidi il loro disprezzo per Gaza. Fu una ferita, una piaga.

Me ne vado sempre con sollievo. Voglio fare una bella doccia, voglio dormire in un buon letto, voglio respirare un'aria che non sia densa di inquinanti e svegliarmi senza l'odore della spazzatura. Ma c'è anche senso di colpa, vergogna, e il timore che la vita lì possa non cambiare mai.

Prega per noi, mi avevano chiesto Margaret e Helen al momento di salutarmi. Più dei soldi, mi dissero, quello di cui ha bisogno la gente qui sono le preghiere.

3. Siria
2011-2020

A febbraio del 1995, sette mesi prima che mio padre morisse e solo due prima che gli diagnosticassero un cancro incurabile, Joan Osborne pubblicò una canzone intitolata *One of Us*.

A Londra, dove vivevo quell'anno, la si sentì passare continuamente alla radio per tutta l'estate e l'autunno. La canzone mi faceva piangere senza preavviso quando la sentivo in un supermercato dove comperavo uova e latte, nelle cuffie mentre correvo a Hyde Park o durante i viaggi aerei avanti e indietro dall'Africa, dai Balcani e da Israele, dove all'epoca lavoravo freneticamente.

What if God was one of us?
Just a slob like one of us
just a stranger on the bus
tryin' to make his way home?
If God had a face, what would it look like?
And would you want to see if seeing meant

that you would have to believe in things like heaven
and in Jesus and the saints, and all the prophets?

E se Dio fosse uno di noi?
Una persona qualsiasi come noi,
un estraneo su un autobus
che se ne sta tornando a casa?
Se Dio avesse una faccia, come sarebbe?
E vorresti vederla, se vederla significa
dover credere in cose come il paradiso
e Gesù e i santi e tutti i profeti?

Mi ricordava anche, chissà perché, di una volta a Londra in cui un senza tetto si era avvicinato alla mia macchina e aveva bussato forte al finestrino per chiedere dei soldi. Con me c'era mio padre. L'uomo mi fece sussultare, gli dissi di no, di andarsene, forse troppo bruscamente. Pioveva e noi aspettavamo in macchina qualche cosa – non ricordo cosa – e mio padre all'improvviso disse: "Un momento." Scese dalla macchina e rimase via per venti minuti o più mentre io ascoltavo la radio e il tonfo ritmico dei tergicristalli. Finalmente ricomparve, tutto bagnato, senza dire niente. Salì e io lo portai a casa.

Più tardi raccontò a mia madre che era andato a cercare l'uomo che io avevo scacciato così bruscamente, non per crudeltà ma per indifferenza, o forse per cinismo.

Non era riuscito a trovarlo.

Ho ripensato spesso alla vergogna che avevo provato per la mia passività, allora, e all'orgoglio che la ricerca di mio padre, per quanto vana, mi aveva ispirato. Oggi il mondo sta facendo con la Siria quello che io feci con quel senzatetto. Abbiamo voltato le spalle a una popolazione che sta lottando per superare la più terribile delle tempeste.

Quando il Covid ha colpito, nella primavera del 2020, i paesi di tutto il mondo si sono chiusi nelle loro rispettive bolle. Anche se gli scontri continuavano a Idlib, l'ultima roccaforte dei ribelli che combattevano contro il regime del presidente Bashar al-Assad, il paese è svanito dalla coscienza globale.

Nel 2020 la guerra in Siria era al suo nono, infelice anno. Le Nazioni Unite avevano mandato quattro inviati speciali, ciascuno a suo modo unico, e ciascuno aveva disperatamente tentato di porre fine alla guerra, fallendo. Il processo di pace era finito nelle mani dei russi, che favorivano e sostenevano i crimini di guerra di Assad, in cielo e a terra. Turchi e russi erano diventati i mediatori. I gruppi jihadisti avevano infiltrato quella che un tempo era una resistenza rivoluzionaria contro un regime autoritario. Città storiche come Homs, Aleppo e Idlib erano in rovina. Antichi punti di riferimento, come il Tempio di Bel a Palmira, uno dei più importanti siti storici del paese, vecchio di quasi duemila anni, erano scomparsi sotto la sabbia.

La Siria era lacerata al suo interno, metà della popolazione era morta o in fuga. Era una delle crisi umanitarie più gravi della storia, senza dubbio la peggiore che avessi visto in trent'anni di lavoro sul campo. C'erano quasi sei milioni di rifugiati fuori del paese, altri sei milioni di sfollati al suo interno, e presumibilmente altri dodici milioni avevano bisogno di assistenza. Per quanto riguarda i morti, nessuno ne conosceva il numero esatto. L'ONU, non essendo più in grado di verificare le fonti sul terreno, aveva smesso di contarli nel 2016. Le stime più attendibili si avvicinavano ai settecentomila, ma qualunque fosse il numero reale, era comunque impressionante. L'assenza di un computo preciso delle vittime simboleggiava l'indifferenza della comunità internazionale. Non sapevamo neanche quante persone erano morte in questa guerra senza senso, dov'erano sepolte, dove giacevano i loro resti.

Il dottor Omar Muhammed, un neurochirurgo egiziano mio amico che aveva vissuto a Idlib per sei anni, per tutto quel tempo aveva operato in uno scantinato, soprattutto bambini che avevano schegge di metallo nel cervello. I bombardamenti compiuti dai russi seppellivano i civili sotto le macerie, con le ossa rotte e le teste sfondate.

Omar inviava messaggi di supplica, cercando disperatamente di risvegliare un pubblico a cui la cosa non interessava. Postava su Twitter le immagini delle scansioni cerebrali dei bambini, cercava di mostrare al pubblico che i suoi pazienti erano esseri umani. Erano persone, bambini aggrediti nelle loro case, gente che si trovava nel posto sbagliato al momento sbagliato: danni collaterali, per così dire. Cercava di controllare la sua rabbia per ogni morte inutile. Alla fine, dopo anni di duro lavoro, anche lui lasciò la Siria.

È difficile conciliare una vita confortevole con la consapevolezza che altrove ci sono persone, persone a cui tieni, che soffrono. Per me era difficile credere di aver cominciato a lavorare in Siria nel 2011, e che nove anni dopo continuavo a ricevere notizie di villaggi bombardati e di donne e bambini che fuggivano dalla violenza incessante.

Le violazioni dei diritti umani da parte del regime erano di vasta portata. Nelle prigioni di Assad gli agenti eseguono torture psicologiche contro chiunque minacci il potere del regime. Difensori dei diritti umani e attivisti sono scomparsi e nessuno li ha più rivisti. Le forze siriane e russe ad Aleppo e a Idlib hanno preso di mira deliberatamente zone abitate da civili, sganciando in continuazione *barrel bomb* in zone densamente popolate. Gli ospedali erano fra gli obiettivi prediletti. Medici e infermieri venivano ammazzati in massa. Gli operatori umanitari, come i membri dei Caschi bianchi, efficaci nel primo intervento di estrazione dei civili dalle macerie, non solo venivano presi di mira mentre lavoravano, ma divennero anche vittime della propaganda russa che li accusava di essere terroristi. Molte persone credevano a queste affermazioni.[1] Ma io ho lavorato con loro e con il loro fondatore, il defunto James Le Mesurier, e posso attestare che erano semplicemente uomini e donne che cercavano di salvare vite.

Il giorno in cui Aleppo venne riconquistata dalle forze del regime, nel dicembre del 2016, provai un profondo dolore. Piangevo per tutti coloro che erano morti, ma temevo soprattutto per i cristiani che vivevano sparsi in tutta la Siria ed erano rimasti vulnerabili man mano che il caos aumentava.

Benché la guerra fosse cominciata come una battaglia fra il regime di Assad e i suoi oppositori, i cristiani siriani divennero presto vittime di violenza. L'ISIS e altri gruppi estremisti cominciarono le loro campagne contro le minoranze religiose della regione alla fine del 2012, quando Human Rights Watch denunciò la distruzione di due chiese a Ghasaniyeh e a Jdeideh, nelle vicinanze del porto settentrionale di Latakia.[2] Pochi mesi dopo, le forze di opposizione saccheggiarono e distrussero luoghi di culto delle minoranze in città lungo il confine turco.[3] A marzo 2013, molte comunità cristiane nel nord e nell'est del paese erano cadute sotto l'ISIS e sotto Jabhat al-Nusra, un gruppo ribelle legato ad al-Qaida.[4] I circa cinquemila abitanti cristiani di Raqqa, sulla riva dell'Eufrate, nella Siria settentrionale, ebbero meno di un giorno di tempo per prendere una decisione straziante: convertirsi all'Islam o abbandonare la città portando via solo le vesti che indossavano.[5]

La campagna anticristiana del gruppo si intensificò nel 2015 e nel 2016. Nel febbraio del 2015 i combattenti dell'ISIS attaccarono parecchie città cristiane nella Siria nordorientale e presero in ostaggio centinaia di persone. Tre furono giustiziate e le altre furono rilasciate dopo il pagamento di un riscatto. Più avanti, quello stesso anno, gli attacchi dell'ISIS a villaggi all'estremità nordorientale del paese portarono all'incendio di chiese secolari e al sequestro di centinaia di cristiani assiri, molti dei quali vennero torturati.[6] I combattenti dell'ISIS comperavano e vendevano le donne e le ragazze cristiane rapite come schiave al bazar di Hasakah. La conseguenza fu che quasi tutti i cristiani nel nordest del paese fuggirono, portando con sé una ricca tradizione culturale che risale ai primi giorni della fede.

Il conflitto ebbe conseguenze a catena anche sulla solida comunità cristiana del Libano, poiché dalla Siria i rifugiati si riversarono nel paese vicino. Quando vi arrivò un milione e mezzo di rifugiati, nella stragrande maggioranza musulmani sunniti, l'equilibrio demografico tra cristiani e musulmani – base per un duraturo accordo sulla divisione del potere – entrò in crisi. Lo spostamento minacciava la stabilità della popolazione cristiana libanese, una delle più numerose del Medio Oriente. Cosa ancora più grave, quando lavoravo in Libano per l'ONU sui problemi dei rifugiati, mi accorsi di due tendenze inquietanti. Una era il reclutamento e la radicalizzazione dei giovani rifugiati, lasciati a marcire negli "insediamenti" in Libano, senza scuole, attività e speranze di un futuro. La seconda era un preoccupante aumento della xenofobia in Libano e una crescente tendenza a incolpare i rifugiati di qualunque cosa, dai tagli alla fornitura di corrente elettrica alla violenza locale.[7]

Promesse non mantenute

Nel 2012, quando potevo ancora viaggiare nei territori controllati dal regime, vidi quello che era solo l'inizio di una grande incertezza riguardo al futuro dei cristiani siriani, che li avrebbe afflitti per tutta la durata della guerra. Nei primi giorni di combattimento, soprattutto a Damasco, andai alla messa domenicale attraversando la città e parlai con preti e parrocchiani – quelli che non erano troppo spaventati per parlare. Quello che esprimevano era una sotterranea fiducia che Assad, o lo stato, li avrebbe protetti.

"I cristiani credono nella legge, credono nello stato," spiegò Riad Adoumie, un chirurgo vascolare di fede grecocattolica, originario di Aleppo. Adesso vive nella California meridionale, in una casa su una collina, con un ampio giardino terrazzato pieno di alberi fiorenti che gli ricordano la madrepatria. Il dottor Adoumie ha lasciato la Siria per il Libano quand'era giovane, ma il suo cuore "riposa ancora su quelle colline terrazzate."

Mi spiegò che, per anni, i cristiani in Siria avevano voluto integrarsi, una componente produttiva e di successo della società. Lavoravano sodo per raggiungere una buona posizione e il partito Ba'th, che governa il paese dal 1967, gli forniva le basi per farlo.

Per molti attivisti, e per giornalisti come me, il partito Ba'th è sinonimo di politica criminale, con Saddam Hussein, con gli Assad. Ma per Adoumie, il partito "fornisce in effetti una struttura di società moderna o una visione in cui le minoranze potevano fondamentalmente integrarsi in una società laica." In Medio Oriente non ci sono molti esempi simili, aggiunse, e senza questo modello laico "molti cristiani e molte minoranze sono trattati come cittadini di seconda classe." Da cristiano, lui personalmente ricordava di sentirsi al sicuro in Siria, di vivere senza essere discriminato. Forse non tutti sembravano ugualmente accomodanti verso i cristiani, ma "la legge ti sosteneva", diceva.

Quando pensava al futuro della Siria, il dottor Adoumie si aggrappava ancora alla speranza che si potesse raggiungere una qualche forma di pace che permettesse al paese di restare unito. Immaginava un governo tollerante, dove lui e gli altri cristiani fossero trattati come cittadini uguali agli altri. Eppure, esprimeva risentimento per le influenze esterne in Medio Oriente che continuano a lacerare i paesi e a frammentare la società. "Il nostro presente è un fallimento, ma il nostro passato è glorioso," disse. "Ci troviamo di fronte a una schiacciante irrilevanza sullo scenario mondiale e a un'esistenza miserabile a livello locale. Voi ci vedete umiliati, sminuiti, mentre il diritto internazionale viene continuamente violato con indifferenza nei confronti del più piccolo livello di equità." Se questo trattamento continuerà, avvertì malinconico, "non ci sarà futuro, e non solo per i cristiani".

I cristiani in esilio con cui ho parlato esprimevano sempre un sentimento simile: un rimpianto, una nostalgia per il ritorno, e insieme una comprensione pragmatica e rassegnata delle condizioni, che non sembravano permetterlo negli anni che restavano loro da vivere. Eppure, molti conservavano una scintilla di speranza. Anche se gli Stati Uniti sono la patria definitiva del dottor Adoumie, lui sognava di portare un giorno i suoi figli a visitare la Siria. Ha sempre promesso loro che l'avrebbe fatto. "Se ci date la possibilità di ricostruire," dichiarò, "ricostruiremo."

Mi chiedo spesso come sarà ricostruita la Siria, una volta finita la guerra. Intere zone di Aleppo, Idlib e Homs sono state ridotte in macerie dagli attacchi aerei ordinati da Assad e, dal 2015, da Vladimir Putin. A Homs, una città brutalizzata dalla guerra, ricordo di aver cercato rifugio durante un combattimento con una famiglia cristiana che abitava davanti a una chiesa ridotta in polvere e macerie. Era la prima estate di guerra e il regime siriano a Damasco era ancora disposto a fornirmi un visto. Avevo il permesso di viaggiare nelle aree sotto il controllo governativo, benché sempre con accompagnatori incaricati di tenermi in riga. Era chiaro che volevano fornirmi una versione della guerra che fosse la loro e soltanto la loro. Non potevo vedere, ascoltare o parlare con l'opposizione.

In questa occasione il ministero dell'informazione, che controllava i movimenti dei giornalisti stranieri (cioè nemici), mi affiancò a una unità di soldati pro Assad che stava andando a Homs per eliminare i cecchini nemici. Lasciammo Damasco di primo mattino, abbandonando una città ancora prospera. C'erano feste in piscina, serate all'opera, cene e cocktail a base di champagne su eleganti terrazze. Sembrava che tutta Damasco negasse la guerra che si avvicinava rapidamente.

In confronto, Homs era lo scheletro rotto di una città. Depositammo i bagagli in un cupo albergo gestito dal regime dove eravamo gli unici ospiti, a parte la polizia segreta e qualche militare di alto rango. Si aveva una strana, inquietante, sensazione di pericolo. Non c'era elettricità e l'enorme ristorante era chiuso, a parte qualche Mukhabarat che sedeva fumando e bevendo succo d'arancia dall'aria acida. Incontrammo la nostra unità a mezzogiorno – erano ragazzini, in fondo, con pochissimo addestramento militare – e i soldati perlopiù ci ignorarono mentre continuavano a svolgere le loro operazioni casa per casa, sparando contro le forze di opposizione da dietro muri di cemento. Era strano per me viaggiare con le forze di Bashar al-Assad, ma avevo la sensazione che quei giovani indossassero le loro uniformi, più che per una profonda lealtà verso il regime, per caso e per sfortuna.

Mentre correvamo da una casa distrutta all'altra, chini dentro a "tunnel" scavati nelle pareti delle case per proteggerci dai colpi dei cecchini, inciampando su muri spezzati, vite spezzate, storie spezzate, mi chiesi se quella città, un tempo la terza della Siria, famosa per la sua industria, si sarebbe mai ripresa. Di certo il suo tessuto, il suo variopinto mix di religioni ed etnie, era irrimediabilmente danneggiato.

I soldati che accompagnavo erano perlopiù alawiti, una derivazione dello sciismo a cui aderisce la famiglia Assad, ma c'erano anche alcuni cristiani. A un certo punto uno di loro mi portò da una famiglia che si nascondeva nella propria casa sventrata, nel vecchio quartiere cristiano di Homs. Entrando, vidi dei bambini che arretravano spaventati da tutti quei colpi. La madre era esausta, con profondi cerchi scuri intorno agli occhi. Suo marito era via a combattere da qualche parte. Lei lottava per dar da mangiare ai bambini con le ultime scatolette rimaste e per distrarli mentre le bombe cadevano tutt'intorno alla loro casa. Io presi in braccio uno dei più piccoli, un bambino che mi inumidì tutte le guance di baci. Sembrava stranamente non toccato dal caos che lo circondava.

Quando il bombardamento si placò, andai con i soldati sull'altro lato della strada, alla chiesa bombardata. Avanzavamo fra pezzi di statue della Vergine Maria e pezzi di legno che un tempo erano stati panche dove sedevano i fedeli. I soldati del regime mi dissero che gli islamisti avevano bombardato la chiesa, ma io dubitavo che sapessero se era vero o se era stata colpita da un missile del regime.

I bambini ci seguirono, prendendo a calci i pezzi di pietra e di macerie. L'altare era stato distrutto, le finestre infrante. Un prete si sedette con me su una panca all'aperto. La chiesa era stata presa di mira deliberatamente, mi disse. Mentre osservavamo le rovine di un luogo sacro, disse che i cristiani avevano bisogno della protezione di Assad contro quello che poteva venire dopo.

Questo accadeva un anno prima che ci fossero avvisaglie dell'ISIS; prima che l'Esercito siriano libero, i combattenti dell'opposizione che volevano rovesciare Assad, si frantumasse in un milione di pezzi.

Chiesi al prete la cosa che più temeva di perdere in tutta quella distruzione.

"La storia," mi rispose.

Sulla via di Damasco

La storia dei cristiani in Siria è antica quanto la religione stessa. Nella Siria settentrionale e nella Turchia meridionale restano centinaia di chiese, templi e monasteri dei primi tempi del Cristianesimo. In una delle più grandiose vicende bibliche, san Paolo apostolo (allora chiamato Saulo, il suo nome ebraico) fu convertito sulla via che conduceva all'attuale capitale siriana, Damasco, mentre era diretto all'antica città. La drammatica conversione ebbe luogo quando lui vide il Cristo risorto, che gli parlò in una luce talmente forte da accecarlo, letteralmente.

> E avvenne che, mentre era in viaggio e stava per avvicinarsi a Damasco, all'improvviso lo avvolse una luce dal cielo e, cadendo a terra, udì una voce che gli diceva: "Saulo, Saulo, perché mi perseguiti?"
> Rispose: "Chi sei, o Signore?"
> Ed egli: "Io sono Gesù, che tu perseguiti! Ma tu alzati ed entra nella città e ti sarà detto ciò che devi fare."
> Gli uomini che facevano il cammino con lui si erano fermati ammutoliti, sentendo la voce, ma non vedendo nessuno. Saulo allora si alzò da terra ma, aperti gli occhi, non vedeva nulla. Così, guidandolo per mano, lo condussero a Damasco. Per tre giorni rimase cieco e non prese né cibo né bevanda. [...]
> Allora Anania andò, entrò nella casa, gli impose le mani e disse: "Saulo, fratello, mi ha mandato a te il Signore, quel Gesù che ti è apparso sulla strada che percorrevi, perché tu riacquisti la vista e sia colmato di Spirito Santo." E subito gli caddero dagli occhi come delle squame e recuperò la vista. Si alzò e venne battezzato, poi prese cibo e le forze gli ritornarono.[8]

Damasco, la città a cui era diretto Paolo, è oggi la sede del potere della famiglia Assad, il centro della sua macchina bellica; era già antica ai tempi di Paolo. In effetti, alcuni cristiani della Siria, con il loro albero genealogico risalgono ai tempi precristiani degli aramei e della civiltà assira. La città di Maalula, fra le montagne della Siria meridionale, resta uno dei pochissimi luoghi al mondo in cui gli abitanti parlano ancora l'aramaico, la lingua che parlava Gesù.[9]

Le suore

Quando raggiunsi Maalula per la prima volta, nella tarda primavera del 2012, la Siria era un paese in preda ai conflitti, dove vicini e famigliari erano separati da divisioni settarie. Ma la guerra non era ancora diventata una realtà. La mia vita a Damasco fino a quel momento era stata caratterizzata da una negazione compulsiva. Per quanto apparisse evidente, nessuno voleva accettare il fatto che si stesse preparando una guerra.

Prima di partire alla mattina presto per andare a Homs o a Daraya o a Duma, luoghi sotto il controllo dell'opposizione, dove la guerra era molto reale e si stavano svolgendo pesanti combattimenti, vedevo le tracce delle feste del giorno prima, delle cene, delle elaborate cerimonie tenutesi nel mio albergo, il Dama Rose. Era come se fosse già stata tracciata una linea attraverso Damasco che separava i territori controllati dal regime da quelli dell'opposizione, fra chi sarebbe vissuto in pace e chi presto sarebbe stato bombardato, gassato e sottomesso. Mi sono sempre chiesta perché la gente ci abbia messo tanto tempo a capire che neanche la capitale costituiva un'eccezione, che anche Damasco sarebbe stata segnata dalla violenza. Stando sul balcone della mia camera, potevo sentire le bombe e vedere il fumo nero che saliva in nuvole minacciose dalla periferia di Duma. Ma sotto la mia finestra i bambini e le loro baby-sitter giocavano ancora nella piscina come in una qualsiasi giornata estiva.

Quando andavo a trovare degli amici cristiani nei loro begli appartamenti, mandavano i bambini nelle loro stanze, preparavano il caffè e si sedevano con me a parlare di quello che poteva succedere in futuro. Ammettevano che il paese era in una brutta situazione, ma la maggior parte di loro si rifiutava di andare via. Primo, non si concepivano come rifugiati: erano perlopiù appartenenti alle classi medie, persone colte e ben radicate nella società di Damasco. Secondo, avevano una fiducia quasi incrollabile nel fatto che Assad li avrebbe protetti. Solo all'ultimo queste persone radunarono le famiglie e i beni e fuggirono prima che la guerra aperta li colpisse.

Una mattina presto di un fine settimana andai a Maalula con un'amica siriana che mi accompagnava dappertutto (deve restare senza nome, per ragioni di sicurezza). Mi aveva parlato spesso di Maalula e spronandomi a visitarla. Oltre alla sua bellezza e alla sua atmosfera tranquilla, Maalula era da tempo un'oasi di tolleranza politica. La mia amica mi aveva parlato delle suore che vivevano accanto ai musulmani e dell'armonia che c'era in città, dove tutti si mescolavano tra loro. Ma era arrivata la guerra e un fine settimana decidemmo di andare a vedere se una città potesse in qualche modo proteggersi dalle forze esterne che mettevano a repentaglio la tolleranza.

Già nel 2011, quando cominciarono le manifestazioni contro Assad, i cittadini si erano riuniti e avevano fatto un patto. I residenti dell'antica città, a predominanza cristiana, giurarono all'inizio del conflitto che non avrebbero ceduto al settarismo e non si sarebbero lasciati trascinare nel caos.

La decisione di Maalula di restare neutrale come la Svizzera era tanto più notevole data la posizione preminente della città, sulla principale strada che collegava la città distrutta di Homs alla capitale Damasco, sempre più sotto attacco. Ma il giuramento rifletteva anche l'amara storia di Maalula.[10]

Maalula, che è candidata a diventare uno dei siti patrimonio dell'umanità dell'UNESCO, venne assediata durante la Grande rivolta siriana del 1925, quando i ribelli drusi, cristiani e musulmani tentarono di ribellarsi al giogo francese. La ferita di quell'insurrezione è ancora aperta. Molti residenti anziani sono stati svezzati con le storie di donne e bambini nascosti nelle caverne delle tre montagne che circondano la città per sfuggire alle atrocità.

I cinquemila cristiani sono in gran parte greco-cattolici e ortodossi di Antiochia e pregano in diciassette diverse chiese in tutta la città, mentre i musulmani sono sunniti. Ma molte persone non amano definirsi in base alla religione e preferiscono dire semplicemente "Sono di Maalula." Quando chiedevo del loro credo, anche le suore preferivano non rispondere. Mi ricordavano la guerra civile nella ex Jugoslavia, quando perfino degli amici intimi si rifiutavano di rivelarmi la loro appartenenza etnica: non dicevano "sono mezzo croato, mezzo serbo" o "sono mezzo musulmano, mezzo cattolico", ma "sono jugoslavo". C'era un che di orgoglioso, una sfida aperta, nel restare indipendenti dalla religione. Essa non definiva quello che erano.

Dopo aver insistito e bussato per un po' alla sua porta, ottenni che Mahmoud Diab, l'imam sunnita della città, accettasse di parlare con me. Ci sedemmo su una panca all'aperto, all'ombra, per sfuggire al sole rovente, mentre sua moglie portava del caffè zuccherato. Lui era sicurissimo che la guerra non avrebbe raggiunto la città; Maalula, disse, sarebbe rimasta in qualche modo estranea al conflitto.

"Ma non siete isolati dal mondo," dissi io. "Come farete?"

"All'inizio di questa guerra, mi sono incontrato con i principali leader religiosi della comunità, il vescovo e la madre superiora del convento principale," rispose. "Abbiamo deciso che anche se le montagne intorno a noi dovessero esplodere per i combattimenti, noi non faremo la guerra."

Nato e cresciuto a Maalula, Diab in quel periodo era anche membro del parlamento siriano. Eravamo seduti nel cortile della sua moschea, all'ombra di ulivi e pioppi; sulla parete vicina c'era un manifesto sbiadito del presidente siriano Bashar al-Assad. Diab sosteneva fermamente Assad. Alzò le spalle quando gli dissi dei manifestanti disarmati presi a colpi di fucile durante le prime marce a Dar'a, nel marzo 2011, e parve indifferente quando gli descrissi i colloqui che avevo avuto con le vittime di tortura nelle prigioni di Assad.

"È una guerra settaria, è la politica," disse con un gesto della mano che voleva allontanare la guerra come se fosse un argomento per gente di altri luoghi, lontani dai confini di Maalula. "Il fatto è che non c'è nessuna guerra qui a Maalula. Qui ci conosciamo tutti."

Prima, spiegandomi la storia di Maalula, Diab mi aveva detto che la tolleranza era una tradizione fin da quando santa Tecla, seguace dell'apostolo Paolo, era fuggita tra quei monti, nel I secolo. Fuggiva dai soldati mandati da suo padre, che minacciava di ucciderla per la sua fede. Secondo la leggenda, esausta, dopo aver trovato il cammino bloccato dagli aspri fianchi rocciosi della montagna vicina, Tecla era caduta in ginocchio pregando disperata, e la montagna si era aperta. Per questo il posto si era chiamato Maalula, che vuol dire "entrata" in aramaico. Il convento di Santa Tecla è stato costruito in quel posto nel 1935.

"Qui, tra queste montagne, ci sono popoli diversi e religioni diverse," disse Diab. "Ma noi abbiamo deciso fermamente che Maalula non sarà distrutta."

Questa era l'intenzione. Ma la guerra non sempre rispetta le idee di come dovrebbero andare le cose. La violenza arriva come una furiosa tempesta di sabbia, divorando ogni cosa sul proprio cammino.

Allora non lo sapevamo, mentre sedevamo nel giardino a sorseggiare i nostri caffè, ma un anno più tardi i combattenti di Jabhat al-Nusra si sarebbero nascosti nelle grotte al di sopra della città per sparare dall'alto sui cittadini con i loro fucili russi, proprio nella zona intorno al giardino di Diab, dove crescevano gli antichi olivi. Non ci sarebbero state più preghiere né unità. Le campane della chiesa avrebbero smesso di suonare. Il giuramento che la città aveva fatto sarebbe stato privo di valore.

Ripensai alla mattina della mia prima visita a Maalula, qualche mese prima. Scalando le colline per raggiungere il convento di Santa Tecla al mattino presto, trovai le suore che disponevano piccole albicocche su dei vassoi per farle seccare al sole. Una suora metteva i frutti appena colti dagli alberi in file ordinate. Un'altra sistemava brocche di acqua limpida. Stavano preparando la marmellata da conservare per l'inverno.

Come Diab, le suore cristiane sostenevano il governo di Assad. Vivevano isolate, devote a Dio e al paese. In verità, non badavano a chi deteneva il potere, purché potessero mantenere il loro antico stile di vita. Passavano le giornate a lavorare, a pregare e ad accudire gli ammalati, e di notte dormivano in piccole celle immacolate. Il convento era silenzioso, alla mattina, tranne che per il canto degli uccelli e il rumore delle suore che salivano e scendevano per le scale di marmo con grandi vasi di vetro di marmellata d'albicocche.

Mi fecero fare il giro del convento. Il sole era accecante. Ricordo di essere scesa per una scala stretta e di essermi trovata in una specie di cella immersa in una luce pura e bianca. Dentro c'erano solo una scrivania e un letto con un copriletto di cotone bianco disteso sopra. Si vedevano le montagne. Sola nella stanza, mi sedetti e guardai il panorama. Ricordo di aver pensato, *questo sarebbe un ottimo posto per nascondersi se la guerra arrivasse qui. Ma la guerra qui non arriverà mai.*

Una delle sorelle mi disse che il convento era uno dei quaranta siti sacri di Maalula. Prima della guerra, musulmani e cristiani venivano qui e pregavano per guarire dall'infertilità e da altre malattie, bevevano l'acqua che usciva da una fessura nella roccia che si diceva si fosse aperta per santa Tecla. La suora mi spiegò, con grande pazienza, che l'acqua purificava dal peccato. Vidi delle coppie salire le scale fino al punto in cui l'acqua sgorgava dalla sorgente; lì si inginocchiarono e pregarono santa Tecla, forse per avere un figlio. Ricordo una donna sola con una lunga treccia che le scendeva sul vestito a fiori, china sull'altare, le mani unite in preghiera.

La vita delle suore era così lineare, così tranquilla: le invidiai per la loro semplicità. Si alzavano all'alba e passavano la giornata in preghiera e contemplazione, accogliendo gli ammalati. Gestivano anche un piccolo orfanotrofio, dove si prendevano cura dei bambini di qualunque fede che erano rimasti orfani o che erano stati abbandonati a causa della guerra.

Tornai nel cortile dove le suore continuavano il loro lavoro con le albicocche e fui di nuovo accecata dalla luce del sole; una suora più piccola mi portò in una stanza in penombra per conoscere la madre superiora, una greco-cattolica che viveva nel convento da trent'anni. Mi disse che lo spirito di santa Tecla non aveva a che fare con la religione, ma con la fede. Con il bene. Con la compassione.

"Abbiamo avuto un musulmano iracheno, gravemente ferito, che era venuto qui per farsi curare," disse madre Sayaf. Non consideravano le persone in base alla loro religione, ripeté, ma in base alla loro umanità. Ai loro occhi un musulmano ferito, adulto o bambino, aveva lo stesso valore di un cristiano. All'inizio evitò assolutamente di parlare di Assad, cambiando argomento e guidandomi verso le icone sulla parete per spiegarmi vari santi e tradizioni. L'ultima cosa che volevo fare, come sempre, era spingere le persone a parlare di un dittatore in un paese in cui gli apparati di sicurezza erano così potenti e potevano punirle con conseguenze orribili.

Negli anni settanta, disse madre Sayaf, i medici mandavano i loro pazienti a Maalula per riprendersi: era una versione mediorientale della Montagna incantata di Thomas Mann, piena non di invalidi intrappolati dalla neve ma di pellegrini in cerca di miracoli. Quando ci incontrammo, la guerra durava da ventun mesi. Le persone fuggivano da Homs, Damasco e Aleppo, dove si combatteva, e cercavano rifugio dai parenti all'estero o in parti della Siria dove non c'era la guerra. E tornavano anche a Maalula. "Per la tranquillità," spiegò. "È sicuro, qui."

Scesi dalla collina e trovai un piccolo bar ancora aperto, dove ordinai un tè nero. Fui servita da una donna con i capelli scuri e la bocca mesta, quasi quarantenne, che tornò con una piccola lattiera. Parlava inglese e aveva voglia di chiacchierare. Si sedette.

"Questo è il mio paese," disse con aria rassegnata, a mo' di introduzione. Si chiamava Antonella, disse, ed era una siriana americana che tre anni prima aveva lasciato Los Angeles e Miami per tornare nella sua città natale e aprire il bar.

Le dissi che forse aveva scelto il momento sbagliato per tornare in Siria.

Antonella si strinse nelle spalle. Aveva avuto la possibilità di andarsene allo scoppio della guerra, quando si combatteva vicino a Maalula, ma non aveva voluto.

"Voglio stare qui," disse, anche se la situazione era senza dubbio peggiorata da quando era arrivata. La sua prima preoccupazione era l'economia, non la propria sicurezza.

"Quando sono arrivata c'erano cinquanta autobus al giorno," disse con tono nostalgico, guardandosi intorno nel bar vuoto dove serviva cibo americano: patatine, uova, panini. Per qualche tempo si convinse che le cose sarebbero migliorate. Ma nell'inverno del 2012, quando c'erano combattimenti e la gente moriva nella città di Yabrud, al di là della montagna, Antonella finalmente capì che il suo paese era in guerra.

"Sono caduta in depressione," ammise. L'incertezza la preoccupava più di tutto. "La verità è che, anche se Maalula è tranquilla, nessuno sa dove si andrà a finire." Aveva fiducia soprattutto in Assad, che chiamava, ubbidiente, "il signor Assad".

Era tutta colpa dell'opposizione, mi disse. Erano tutti sunniti radicali. "I ribelli hanno distrutto il nostro paese."

Attribuiva delle colpe anche alla natura. Il paese era stato colpito da una siccità che, unita alla cattiva gestione delle acque, aveva provocato carenza idrica nelle regioni agricole. I contadini erano scappati nelle città. A causa delle sanzioni contro la Siria e del fatto che il passaggio ai confini era bloccato, i camion con i rifornimenti venivano deviati in Libano e il costo del cibo era schizzato alle stelle. I turisti stranieri avevano smesso di arrivare, la gente comperava solo il necessario e le piccole imprese come quella di Antonella stavano morendo.

"Questo è l'inizio della terza guerra mondiale," predisse suo fratello Adnan, anche lui tornato dall'estero, sbucando dalla stanza sul retro dove stava preparando da mangiare. "Sta cominciando in Siria, ma coinvolgerà tutta la regione. Questa è una guerra per procura."

Era un ritornello comune in Siria, quello che il paese venisse usato per la sua importanza geopolitica. Molte persone a Maalula e in altri villaggi cristiani e alawiti credevano che la guerra si sarebbe allargata oltre i confini del paese. Sostenevano che a provocare la guerra fossero "forze straniere". Per l'opposizione o gli attivisti, queste forze erano i russi o gli iraniani che volevano aiutare Assad, oppure i cinesi che, nel Consiglio di sicurezza dell'ONU, esercitava il veto su qualsiasi risoluzione umanitaria. Ma per Antonella e suo fratello, le forze straniere erano i turchi, gli Stati del Golfo e, in misura minore, gli americani, che rifornivano di armi l'opposizione. Erano loro che facevano continuare la guerra fomentando gli "estremisti salafiti" nemici del Cristianesimo.

Era una conversazione difficile. Fissai la mia tazza di tè vuota, che Antonella prontamente riempì di nuovo. Maalula sarebbe sopravvissuta, ripeterono più volte lei e suo fratello, ma senza troppa convinzione. Avevo una domanda, ma non volevo apparire insensibile e non sapevo come porla: è possibile che una città famosa per la sua tolleranza resista alle pressioni centrifughe di una guerra civile ferocemente settaria?

"Chiunque è un cristiano e chiunque è un musulmano," mi aveva risposto criptico Mahmoud Diab, l'imam, quando gli avevo fatto la stessa domanda. Si era rifiutato di dichiarare la percentuale di musulmani della città. "La situazione qui non si deteriorerà; al contrario," disse, "le persone si aiutano a vicenda." Diab era riluttante a prendere posizione – mentre madre Sayaf, alla fine, dopo avermi spiegato la propria confessione e i santi ortodossi, aveva ammesso di "amare" il signor Assad – tuttavia sottolineò: "Io sto con la legge. Voglio solo che il mio paese sia governato secondo le leggi."

"Se diventiamo salafiti," disse, riferendosi alla corrente fondamentalista dell'Islam che dopo le Primavere arabe ha assunto nuova importanza, "perdiamo tutta questa mescolanza di etnie, ed è una tragedia. Tutti devono essere come loro. Non c'è spazio per nessun altro."

A solo un'ora da Damasco, Maalula era intatta la mattina in cui parlai con Diab. Ma quando scesi in macchina dalla montagna e presi l'autostrada per rientrare nella capitale, la realtà tornò a farsi vedere. In più di una dozzina di checkpoint, dei soldati dalla faccia cupa ispezionarono documenti e bagagliaio in cerca di armi e ribelli. A Damasco era esplosa un'altra autobomba e colonne di fumo grigio e acre si arricciavano nell'aria, segno dei giorni più bui che sarebbero venuti.

Tornai a Maalula qualche mese più tardi. I negozianti cristiani, i ristoratori, i tassisti e le famiglie che mi avevano parlato dell'armonia della città erano scomparsi. Timorosi di quanto stava per accadere, avevano finito con l'impacchettare le loro cose e andarsene. Tentai di restare in contatto con le persone, ma con il tempo diventò sempre più difficile rintracciarle. I numeri di telefono non funzionavano più; le e-mail mi tornavano indietro. Diab mi aveva detto: "Non succederà niente a Maalula," ma si sbagliava.

Meno di due anni dopo il nostro incontro, iniziò la Battaglia di Maalula. La cittadina aveva la sfortuna di trovarsi nella zona strategica di Qalamun, fra le montagne lungo la frontiera con il Libano, il che a fine 2013 la rese un obiettivo dell'offensiva governativa che aveva lo scopo di bloccare il flusso di combattenti e armi da oltre confine.[11] Il 4 settembre un attentatore suicida giordano lanciò il suo camion contro un checkpoint dell'esercito siriano alla periferia di Maalula, dove esplose dando il segnale per l'attacco. Alla fine della giornata, le forze ribelli di gruppi che comprendevano Jabhat al-Nusra, Ahrar al-Sham e il Fronte di liberazione del Qalamun controllavano gran parte di Maalula, mentre il governo lanciava attacchi aerei.[12]

A novembre, i ribelli islamici attaccarono il convento di Santa Tecla e sequestrarono un gruppo di tredici suore, che rilasciarono in seguito in cambio di prigionieri.[13] Per chierici e storici, il danno più grave fu ai danni della chiesa dei santi Sergio e Bacco – una struttura medievale che ospitava preziosissime icone sacre e altre opere d'arte, distrutte durante la battaglia.

Secondo il governo di Assad, la riconquista della città era essenziale per sostenere la pretesa del regime di poter proteggere le minoranze religiose siriane dai militanti islamisti delle forze di opposizione. Il controllo della città passò più volte dalle mani dei militanti a quelle del governo, prima che quest'ultimo se lo assicurasse nell'aprile del 2014.

La battaglia fu un grave colpo sia per gli abitanti di Maalula, sia per i suoi siti religiosi. Mi chiedevo cosa fosse successo agli amici che avevo incontrato nelle mie numerose visite, soprattutto alle suore. Continuavo a ripensare ai barattoli di albicocche, alla stanza bianca e silenziosa che avevo trovato, scavata nella roccia, che sembrava un posto dove trovare un rifugio sicuro.

Nel 2019, quando la guerra volgeva in favore di Assad, a Maalula tornarono gli alberi di Natale e i servizi religiosi. La TV russa – i russi avevano preso parte alla battaglia nel 2015 – riprese una messa nella chiesa di Sant'Elia. La gente era tornata ad accendere candele e a pregare. Nessuno parlava della guerra ancora in corso.

Tentai di ricontattare Diab e anche di scoprire cosa fosse accaduto alle suore, ad Antonella nel bar e agli altri che avevo conosciuto prima che la tempesta travolgesse Maalula. E-mail, telefonate e messaggi furono vani. Non riuscii a ritrovarli.

Come molti altri, erano scomparsi.

Cambiamenti storici

C'è all'incirca una dozzina di versioni diverse del Cristianesimo in Siria, molte intrecciate tra loro, alcune divise da dogmi esoterici o tradizioni. Parecchi secoli dopo la nascita del Cristianesimo, cominciarono a emergere fra i cristiani della regione divisioni ecclesiastiche, a partire dai dibattiti cristologici del IV e del V secolo – disaccordi sulla divinità e sulla natura precise di Gesù Cristo. Con il tempo, queste differenze teologiche culminarono in divergenze culturali, etniche e politiche tra le varie comunità cristiane. La divisione più importante è quella fra i rami bizantino e greco da un lato, e le comunità siriache dall'altro.

Le tradizioni cristiane specifiche della Siria moderna comprendono i greco-ortodossi di Antiochia, i greco-cattolici melchiti, i siro-ortodossi di Antiochia, gli armeni ortodossi, i maroniti, gli armeno-cattolici, i cattolici assiri, i cattolici latini, i cattolici caldei, gli evangelici arabi (presbiteriani) e l'unione degli evangelici armeni. Benché molte correnti affondino le loro radici nei primi tempi del Cristianesimo in Siria, altre furono instaurate più tardi da missionari cattolici o protestanti, similmente ai battisti che incontrai a Gaza o ai cristiani evangelici in Egitto.[14]

Poi ci sono i cristiani che dicono di essere cresciuti nell'ambito di una tradizione, ma di praticarne un'altra. Il dottor Adoumie, per esempio, il chirurgo vascolare emigrato da Aleppo alla California, passando dal Libano, si definisce greco-cattolico ma aggiunge che la sua famiglia è "intrecciata con dei greco-ortodossi". "Fondamentalmente," mi ha detto, "siamo cristiani orientali." Suo padre ha studiato nelle scuole cattoliche di Aleppo, perché ha vissuto sotto il dominio coloniale francese.

Adesso, in California, frequenta una chiesa maronita che considera "vibrante", oltre che il modo migliore per introdurre i suoi figli alla cultura levantina.

"Ho cercato la chiesa giusta," diceva. "Non sono un irriducibile riguardo a particolari questioni religiose, ma volevo trasmettere ai miei figli un valore culturale che ci permettesse di collegarci al passato e alla mia cultura. Ho trovato quella che mi ricordava di più la mia scuola in Libano, dopo che avevo lasciato Aleppo."

Oltre che per tradizioni e riti, le chiese cristiane della Siria differiscono nelle strutture gerarchiche. I greco-ortodossi di Antiochia, i siro-ortodossi di Antiochia e i cattolici melchiti di Antiochia hanno i loro patriarchi a Damasco. Gli armeni ortodossi e i caldei hanno i loro capi in paesi vicini come l'Iraq e il Libano.[15]

La storia di questi gruppi è lunga, tortuosa e spesso sanguinosa. Sono stata seduta per ore con preti e vescovi, carta e penna in mano, a chiedere loro di spiegarmi esattamente le differenze e le divisioni interne alla chiesa. Finivo per ritrovarmi con schemi, risme di appunti e spiegazioni che riguardavano oscure dispute dottrinali. Spesso i preti si arrendevano disperati, incapaci di indicare esattamente dove o perché le sette si erano divise. Alla fine, tutti sospiravano e preferivano parlare della situazione attuale piuttosto che del passato.

"Ci sono successe tante cose," mi disse un prete greco-cattolico dopo una commovente messa sul Monte Libano nel 2017. "Le guerre hanno trasformato le società, le società hanno trasformato le religioni."

La conquista arabo-musulmana della regione nel VII secolo si rivelò un momento di svolta decisivo per i cristiani della Siria, che fino ad allora avevano costituito la maggioranza della popolazione.[16] Le diverse comunità assunsero atteggiamenti diversi nei confronti degli invasori musulmani.

Molti cristiani siriaci e nestoriani – che covavano risentimento verso l'autorità precedente, l'impero bizantino – videro gli invasori come salvatori che li liberavano dai greci.

I cristiani di lingua greca, invece, videro i musulmani come pericolosi stranieri, proprio come molti cristiani siriani di oggi considerano l'opposizione sunnita una minaccia alla loro sicurezza.[17] Nel complesso, gli invasori arabi in Siria affrontarono una scarsa resistenza militare attiva, soprattutto perché molte delle comunità cristiane della regione, composte in gran parte da mercanti, non avevano una classe militare e furono rapidamente sopraffatte.

I nuovi governanti musulmani cominciarono a introdurre l'Islam, l'arabo e una serie di nuove leggi sulla convivenza tra le religioni. I musulmani consideravano i nuovi sudditi cristiani come *Ahl al-Kitab*, ovvero "Popolo del Libro", perché si basavano sul testo sacro monoteistico. Di conseguenza, i cristiani avevano il diritto di continuare a praticare la loro fede e sarebbero stati al sicuro finché avessero pagato una tassa speciale per le minoranze religiose, detta *jizya* – proprio quella che l'ISIS chiese alla famiglia di Sara Bahodij mille e cinquecento anni dopo a Mosul.

I cristiani siriani si adattarono al governo musulmano. Alcuni ottennero posti nell'amministrazione statale, altri tradussero manoscritti greci e siriaci in lingua araba. Sotto il califfato di Al-Walid ibn Abd al-Malik (705-715) l'arabo diventò la lingua dominante e i cristiani siriani furono costretti a adottarla nella vita quotidiana, nelle liturgie e nelle preghiere.[18]

Per dei cristiani che parlavano la lingua di Gesù Cristo, immagino che questo cambiamento dovette essere particolarmente straziante. Nel 2014, quando vivevo in Sud Sudan, il paese più giovane del mondo, studiai il modo in cui il governo tentava di imporre l'inglese come lingua nazionale ufficiale. L'arabo della strada e le lingue tribali degli abitanti del paese venivano stigmatizzati e messi da parte. Naturalmente, i nuovi sudsudanesi opponevano resistenza alla perdita di una cosa basilare e intrinseca al loro stile di vita come la lingua.

Nell'antica Siria, questo nuovo stile di vita, l'arabizzazione, costrinse i cristiani a scendere a patti con la loro nuova condizione di minoranza sotto un governo musulmano. Questo ebbe conseguenze dirette sulla loro posizione nella società. I cristiani siriani cominciarono a disprezzare la parola "minoranza" e si riferivano a se stessi come a una "componente" della società. Razek Siriani, del Center for Arabic Culture, attribuisce questa scelta lessicale a tre fattori: "Primo, sottolineare l'autentica presenza di cristiani nella regione in epoca preislamica; secondo, contestare l'affermazione dei musulmani estremisti secondo i quali i cristiani sono alleati dell'Occidente; e terzo, garantire che lo stato protegga la loro presenza e la loro identità di cittadini della Siria."[19]

Nel XVI secolo, dopo essere passata fra le mani di varie dinastie arabe, seguite dai mongoli e poi dai mamelucchi, la Siria finì sotto il controllo dell'impero ottomano. Come altri governanti musulmani prima di loro, gli ottomani trattarono i cristiani come *Ahl al-Kitab* e garantirono loro grande autonomia, compresa l'istituzione di tribunali separati per le diverse comunità religiose.

I cristiani avevano anche le loro scuole, che per secoli furono considerate centri di formazione d'élite, e tendevano ad avere livelli di istruzione più alti di molti musulmani di pari condizione. Quando le riforme Tanzimat, nel 1839, resero cristiani e musulmani uguali di fronte alla legge, i cristiani approfittarono delle nuove opportunità per entrare nell'amministrazione pubblica, impegnarsi in attività economiche, costruire nuove chiese e altre scuole. Un sistema scolastico cristiano separato, dove si insegnavano francese, geografia, storia e una visione più cosmopolita del mondo, rimase in vigore fino agli anni sessanta del Novecento, quando il partito Ba'th arrivò al potere e cominciò a controllare i programmi delle scuole cristiane. Molte persone che ho conosciuto dicevano che a metà del XX secolo i cristiani potevano assicurare un'istruzione migliore ai propri figli perché avevano tendenzialmente più soldi dei musulmani.

Nel XIX secolo, le riforme Tanzimat e il conseguente miglioramento della condizione sociale dei cristiani non potevano che suscitare risentimento fra molti musulmani ottomani, turbati dalla crescente prosperità e influenza dei cristiani. Ne seguì un'ondata di aggressioni ai cristiani da parte dei musulmani. Nel 1850 Aleppo, patria di gran parte della comunità cristiana siriana, subì violenti scontri: saccheggi, incendi e combattimenti casa per casa culminarono nell'uccisione di circa venti cristiani.[20] Questi disordini, noti eufemisticamente come "Gli Avvenimenti" – *al-hawadith* in arabo – furono l'inizio di una divisione religiosa che negli anni successivi non avrebbe fatto che allargarsi. Un decennio più tardi, a Damasco, un'altra e assai più grave esplosione di violenza e di incendi costò la vita a un numero di cristiani fra i cinque e i diecimila.[21] Oggi gli storici considerano le tensioni create dalle riforme Tanzimat come l'inizio di una serie di turbolenze che hanno contrapposto musulmani e cristiani in Medio Oriente.

Le potenze europee coltivavano la visione orientalista della Siria come "una terra biblica fuori dal tempo" e quindi si sentivano in dovere di proteggere i cristiani della regione.[22] Questo sentimento era particolarmente forte in Francia, paese cattolico con profondi legami nella regione. Arrabbiati per l'apparente passività degli ottomani, i francesi inviarono seimila soldati, insieme a forze navali di parecchi alleati europei, per porre fine alla violenza.[23] Nondimeno, le aggressioni ai cristiani ottomani continuarono. Man mano che la tensione aumentava, i cristiani della Siria cominciarono a ridurre gli scambi commerciali con la loro controparte musulmana e a cercare invece nuove rotte commerciali con l'Occidente, soprattutto l'Europa. La Francia diventò un rifugio per i cristiani della Siria. Oggi a Parigi e nel Sud della Francia vive una comunità di cristiani siriani della diaspora, fra cui parenti e amici della famiglia Assad. Molte chiese cattoliche in Francia ricevono ancora offerte per i cristiani in Siria.

I rapporti fra le due nazioni hanno profonde radici storiche. Dopo la sconfitta dell'impero ottomano nella prima guerra mondiale, la Francia assunse il mandato in Siria e in Libano. Il sistema del mandato era una nuova forma di colonialismo mascherato da protezione paternalistica – l'idea che i siriani sarebbero stati meglio se la Francia li avesse tenuti d'occhio.

I francesi adottarono allora la politica del *divide et impera* e tentarono di dividere la Siria secondo linee etniche e religiose, sostenendo gruppi minoritari e promuovendo la decentralizzazione per minare il crescente nazionalismo arabo.[24] In un primo tempo i francesi pensarono di spezzare il territorio sotto il loro controllo in tre stati – musulmano, cristiano e druso –, ma divisero invece la regione tra la maggioranza cristiana del Libano e la maggioranza musulmana della Siria, una mossa che tanti anni dopo avrebbe contribuito al disfacimento di quest'ultima.[25]

Sotto il governo francese, alcuni cristiani siriani ricevettero un trattamento preferenziale e molti missionari, perlopiù francesi, arrivarono dall'Europa e costruirono scuole, ospedali e chiese.[26] La diffusione della lingua francese era un modo per mantenere la popolazione docile, incoraggiando la lealtà verso la Francia.

Eppure, a dispetto della loro posizione privilegiata sotto il mandato francese, i cristiani della Siria giocarono un ruolo attivo nella lotta per l'indipendenza del paese. Uno dei primi premier dopo il mandato, Fares al-Khoury, era nato in una famiglia greco-ortodossa e si era poi convertito al presbiterianesimo. Nel 1944, quando cominciò il suo incarico di primo ministro, era un ardente nazionalista siriano e molti lo considerano il padrino del pensiero politico laico nella Siria attuale. Laureato all'American University di Beirut, Al-Khoury era un fermo oppositore del panarabismo e della successiva unione tra Siria ed Egitto.

Con altri leader cristiani, Al-Khoury contribuì alla lotta per l'autonomia che riuscì a creare una Siria indipendente nel 1946. Continuò a rappresentare la Siria nel Consiglio di sicurezza dell'ONU nel 1947 e nel 1948, e tornò a essere primo ministro, la più alta carica mai ricoperta da un cristiano siriano, negli anni cinquanta.[27]

Al contrario dei cristiani libanesi, che formavano partiti politici loro, i cristiani siriani tendevano a prendere parte ai movimenti sociali e politici dominati dai musulmani. In cambio della loro piena partecipazione alla società e della loro lealtà verso lo stato, i cristiani si aspettavano di essere trattati come cittadini a tutti gli effetti, alla pari dei musulmani.

La costituzione siriana, scritta durante l'epoca del mandato francese, garantiva uguali diritti a tutti i cittadini, il che per i cristiani rappresentava un cambiamento di condizione – da comunità *dhimmi*, protetta ma di seconda classe, a gruppo con gli stessi diritti, privilegi e doveri degli altri siriani. Di conseguenza i cristiani nella Siria indipendente furono attivamente coinvolti nell'esercito, nel governo, nella società civile, nell'istruzione, nella sanità e nel settore privato.[28]

Per difendere la loro condizione di cittadini uguali, molti cristiani siriani sostennero i movimenti nazionalisti arabi, compreso quello ba'thista, che si basava largamente sul pensiero di Michel Aflaq, un filosofo cristiano greco-ortodosso di Damasco che aveva studiato nell'elitaria Sorbona, a Parigi. Aflaq era convinto che, per raggiungere lo splendore economico e culturale, il mondo arabo dovesse unirsi in un'unica nazione araba laica.

All'inizio, le organizzazioni culturali cristiane diedero un grande contributo a questa rinascita araba. Sostenendo una filosofia politica laica che propugnava l'unità regionale e metteva da parte le differenze religiose e culturali, speravano di porre fine al bagno di sangue che aveva afflitto le comunità cristiane della regione. Le chiese siriane si allinearono. Nei primi anni sessanta il movimento ecumenico spinse per un maggior dialogo fra musulmani e cristiani. Nondimeno, la metà del XX secolo fu un periodo di grande insicurezza e incertezza per i cristiani della Siria. Il tasso di natalità era drammaticamente più basso di quello dei musulmani e una serie di colpi di stato e di violenze intestine tra il 1946 e il 1971, fra cui l'avvento di Hafiz al-Assad, padre dell'attuale presidente Bashar, spinse molti cristiani a lasciare il paese. Ci fu un forte aumento dell'emigrazione verso città di lingua francese, fra cui Montreal. Siccome molti cristiani siriani erano più istruiti grazie alle scuole francesi ed erano più ricchi dei loro concittadini arabi, andarsene nei momenti di turbolenza sembrava un'opzione ragionevole. Ma ciò significava abbandonare radici secolari in Siria, anche se la fuga era diretta alle vaste comunità della diaspora in cui si raggruppavano i cristiani siriani.

Negli anni ottanta, Hafiz al-Assad lanciò un sanguinoso attacco contro i Fratelli Musulmani, un movimento fondato alla fine della seconda guerra mondiale. Banditi nel 1963 dal partito Ba'th, i Fratelli Musulmani svolgevano le loro attività in segreto, giocando un ruolo importante nel dissenso anti-ba'thista. Per un decennio, Hafiz aveva condotto una sanguinosa lotta contro di loro, uccidendone migliaia e spezzando il loro potere. La sua offensiva culminò a febbraio del 1982, quando inviò l'esercito a domare una rivolta dei Fratelli a Hama. Nessuno sa quante persone furono uccise: i dati forniti dal governo parlano di circa un migliaio, ma alcuni giornalisti indicano un numero vicino alle ventimila. Quello che si sa, invece, è che il massacro di Hama instillò nella popolazione siriana una profonda paura. Hafiz aveva fatto ricorso alla forza bruta dello stato, mostrando di non volersi fermare di fronte a nulla pur di soffocare il dissenso.

I Fratelli Musulmani da allora operavano in esilio, ma molte persone con cui ho parlato ricordano bene gli zii, i padri, i fratelli e i cugini gettati in carcere come sospetti, benché fossero innocenti. Alcuni non tornarono mai a casa. Sono stata ospite della famiglia di un uomo di Homs che era stato incarcerato quand'era studente a Hama durante il massacro del 1982. Zoppicava per via dei feroci pestaggi subiti mentre era nelle mani del governo; quando lasciò la stanza, sua madre mi disse che era uscito di prigione, dopo la condanna, completamente trasformato.

Nel suo magistrale romanzo *Elogio dell'odio*, il grande scrittore siriano Khaled Khalifa scrisse di questo periodo: "I cadaveri da una parte e dall'altra cadevano come ciliegie mature; l'atmosfera era opprimente, satura del timore di un caos senza nome." Ambientata in Siria nei primi anni ottanta, l'opera di Khalifa evidenzia il terrore della repressione dell'opposizione politica da parte del regime. Si svolge in gran parte ad Aleppo, vista attraverso gli occhi di una giovane donna confinata nella casa dei suoi nonni durante l'ascesa dei Fratelli Musulmani e la sanguinosa campagna del governo contro di loro. Il libro, pubblicato nel 2006, venne bandito in Siria, ma fu largamente letto altrove, soprattutto in Francia.

Esso dava voce a una popolazione siriana che da decenni era costretta a guardare, senza poter agire, mentre il governo limitava le libertà e uccideva i concittadini. Gli Assad, come Saddam, come Mubarak in Egitto e Gheddafi in Libia, come tanti leader arabi, comandavano attraverso la paura e la coercizione. Al centro di tutto ciò, costretti a schierarsi con una delle due parti, c'erano i cristiani.

Identità in evoluzione

Lo scoppio della guerra nel 2011 portò a un'ascesa dell'Islam politico che non solo rende più pericolosa la vita per i cristiani siriani, ma per alcuni, soprattutto nel nordest del paese, minaccia l'estinzione.

È quello che accadde ai molti armeni di Aleppo con cui avevo parlato, che adesso hanno circa quarant'anni e che sono fuggiti e prima o durante l'ultima guerra. I loro ricordi si concentrano intorno a un'epoca in cui la loro formazione – che si era svolta in armeno, con il francese e poi l'arabo come materie in più – cambiò repentinamente, poiché i ba'thisti cominciarono a imporre i loro funzionari come amministratori nelle scuole private cristiane. Benché tali scuole fossero sempre state aperte agli studenti musulmani che volevano frequentarle e che potevano permettersi la retta, il programma cristiano era indipendente e piuttosto diverso da quello del sistema scolastico musulmano. Quando i ba'thisti presero il potere, le cose cambiarono all'improvviso: adesso tutti gli studi dovevano adeguarsi rigorosamente alla linea del partito.

Thomas Bedrossian, nato ad Aleppo da figli di sopravvissuti al genocidio armeno, lasciò la Siria quando aveva ventisette anni.[29] Adesso fa l'avvocato negli Stati Uniti e ricorda l'ascesa dei Fratelli Musulmani in Siria come un'epoca in cui l'Islam politico se la prese anche con i cristiani. Era troppo giovane per aver assistito all'insurrezione di persona, ma parlava della sua storia: "C'erano molte proteste anti armene, slogan che facevano tremare le strade in cui la gente diceva 'Vi massacreremo'." Uno degli slogan dei Fratelli Musulmani alla lettera significa "Poveri armeni, vi metteremo sotto al coltello".

Ricordando quell'epoca, quando nel 2011 scoppiò l'insurrezione, molti cristiani siriani sostennero il regime, anche se in diversi simpatizzavano con le richieste dei manifestanti. Ma le proteste, iniziate con un appello universale al rispetto dei diritti umani e della dignità, ben presto si tinsero di religione, soprattutto con l'arrivo di jihadisti dall'estero. La conseguenza fu che i cristiani si trovarono al centro di un conflitto sempre più violento. "Ci furono segni di infiltrazione islamica nel movimento rivoluzionario," disse Bedrossian. Ricordava che i cristiani venivano incolpati per il loro sostegno ad Assad, mentre i sostenitori sunniti del presidente erano generalmente perdonati. La fissazione sui cristiani e sugli armeni, disse, non era una coincidenza. "Ben presto diventarono collettivamente e individualmente bersagli di crimini d'odio, uccisioni e sequestri." In particolare la comunità armena, molto unita, era sensibilissima all'aumento dell'intolleranza, dato che nel XX secolo era sfuggita a un genocidio che aveva lasciato cicatrici inguaribili nei loro genitori e nei loro nonni.

Sarkis Balkhian, che lasciò la Siria nel 2005 per frequentare un'università americana – era cresciuto anche lui tra i quartieri armeni di Aleppo, concentrati nelle aree di Aziziye, Suleymaniye, Villat, e Midan, tutte sotto il controllo del governo – ricorda un'epoca di vivacità collettiva, in cui famiglie armene e cristiane si conoscevano e si aiutavano a vicenda. Parlavano le loro lingue ancestrali e tenevano vive le loro tradizioni con cibo, feste e riti.

"Questi quartieri erano principalmente cristiani, ma molto popolati da armeni," disse Balkhian. Tornò in Siria nel 2009; oggi vive a Erevan, la capitale dell'Armenia, e lavora con i rifugiati – perlopiù armeni – fuggiti dalla Siria. Dubita di poter mai ritornare nella natia Aleppo.

Ripensando alla sua infanzia e adolescenza ad Aleppo, Balkhian ricordava un'epoca di segregazione autoimposta. "Frequentavamo pochissimi musulmani. A quei tempi i cristiani non vendevano le case ai musulmani. Oggi è normale." Rammentò di aver preso dei taxi guidati da autisti musulmani che, mentre attraversavano i quartieri cristiani di Aleppo, facevano commenti sprezzanti sulle donne e le ragazze non velate. "C'erano sempre commenti anticristiani e fischi," disse.

Descrisse il quartiere della sua infanzia come "una comunità laica ghettizzata" anche se i suoi parenti, aggiunse, non avrebbero accettato questa definizione. L'identità era importante: molte persone si definivano innanzitutto cristiani armeni, e poi siriani. Questo in gran parte perché lui, come molti altri armeni in tutto il mondo, era cresciuto con i racconti dei nonni scacciati dalle loro case in Turchia, costretti ad abbandonare ogni cosa, in fuga dai massacri degli ottomani e a cercare rifugio ad Aleppo, o ancora oltre, a Deir ez-Zor (la principale città della Siria orientale) e nel deserto.

Come molti armeni sopravvissuti al genocidio, quando gli antenati di Balkhian arrivarono ad Aleppo si sistemarono in quella che sentivano come una casa sicura. "La prima cosa che fanno gli armeni, dappertutto, è costruire una chiesa," disse. Mi fece notare che la più antica fra quelle ancora in piedi ad Aleppo è la cattedrale dei Quaranta Martiri, che ha sei secoli di vita.

Khalil Jouayed, un greco-cattolico melchita fuggito da Aleppo nel 2018, descrisse la comunità cristiana del posto come ricca e variegata, laica ma non completamente separata dai suoi vicini musulmani.

"Negli anni settanta la comunità cristiana era fiorente, se la cavava bene in tutti i sensi: a livello economico e sociale. Non avevano problemi con nessuno. Andavano d'accordo e facevano affari con tutti," disse Jouayed. "Avevamo una grande presenza cristiana ad Aleppo. Direi che almeno il dieci o dodici per cento della città era cristiano: lo si capiva dalle chiese, dai monumenti. Non c'erano obiezioni alla costruzione di chiese o allo svolgimento di cerimonie religiose, come per esempio la Pasqua. Però, la maggior parte di quelli che vendevano pane pasquale era musulmana. Insomma, le comunità cristiane non avevano nessun problema."

Adesso le cose per i cristiani sono cambiate, ad Aleppo e in tutta la Siria. Balkhian stimava che, della sua comunità armena di Aleppo, quasi il settantacinque per cento delle persone se n'era andato. Dopo aver lasciato il posto di associato presso Human Rights Watch a Washington, è stato direttore della Aleppo Compatriotic Charitable Organization a Erevan, dove ha condotto un'inchiesta, prima nel 2018 e poi di nuovo nel 2019, sulle violazioni dei diritti dei lavoratori immigrati. Nell'ambito di questa inchiesta chiese agli armeni in esilio se intendessero tornare in Siria alla fine della guerra. Circa il novantaquattro per cento rispose di no. Balkhian dà la colpa di questo dato preoccupante non solo alla violenza in corso, ma anche alla corruzione dello stato e dell'economia.

"Non riguarda solo i cristiani ma tutti," disse Balkhian, spiegando quanto sia cara la vita in Siria. "Il cambio ufficiale è di cinquecento lire siriane per un dollaro. Realisticamente sono circa tremila." Comperare una forma di pane richiede un sacco di soldi.

Balkhian mi disse che, a parte i soldi, c'erano molte altre ragioni per cui i cristiani non volevano tornare. "Più di qualsiasi distruzione di infrastrutture, più delle uccisioni e degli omicidi a centinaia di migliaia, la tragedia più grande dell'attuale conflitto in Siria è la dissoluzione del tessuto sociale provocata dalla violenza etnica e settaria," disse. "Gli armeni capiscono di non essere più benvenuti, soprattutto a causa del loro sostegno ad Assad."

In tutte le regioni che ho percorso per documentare questa scomparsa delle comunità cristiane, la loro lealtà verso i dittatori – tutt'altro che appassionata, ma nondimeno solida – è emersa spesso. In Iraq, c'è stata la fedeltà a Saddam. In Egitto, a Mubarak. Gli uomini forti sono stati visti come un'alternativa possibile al caos che avrebbero portato l'ISIS, i Fratelli Musulmani o perfino Hamas, che adesso controlla Gaza. Lo stato porta ordine, mi dissero parecchi cristiani siriani. Ubbidire allo stato, ubbidire alla legge.

"Obama ha commesso un errore chiedendo ad Assad di rinunciare al potere," mi disse chiaramente Khalil Jouayed. Non solo il presidente americano non aveva il diritto di interferire nel processo politico di un paese sovrano, ma si trattava di scegliere ciò che era giusto per la Siria. Assad, mi disse – come molti altri cristiani – è il collante che tiene insieme le molte religioni.

La famiglia Assad appartiene alla setta alawita dell'Islam sciita, un piccolo gruppo in confronto ai musulmani sunniti della Siria, che costituiscono circa i tre quarti della popolazione. Siccome gli alawiti sono una piccola minoranza, il regime ha abilmente manipolato le altre minoranze, facendo affidamento su di loro per rafforzare la base del proprio potere. Gli incarichi politici spesso dipendono dalla fedeltà dimostrata al partito e dall'identità di gruppo.

Tanto Hafiz quanto Bashar al-Assad hanno usato le regole sulla libertà religiosa per favorire o reprimere i differenti gruppi e ricavarne vantaggi politici.[30] Benché ai cristiani sia proibito costruire missioni e convertire i musulmani, hanno il diritto di pregare liberamente, purché continuino a sostenere il regime. Nel frattempo, il regime ha imposto maggiori restrizioni alla libertà religiosa dei sunniti, fra cui delle linee guida per la scelta degli imam e limiti alla partecipazione politica.[31] Durante i primi giorni della guerra, nella tarda primavera del 2011, sono andata alla messa della domenica a Damasco e ricordo di aver trovato fra i partecipanti una mentalità da assediati. La maggior parte di loro non voleva parlare di politica con me; i preti che lo fecero erano fermamente pro Assad.

Quando, a partire dal 2011, le piccole differenze nel trattamento dei gruppi religiosi esplosero in violenza settaria, molti cristiani si sentirono intrappolati fra due mali. Soffrirono per i bombardamenti indiscriminati da parte del governo – soprattutto ad Aleppo, che ospita circa il quaranta per cento dei cristiani del paese – ma anche se i danni maggiori degli attacchi aerei russi (e delle illegali *barrel bomb* di Assad) ricaddero nella parte orientale di Aleppo, sui territori controllati dai ribelli, le forze di opposizione colpirono anche la parte occidentale della città, dove viveva la maggior parte dei cristiani. Quando cadono, le bombe non fanno discriminazioni.

All'inizio delle manifestazioni, molte organizzazioni cristiane tentarono di mantenersi neutrali. Invocarono la de-escalation e il dialogo, citando passi della Bibbia sulla pace e la fratellanza. Man mano che la violenza si diffondeva, però, molti cristiani si trasferirono o tornarono nelle abitazioni in zone sotto il controllo del governo, in modo da evitare sia i bombardamenti del governo sia gli attacchi delle milizie dell'opposizione e dei gruppi terroristici.

Il vescovo Antoine Chbeir di Latakia, la zona costiera da cui proviene il clan Assad, è un cattolico maronita originario del Libano. Nel 2020 mi spiegò che i maroniti sono nati nella Siria settentrionale, dove san Marone ha compiuto miracoli nel IV secolo. La diocesi di Chbeir copre quattro province: Homs, Latakia, Tartus e Hama; dei suoi circa quarantamila fedeli, alcuni sono rifugiati maroniti fuggiti dai combattimenti di Aleppo, e molti sono finiti a Tartus, città costiera controllata dal regime che vanta una grossa base navale russa. Secondo la Associated Press, "nel 2017 Mosca ha siglato un patto con il presidente siriano Bashar al-Assad per estendere la concessione di Tartus per quarantanove anni. L'accordo consente alla Russia di mantenere in loco fino a undici navi da guerra, comprese quelle a propulsione nucleare."[32]

Malgrado la guerra e i profughi che lasciavano la Siria, il vescovo Chbeir era ancora convinto, come molti leader religiosi con cui parlai, che solo Assad e il suo regime potevano impedire che il paese, diviso per religioni ed etnie, si spaccasse. "La Siria è una comunità tollerante," disse. "I rapporti fra cristiani e musulmani sono buoni, grazie ai governanti alawiti." Egli lo attribuiva al fatto che gli alawiti "non sono una setta musulmana, ma parte di una comunità musulmana che è stata perseguitata dai sunniti perché considerata eretica," per questo aveva la sensazione che capissero le difficoltà delle minoranze presenti nella regione e volessero proteggerle dalla maggioranza sunnita.

La catastrofe della Siria di oggi, sostenne il vescovo, è l'economia oltre che la guerra, e le sanzioni americane hanno esacerbato la situazione economica. "Adesso la situazione in Siria è catastrofica." Disse che gli Stati Uniti continuavano a fomentare la guerra, ma con le sanzioni anziché con le armi. Le sanzioni, spiegò, avevano "tolto valore agli stipendi dei siriani," vale a dire che molte persone non riuscivano a procurarsi i beni di prima necessità.

Il vescovo Chbeir era convinto che, malgrado la persecuzione dei maroniti e dei cristiani in generale, la chiesa era resiliente e avrebbe finito con il prevalere. "La storia della chiesa è una storia di persecuzioni. Continueremo a combattere," disse. Ma sottolineò che i cristiani, per rimanere in Siria, avevano bisogno di lavoro, di istruzione, di sicurezza e di servizi sanitari. Al momento, in un paese distrutto dalla guerra, queste cose non si trovano da nessuna parte.

Parlare con il vescovo e con altri come lui mi rammentava che la retorica del regime tendeva a definire i gruppi ribelli come islamisti o jihadisti che volevano instaurare la legge della sharia, sottomettere le donne e crocifiggere i non credenti e i non sunniti. L'ascesa dell'ISIS a Raqqa, nel 2014, e le immagini violente che arrivavano da lì – soldati giordani bruciati vivi dentro alle gabbie, donne cristiane e yazide vendute al mercato come bestie per diventare schiave sessuali, bambini costretti ad assistere alle decapitazioni – erano terrificanti e, purtroppo, molto reali.

Ma l'opposizione siriana non era sempre stata composta dall'ISIS. Nel 2011 molte persone si erano ribellate pacificamente, senza armi, manifestando per le strade di Homs e di altre città con la speranza di liberarsi di Assad e di conquistare il diritto alla libertà e alla dignità. Lungo il percorso, l'Esercito siriano libero, che un tempo era la più efficace opposizione armata al regime, era stato sostituito dai più chiassosi e visibili islamisti, assai abili nella comunicazione e nella propaganda. "Adesso sono impazziti," mi disse nel 2021 un alto funzionario del Dipartimento di stato. "La vecchia opposizione non c'è più."

Io vidi i *foreign fighters* e l'ascesa del radicalismo nei primi tempi dei jihadisti, quando superavo i checkpoint al confine turco-siriano. Una delle lingue straniere che sentii sembrava ceceno. A poco a poco i moderati vennero espulsi e i combattenti stranieri arrivarono sempre più numerosi. Il dogma salafita si consolidò. Anche tra i miei amici musulmani di Aleppo qualcuno si fece sempre più radicale. Cominciarono i sequestri di giornalisti e cooperanti e lavorare ad Aleppo ovest divenne impossibile senza la minaccia incombente di essere catturati e venduti da uno dei vari gruppi jihadisti. Questa tendenza culminò ad agosto del 2014 nell'orrenda decapitazione pubblica, a Raqqa, di James Foley e Steven Sotloff, due giornalisti americani. Foley era un ex chierichetto del New Hampshire e Sotloff uno studente di arabo all'inizio della carriera di reporter free lance. In quel periodo la paura si diffuse e aumentò tra le comunità cristiane della Siria.

Dal momento che, storicamente, il regime di Assad aveva cooptato le minoranze religiose a sostegno del suo potere, i cristiani della Siria temevano che i gruppi di opposizione li avrebbero automaticamente associati al regime,[33] e avevano ragione a preoccuparsi. Nell'ambito di una campagna di pulizia etnica e religiosa, gruppi terroristi come Jabhat al-Nusra e ISIS inflissero danni tremendi alle comunità cristiane, distruggendo più di ottanta chiese in tutta la Siria, vendendo le donne cristiane come schiave sessuali e sequestrando importanti arcivescovi e preti.[34]

Un pomeriggio, mentre ero nel Nord dell'Iraq, vidi sullo smartphone l'angosciante video di un "mercato" in cui donne e bambini cristiani e yazidi venivano venduti ai combattenti di più alto grado dell'ISIS. Il video apparteneva a un "soccorritore" yazida che operava, rischiando grosso, per tentare di salvare le donne da Raqqa e riportarle alle loro famiglie.

Non riuscivo a credere che nel XXI secolo si stesse svolgendo un mercato di schiavi. Sembrava grottesco, medievale, selvaggio. Le donne erano giovani – molte in realtà erano ragazze, adolescenti – con lunghi capelli sciolti che arrivavano alla vita. Erano scioccate, impotenti, con le lacrime che scorrevano sulle guance; i combattenti erano più vecchi, barbuti e armati. Quando conduceva un'azione di salvataggio, il soccorritore si fingeva un venditore di spazzole, bussava alla porta delle nuove "abitazioni" delle ragazze quando i combattenti dell'ISIS non c'erano e organizzava la loro fuga verso la sicurezza. A volte ce la facevano, ma spesso no. Quelle che incontrai più tardi a Dahuk, nel Kurdistan iracheno, e che erano sopravvissute alla brutalità, conservavano profonde ferite psicologiche, avendo sopportato la più inimmaginabile delle crudeltà.

Nel 2016, quando l'ISIS era ancora al culmine del successo, trascorsi un periodo presso Yazda, una ONG eccezionale che aiutava le donne, anche yazide, che erano state vendute a Raqqa come oggetti sessuali.[35] Era un posto pulito, quasi allegro; alle pareti c'erano disegni che ragazze e donne salvate avevano fatto per celebrare la loro liberazione dalla prigionia. Rimasi stupita dalla loro resilienza dopo tante sofferenze e dalla loro disponibilità a parlarmi apertamente di quello che avevano vissuto. Una donna che era fuggita ed era riuscita a tornare in Kurdistan e a vivere in sicurezza mi disse di aver pensato più volte al suicidio, piuttosto che lasciare che gli uomini la toccassero.

A differenza di molte altre vittime di stupri sistematici o di violenze sessuali in tempo di guerra, queste donne erano generalmente disponibili a parlare delle loro esperienze. In parte accadeva perché l'emiro yazida, il loro leader spirituale, aveva emanato un editto che ordinava di non svergognarle e di riaccoglierle nella comunità. In tanti anni passati a lavorare con le vittime di stupri nei Balcani, in Africa e in Siria, non avevo mai visto tanta apertura, ed ero convinta che questo avrebbe garantito una migliore guarigione. In Bosnia, decenni dopo la chiusura dei campi di stupro, molte donne, comprese quelle che avevano messo al mondo dei figli a seguito delle violenze subite, trovavano ancora insopportabile rimanere nelle loro comunità o parlare di quello che era accaduto. In Kosovo, dopo la guerra del 1999, dove interi villaggi erano stati usati come fattorie del sesso, le donne non riuscivano a pronunciare la parola "stupro". Mi dicevano piuttosto di essere state "toccate", e che se i loro mariti l'avessero scoperto le avrebbero abbandonate. In Siria, una donna mi raccontò con dolore che il suo psichiatra le aveva consigliato di dirlo al fidanzato. Lei l'aveva fatto e lui l'aveva immediatamente lasciata, dichiarando che era "contaminata".

La violenza dell'ISIS spinse molti cristiani siriani, soprattutto intellettuali e giovani, a lasciare il paese.[36] Ancora una volta è impossibile stabilire delle cifre esatte, ma poco prima della guerra la Siria ospitava circa 1,1 milioni di cristiani su una popolazione di circa 22 milioni di abitanti; nel 2015, circa 700.000 erano fuggiti.[37] Alcuni rapporti indicano che i cristiani fuggiti da Homs siano circa 160.000, e che lì ne siano rimasti sì e no un migliaio.[38]

Ma in tempo di guerra ogni conteggio è destinato a rivelarsi impreciso, per cui queste sono stime approssimative. È provato che i rifugiati cristiani e alawiti spesso non si presentano alle locali agenzie dell'ONU per i rifugiati perché non vogliono essere associati al governo siriano. Quando lavoravo per l'Agenzia dell'ONU per i rifugiati in Iraq, in Giordania, in Turchia e in Egitto, nel 2014, incontrai pochissimi cristiani in fuga. Sembrava che i cristiani che avevano lasciato i villaggi intorno a Mosul quell'anno, scappando dall'ISIS, avessero trovato rifugio presso parenti o altri cristiani che avevano aperto loro la propria casa. Di conseguenza, il numero dei rifugiati cristiani è spesso sottostimato. Tuttavia, è chiaro che il numero di cristiani rimasti nel paese è molto scarso e che, rispetto a prima della guerra, si è verificata una drastica diminuzione.

Esodo

Alla fine del 2019 la comunità cristiana della Siria si era dispersa in varie parti del mondo, fuggendo dalla guerra che aveva lasciato il loro paese in frantumi. Nell'estate del 2020 entrò in vigore il Caesar Syria Civilian Protection Act, la legge americana che accusava il governo siriano di crimini di guerra.[39] Il nome della legge ricordava un fotografo militare siriano noto al pubblico solo con il suo nome in codice, Caesar, che aveva condiviso migliaia di fotografie che documentavano orrende torture nelle prigioni e negli ospedali militari di Assad. Aveva mandato copie delle foto, che ritraevano cadaveri mutilati e bruciati, a un gruppo di opposizione siriano, che a sua volta le aveva condivise con Human Rights Watch nell'agosto del 2013. In seguito, Caesar era scappato dal paese. Il Caesar Act, promulgato nell'agosto del 2019, fu il tentativo americano – un po' tardivo, a mio modo di vedere – di chiedere conto al regime delle sue atrocità.[40]

Ma non poteva arrivare in un momento peggiore. Nel pieno della pandemia da Covid-19, dal punto di vista economico, la Siria era in caduta libera. La gente comune non riusciva a sopravvivere. A marzo del 2011, un dipendente statale in Siria era pagato l'equivalente di 200 dollari al mese; a causa del collasso del valore della moneta, quel salario oggi equivale più o meno a 15-20 dollari al mese. Basta a malapena per i generi di primissima necessità.[41]

Sona Tatoyan, figlia di siriani armeni che vivono negli Stati Uniti, definì barbare le sanzioni del Caesar Act. "La gente muore di fame. Negli ospedali mancano le medicine," disse. "Quello che succede adesso colpisce più la popolazione siriana che il governo. La gente al governo riuscirà a mangiare comunque."

La dottoressa Annie Sparrow, assistente al corso di sanità globale presso l'Icahn School of Medicine al Mount Sinai di New York, nel 2018 scriveva sulla rivista *Foreign Affairs*; secondo lei il regime si era trasformato in un'economia di guerra, una macchina di morte che massacrava il proprio stesso popolo e che per farlo usava proprio i fondi destinati agli aiuti umanitari. Sparrow, che trascorse gran parte della guerra a lottare per la giustizia in Siria, sosteneva che il regime aveva usato la maggior parte dei 30 miliardi di dollari ricevuti come aiuti umanitari internazionali per aggirare le sanzioni e finanziare lo sforzo bellico.[42]

Per i cristiani della Siria l'estate del 2018 fu un periodo di resa dei conti. Chi se n'era andato, come Khalil Jouayed, il greco-cattolico melchita di Aleppo, era convinto di aver fatto la cosa giusta nel sostenere Assad, che garantiva alla comunità cristiana struttura e continuità. Jouayed lasciò Aleppo con sua moglie e i loro due figli nel 2018, diretto a Los Angeles, dove aveva frequentato la University of California anni prima, nell'ambito dei suoi studi all'università di Ginevra. Emigrò dopo aver vissuto i peggiori orrori della guerra. La sua voce era piena di emozione, piena del rimpianto per aver vissuto tanta violenza solo per andarsene prima della fine.

A Los Angeles, con la moglie, i due figli e la famiglia allargata nelle vicinanze, Jouayed sentiva ancora il dolore dell'esilio, dell'essere sradicato da tutto ciò che aveva conosciuto. Benché fosse un economista e un esperto di management, nell'Aleppo in guerra aveva dedicato la maggior parte del proprio tempo a lavorare per un'agenzia di soccorso gesuita in città e a coordinare gli aiuti umanitari nel suo quartiere.

Era nato ad Aleppo, aveva studiato lì, e faceva parte di un'antica e orgogliosa comunità cristiana. Le sue radici familiari ad Aleppo sono profonde: la famiglia di sua madre era arrivata in Siria durante il genocidio armeno del 1914; quella di suo padre è fatta di veri aleppini, che possono ricostruire la loro storia fino alla comunità greco-cattolica melchita del XVII secolo. Jouayed pensava che di questa comunità, che prima della guerra ne contava 160.000, non rimanessero più di 5000 persone.

Gli armeni di Aleppo hanno sofferto una ferita particolarmente dolorosa. Fuggire da una guerra brutale nel XXI secolo ha riportato alla memoria il trauma transgenerazionale del genocidio del loro popolo. "Aleppo è la nostra patria da secoli, per noi è stata un rifugio durante il genocidio armeno, un luogo dove cent'anni fa abbiamo potuto ricostruire la nostra vita," disse Sona Tatoyan, che ha forti radici ad Aleppo e lavora come artista multidisciplinare, attrice, scrittrice, produttrice e attivista.

La sua è una storia di vagabondaggio del nostro tempo. Entrambi i suoi genitori crebbero ad Aleppo, dove suo padre era arrivato da Damasco a soli sei mesi di vita. Quando venne negli Stati Uniti per studiare medicina, i nonni di Sona combinarono il matrimonio dei suoi genitori durante un raduno della comunità armena a New York. I suoi genitori si sposarono due settimane dopo essersi conosciuti al John F. Kennedy International Airport; Sona fu la prima dei loro quattro figli. "Sono cresciuta perlopiù in una sorta di limbo," rifletté. Era nata a Baltimora e la famiglia si era trasferita in Alabama quand'era una bambina; poi erano andati in Indiana, a Los Angeles, in North Carolina e a New York. Ma passò quasi tutte le estati della sua infanzia ad Aleppo. Venne battezzata lì a nove mesi. Nella sua vita turbolenta, ha sempre considerato la Siria come casa propria.

"Sono stata molto nomade," disse, "ma in tutta la mia vita, la casa di famiglia ad Aleppo è stata una costante, la casa dov'è nata mia madre." In quel posto c'era sempre una sensazione di permanenza e di continuità, disse. "C'era un vero senso di radicamento, delle vere radici. È molto duro veder sparire tutto questo."

Il ramo di Aleppo della famiglia di Tatoyan è stato distrutto dalla guerra. "Mia zia e i miei zii materni se ne sono andati tardi, nell'estate del 2012," raccontò. "Ma mia nonna si è rifiutata di partire. Diceva: 'Qui è dove ho seppellito mio marito e due dei miei figli. È questa la mia casa.'"

Sua nonna rimase ad Aleppo e morì da sola, in circostanze oscure, alla fine del 2012. È difficile per Tatoyan non fare un parallelismo fra la guerra in Siria e la purga degli armeni operata dai turchi nel 1915. Essere di nuovo sradicati le sembrava "un brutto scherzo della storia", disse.

Quando tornò ad Aleppo, di recente, descrisse i danni come una specie di apocalisse. "La prima volta che l'ho attraversata, ho avuto un attacco di panico. Mi sentivo sul set di uno strano film hollywoodiano. Questo ti fa capire quanto sia strana la nostra cultura. L'ultima volta che ero stata lì, prima della guerra, Aleppo era stata splendidamente restaurata ed era un luogo antico, seppure molto diverso da quello che ricordavo da bambina. Sono tornata otto anni dopo: ero davanti al negozio dove una volta avevo comperato dei gioielli, ma il negozio non c'era più. Era incredibile."

Khalil Jouayed è nato nel 1963 ad al-Mohafaza, un quartiere di Aleppo a maggioranza musulmana. Nel suo palazzo vivevano otto famiglie musulmane e tre cristiane, e non ricorda problemi con i vicini musulmani. Durante gli anni settanta, quando Hafiz al-Assad era al potere, Jouayed era uno scolaretto. Ricordava: "Era una situazione normale, si stava molto bene economicamente. Non avevamo problemi settari di nessun tipo. Ma lo sai: come molti paesi del Medio Oriente avevamo un uomo solo al governo. Tutto dipendeva da lui. Certo, se non si sfidava il regime non si avevano problemi, e le comunità cristiane non ne hanno mai avuti." Sotto Hafiz, negli anni settanta, le comunità cristiane fiorirono. L'unico problema che Jouayed ricordava era il servizio militare obbligatorio che, a suo dire, i cristiani tentavano di evitare.

Parecchi armeni di Aleppo mi dissero che, a parte l'accento, non si sentivano diversi dai loro vicini musulmani. "Non ho imparato a parlare arabo fino ai tredici anni," mi aveva detto Sarkis Balkhian. Lui e la maggior parte dei suoi amici parlavano armeno in casa e nelle loro scuole, con il francese come seconda lingua. A scuola studiavano la storia armena.

Eppure, erano ferocemente fedeli alla Siria. A Jouayed si inumidirono gli occhi mentre rievocava per me la sua decisione di partire. Nei nove anni in cui ho lavorato come giornalista sul conflitto in Siria, ho sempre chiesto alle persone come aveva avuto inizio la guerra secondo loro. L'interpretazione di Jouayed era che fosse cominciata a Damasco, nel marzo del 2011, quando un gruppo di commercianti nel suq di Al-Hamidiyah, un mercato nel centro di Damasco, "ha piantato i primi semi della rivolta dichiarando che la gente volesse dei cambiamenti da parte del regime di Assad, che volesse la libertà." Quella protesta si allargò "e a poco a poco, con l'intervento straniero, abbiamo assistito a una rivolta armata contro Assad."

Nel luglio del 2012 Jouayed si svegliò e trovò Aleppo, la sua città, divisa in due fra i ribelli e le forze fedeli ad Assad. Poco dopo venne a mancare l'acqua. Sua moglie andò sul tetto, dove c'erano due cisterne di acqua di riserva. Erano vuote. Jouayed prese la macchina, andò in un parco vicino e vide lunghe file di persone che aspettavano di riempire le taniche a un pozzo.

"Ho dovuto aspettare ore," disse. "Alla fine ne ho presa un po'. L'ho portata a casa, l'ho fatta bollire e ho aggiunto dell'aceto." Dopodiché, la gente cominciò a vendere acqua. Andò avanti così per cinque anni, insieme a gravi carenze di elettricità, cibo e carburante.

Intanto una nuova classe di persone emergeva ad Aleppo: i contrabbandieri. Le industrie di Jouayed rimasero chiuse e sua moglie cominciò a preoccuparsi per l'istruzione futura dei loro figli. Poi in città entrarono gli islamisti. Jouayed fu scioccato quando venne a sapere che nei pressi di Idlib due preti erano stati uccisi; neanche i religiosi erano al sicuro. A cinquantacinque anni di età decise di partire per la California. "Sono rimasti solo gli anziani," disse parlando del quartiere armeno.

Jouayed non sapeva dire con certezza chi avesse vinto la guerra. Assad controllava la maggior parte del territorio, ma lui disse che più della metà dei compagni di classe dei suoi figli e dei loro genitori era fuggita dalla Siria per andare in Canada. Assad avrà anche trionfato sul piano militare, ma intanto ha perso il paese e la sua gente.

Jouayed fece una pausa e pensò a quanto era successo al suo paese. "È interessante," disse. Ricordava il giorno dell'aprile 2003 in cui i soldati americani erano entrati in Iraq. Era disteso su un divano nella sua casa di Aleppo e ascoltava il World Service della BBC. Ricordava di aver pensato: questa è la fine dei rapporti fra cristiani e musulmani.

Jouayed non era sicuro che la democrazia occidentale potesse funzionare in Siria, ed era convinto che in Iraq il presidente George W. Bush e i suoi compari avessero fatto le scelte sbagliate, e che anche il presidente Barack Obama, con i suoi incerti tentativi di rovesciare Assad, avesse sbagliato. Sperava che il territorio del suo paese non venisse diviso in zone di influenza sotto diverse potenze straniere e pregava che i siriani riuscissero "a vivere in pace, e che lo stato siriano tornasse alle sue radici siriane e risolvesse i problemi interni."

"In quanto cristiani," mi disse Jouayed, "io sono convinto che siamo *le sel de la terre*, il sale della terra, come ha detto Gesù; se ci riduciamo a poche centinaia di cristiani, smettiamo di esserlo. Spero che ci riprenderemo. Senza il Cristianesimo orientale..." fece una pausa e si commosse. "Molte persone qui," e intendeva a Los Angeles, "hanno un piede qui e uno là. Ma io… io non romperò mai i legami con la Siria, con Aleppo, con la mia patria. Io sono innanzitutto siriano." Adesso piangeva davvero e non tentò nemmeno di fermare le lacrime. "Sempre."

Su quanto sarebbe accaduto ai cristiani una volta finita la guerra, non aveva una buona risposta. Se avessero prevalso i jihadisti – il che, osservai, era improbabile, dato che Assad aveva riconquistato quasi tutto il territorio – pensava che le fazioni radicali come Jabhat al-Nusra e Hay'at Tahrir al-Sham avrebbero provocato "massacri, addirittura genocidi". "Mettiamo che gli islamisti prendano il potere democraticamente," disse con amarezza. "Gli islamisti, una volta che hanno preso il potere, non credono nella democrazia. Per loro la sharia e il Corano sono le uniche leggi…" si interruppe. "Di fronte a due opzioni cattive, si sceglie la meno peggio."

"La speranza migliore perché la Siria superi questa brutta guerra è che sia uno stato laico," concluse.

Sarkis Balkhian, che lavora con i rifugiati armeni della Siria, a Erevan, pensava che l'antica Aleppo, simbolo della Siria sfaccettata, non sarebbe mai più tornata. Nel 2012, molti membri della comunità riempirono piccole valigie, presero i loro bambini e guidarono da Aleppo verso la Turchia e la Georgia, per raggiungere finalmente l'Armenia, pensando che sarebbero rimasti via solo per l'estate. Ma poi sorsero i checkpoint. La situazione ad Aleppo peggiorò. Cominciarono i sequestri degli armeni locali. La gente moriva per i bombardamenti arbitrari che le forze ribelli conducevano nei quartieri controllati dal regime dove loro avevano vissuto. Sei mesi di esilio diventarono sei anni e più. Balkhian pensava che i rifugiati siriani in Libano sarebbero potuti tornare se la situazione in Libano fosse ancora peggiorata, ma dubitava che chi era andato più lontano – in Svezia, negli Stati Uniti, in Canada – sarebbe mai tornato nell'antica città. "Sono successe troppe cose," disse.

Pur avendo trascorso la maggior parte della propria infanzia ad Aleppo, Balkhian disse che non voleva vivere in una comunità armena ghettizzata in un paese musulmano. La Siria prima del conflitto era molto più progressista e laica dei paesi del Golfo, ma era pur sempre un paese musulmano, con tutte le difficoltà che per le minoranze religiose questo comporta. Eppure, come Jouayed, Balkhian era convinto che l'invasione dell'Iraq aveva cambiato le dinamiche della regione. Altri rifugiati iracheni si erano riversati in Siria e "lo stesso Assad stava radicalizzando i musulmani per mandarli a combattere gli americani in Iraq". Considerava impossibile l'idea di tornare a vivere in Siria.

Parlammo per un po' del paese in cui era nato e cresciuto, dei cambiamenti irrevocabili, della demografia e delle divisioni settarie. Era convinto che nel breve periodo la comunità armena avrebbe resistito, a dispetto delle recenti difficoltà economiche che l'avevano colpita, ma a lungo termine le sue previsioni per i cristiani erano cupe. “Sono convinto che scompariranno,” disse. “Stanno già scomparendo.” Fece una pausa. “Non solo in Siria, ma in tutta la regione.”

Crescendo, Thomas Bedrossian, l’ex giornalista diventato avvocato, in quanto armeno e cristiano si era sempre sentito diverso dalla maggioranza della popolazione. Quando lasciò la Siria nel 2012, all’inizio della guerra, la violenza non l’aveva ancora raggiunto. Non aveva “visto neanche una finestra rotta a causa di una vera bomba,” disse. Eppure, sapeva che stava per arrivare qualcosa di brutto.

Quando gli chiesi di immaginare un futuro per la Siria, fece una pausa. “È spaventoso, non voglio nemmeno pensarci,” disse. “Sostanzialmente ci sono due possibilità. Una è che diventi più sunnita, quindi meno varia e meno indipendente, un semplice fantasma del suo passato.” L’altra possibilità, disse, è che Assad si accanisca sui sunniti, premessa sicura per un’altra insurrezione – qualcosa di simile all’Iraq, dove la guerra continuerà per sempre.

Assad verrà mai processato per i suoi crimini? Bedrossian rise. “E come? La Siria dovrebbe consegnarlo alla Corte penale internazionale: non succederà mai. Assad è il capo dello stato in un sistema presidenziale, se non addirittura semi monarchico. È improbabile che la Siria consegni i propri dirigenti a un tribunale straniero perché siano processati, figuriamoci un presidente in carica,” spiegò.

Rimase in silenzio un istante. "Non succederà mai perché Assad è la Siria." Fece una pausa e poi lo ripeté: "Assad è la Siria."

Sona Tatoyan è stufa di sentir parlare della Siria in termini binari. Il conflitto è molto più complesso e sfumato di una semplice storia di ribelli contro il governo. Dal suo punto di vista la narrazione occidentale, molto condivisa, sulla Siria di oggi è fondata su metafore riduttive e offensive. "Non ci sono i buoni," dichiara con enfasi. "Chiunque tenti di trasformare qualcosa nel male assoluto rende un cattivo servizio al popolo siriano."

"È molto più facile abbattere e distruggere," aggiunse, "ma come si fa a ricostruire? Ci vuole un piano per il dopo."

4. Egitto
dicembre 2019-gennaio 2020

Non aveva proprio l'aria di un luogo di culto.

Su una via secondaria vicino a Hassan Basha, un remoto villaggio nel governatorato di Minya, nell'Alto Egitto, le porte del piccolo edificio di cemento erano chiuse e sbarrate. Assomigliava a una casa abbandonata, tranne che per la targa scritta in arabo e in inglese: *Assemblea della Chiesa di Dio.* La via era polverosa. C'erano degli asini che tiravano qualche carretto carico di verdure, ma per il resto la strada era vuota.

Ero stata accompagnata all'ingresso da un uomo di nome Zaki Abdullah, che avevo già incontrato quello stesso giorno, uno dei capi della comunità cristiana di questo piccolo villaggio. Trafficò con la chiave e con la pesante catena e finalmente aprì la porta. L'interno era sporco e freddo; c'era un piccolo altare, qualche sedia pieghevole e delle panche sparse. Sembrava che non venisse usato da mesi.

"Non è facile tenerlo in ordine," disse Abdullah. "Ma niente è facile per un cristiano in Egitto."

Questo è vero soprattutto a Minya, capitale del governatorato, a circa quattro ore di macchina a sud del Cairo, seguendo il Nilo. I cristiani costituiscono, si stima, il trentatré per cento della popolazione del governatorato – cifra che è anche la massima concentrazione di cristiani tra tutti i ventisette governatorati d'Egitto – e spesso sono presi di mira per la loro fede.[1] Le discriminazioni contro i cristiani assumono molte forme. Sovente viene impedito loro di avere un luogo di culto, e i fedeli sono spesso aggrediti o bombardati direttamente.

Nel maggio del 2017 dei killer mascherati aggredirono alcuni pellegrini copti in un convoglio di autobus diretto al monastero di San Samuele il Confessore, nelle vicinanze di Minya. Almeno ventotto persone rimasero uccise. Un mese prima, all'inizio del periodo quaresimale, che precede la Pasqua, centinaia di cristiani furono costretti a fuggire dalle loro case nel Sinai settentrionale in seguito a un editto dell'ISIS che proibiva la celebrazione della Pasqua. I cristiani si dispersero, ma inutilmente: la Domenica delle Palme, l'ISIS bombardò due chiese in altre zone del paese, uccidendo quarantacinque persone e ferendone centoventicinque, più che altro per simboleggiare il suo potere.[2]

"Un attentato è sempre un messaggio in codice ai cristiani di tutto l'Egitto," mi disse un giovane fedele: "Non siete benvoluti, qui."

Circa un anno e mezzo dopo il primo attacco agli autobus, a novembre del 2018, i miliziani dell'ISIS attaccarono un altro convoglio di autobus diretto a San Samuele – sulla stessa strada, in effetti, del primo attentato. Minya è il governatorato più colpito, il posto dove i cristiani si sentono più minacciati. Stavolta i killer uccisero otto persone e ne ferirono più di tredici, tutte copte.[3]

L'elenco è troppo lungo, una sequela di violenze e uccisioni, alcune avvenute mentre mi trovavo in Egitto a dicembre 2019 e gennaio 2020: un sanguinoso catalogo di attentati, sequestri e incendi di case e chiese. Nei decenni da che frequento l'Egitto, durante i regni di Hosni Mubarak, di Mohamed Morsi dei Fratelli Musulmani e, adesso, del generale Abdel Fattah al-Sisi, ho sempre cercato i cristiani. Volevo sapere come vivevano, essendo una minoranza in un paese autoritario con disordini politici così frequenti e così visibili.

Nel corso degli anni, tutti i cristiani con cui ho parlato avevano qualche sinistro incidente da raccontare, qualcosa che era capitato a un famigliare o a una persona del loro villaggio o della loro parrocchia. Mi dissero che nessuno, in quella comunità cristiana, era escluso dalla persecuzione. Non è solo il fondamentalismo islamico a prendersela con loro. Abdullah mi disse che la persecuzione sociale a volte è molto più dannosa degli attentati. È il senso costante di alienazione e inferiorità, sono le leggi e i divieti.

"A volte non si tratta nemmeno di aggressioni dirette. Non hanno bisogno di tirarti una bomba. Riescono a farti sentire che appartieni a una casta inferiore." Abdullah disse di ricordarselo fin dalla prima infanzia: gli insulti, la sensazione di essere diverso. Una donna mi disse che aveva sempre l'impressione che la gente la guardasse "come se fosse vestita strana".

L'Egitto contiene la più grande popolazione cristiana del Medio Oriente e fino al XIV secolo è stato un paese a maggioranza cristiana. La comunità cristiana d'Egitto costituisce circa il dieci per cento della popolazione;[4] la componente più numerosa è quella della Chiesa copta, ma ci sono anche battisti evangelici, cattolici, presbiteriani, greco-ortodossi e altre denominazioni. Le stime più attendibili indicano che in Egitto vive un numero di copti fra i sei e i dieci milioni. È difficile però stabilire le cifre reali: il censimento più recente risale agli anni sessanta e il governo di Al-Sisi, che è al potere dal 2013 dopo un colpo di stato, è restio a incoraggiare il settarismo dividendo la popolazione in base alla religione. Al-Sisi ha già abbastanza problemi a imporre il proprio governo autoritario; ha incarcerato giornalisti, attivisti e avvocati per i diritti umani nel tentativo di instillare sicurezza e, come dice, sradicare i Fratelli Musulmani.

I Fratelli Musulmani sono l'organizzazione islamista più antica, più grande e più influente in Egitto. Fondata nel 1928, ha prodotto germogli in gran parte del mondo arabo. Da tempo ha una solida base di sostenitori fra le classi lavoratrici, grazie all'opposizione organizzata all'occupazione britannica – e soprattutto al fatto che fornisce servizi sociali che lo stato non è riuscito a garantire. Dopo decenni di repressione statale, i Fratelli Musulmani raggiunsero il culmine dell'importanza nel 2011, dopo le manifestazioni di piazza Tahrir e la successiva estromissione di Hosni Mubarak: l'anno successivo Mohamed Morsi, importante esponente dei Fratelli Musulmani, fu democraticamente eletto presidente.

Dopo il colpo di stato militare che nel 2013 rovesciò il governo Morsi e portò al potere Al-Sisi, il governo bandì i Fratelli Musulmani, dichiarandoli terroristi. (Morsi morì in carcere nel giugno del 2019.) I Fratelli restano un'importante presenza nel paese, insieme ad altri gruppi più estremisti, come l'ISIS nel Sinai.

L'ostilità verso i cristiani è periodicamente esplosa in mortali aggressioni settarie da parte della folla, fra cui più di una dozzina durante l'epoca di Hosni Mubarak (1981-2011). Benché Al-Sisi, che era il direttore dell'intelligence militare sotto Mubarak, nonché ministro della difesa per Mohamed Morsi, avesse garantito di proteggere i cristiani, di fronte a queste aggressioni c'è una radicata negligenza, se non addirittura complicità, da parte del governo. Inoltre, alle vittime è stata spesso negata giustizia in tribunale.

Negli anni successivi alla Primavera araba le aggressioni ai copti sono diventate più frequenti, spesso provocate dall'impressione che la comunità si sia schierata con il governo. Il papa della comunità copta, Tawadros II, ha dichiarato che nell'agosto del 2013, in tutto il paese, sono state danneggiate o distrutte più di quaranta chiese.[5] L'esercito si è rifiutato di proteggere le chiese prima o durante gli attacchi, largamente previsti, e non ha messo gli aggressori di fronte alle loro responsabilità.

Bisogna tuttavia relativizzare: in termini di sofferenza, i cristiani in Egitto non si trovano nella stessa posizione di altri cristiani in Medio Oriente. Nel complesso sono "discriminati, più che perseguitati", per citare un funzionario del Dipartimento di stato americano. Non sono a rischio di estinzione, come i caldei o gli assiri in Iraq.

Tuttavia, le minacce alla loro vita sono molto reali. L'ISIS ha portato un nuovo pericolo per i cristiani d'Egitto quando i suoi fedeli hanno commesso omicidi o attentati suicidi nella penisola del Sinai e nel resto del paese. Nel 2017 la ONG Open Doors ha contato un totale di centoventotto cristiani uccisi in Egitto a causa della loro fede, e ha parlato di una "persecuzione senza precedenti".

Più di recente, l'ISIS è stato sconfitto in Egitto, eppure resta una minaccia e una fonte di ansia per la comunità cristiana, che soffre quotidianamente anche per altre forme di discriminazione istituzionali e generazionali. A dispetto dell'impegno di Al-Sisi a proteggere i cristiani, i suoi rapporti con i cristiani sono complicati. Durante le vacanze di Natale, il governo ha insistito per avvolgere le chiese del Cairo in enormi bandiere egiziane rosse, bianche e nere, come se fossero giganteschi regali di Natale, con i soldati a pattugliarle dall'esterno. Questo da un lato rappresentava una specie di persecuzione, ma i fedeli nel ricco quartiere cairota di Eliopoli mi hanno detto che la consideravano piuttosto una specie di minaccia: siete prima egiziani, poi cristiani.

"Siamo in pericolo. In quanto minoranza, abbiamo bisogno di protezione," ha detto Kamel Zakher, che possiede un'azienda di import-export al centro del Cairo e scrive sulla difficile situazione dei cristiani. Ci siamo messi a sedere nel suo ufficio, le finestre aperte sulla cacofonia della vita di strada mediorientale: i clacson di macchine e autobus, le grida dei venditori, la musica che esce dalle radioline. Il suo ufficio al secondo piano era scialbo, con un crocifisso su una parete e un ritratto della Vergine Maria su un'altra. Ha aperto uno dei suoi libri sulla storia dei cristiani in Egitto.

"Se questa comunità crolla, l'Egitto intero è destinato a crollare," ha detto. "I cristiani sono parte dell'Egitto, sono antichi quanto il paese. Se si tocca un egiziano qualsiasi, si tocca un cristiano. I cristiani, prima di essere cristiani, sono soprattutto egiziani."

Mi ha raccontato della sua educazione laica e ha detto che la differenza tra i cristiani in Egitto e nel resto del Medio Oriente è che al Cairo cristiani e musulmani tendono a vivere insieme negli stessi quartieri. A volte hanno addirittura condiviso gli stessi appartamenti.

"Mi ricordo che negli anni settanta condividevamo un grande appartamento con una famiglia musulmana. Loro avevano una porta, noi l'altra, ma a ogni piano c'era una famiglia simile, che condivideva. Questo è cambiato." Negli anni di Nasser molti cristiani fuggirono, cominciò un esodo che teme stia continuando oggi.

Poi, approfondì la complicata posizione dei cristiani rispetto al governo egiziano e ai gruppi islamici. A dispetto dei loro antichi legami con il paese, i cristiani d'Egitto sono stati ridotti a pedine – agnelli sacrificali, in un certo senso – nella lotta fra Al-Sisi e i gruppi estremisti. Questi gruppi tentano di farsi beffe delle affermazioni di Al-Sisi, secondo cui starebbe portando pace e sicurezza nel paese. Zakher pensa che i Fratelli Musulmani e altri gruppi islamisti vogliano tornare, e che stiano usando i cristiani per "irritare il governo".

Gli attentati alle chiese e le conseguenti immagini di persecuzioni di cristiani nei media, mi disse Zakher, erano un modo per mostrare l'impotenza di Al-Sisi di fronte agli estremisti.

"Il messaggio all'Unione Europea e agli Stati Uniti è chiaro: il governo egiziano è impotente." Siccome la legittimità di Al-Sisi si basa sulla sua pretesa di garantire pace, sicurezza e stabilità, l'odio del presidente è assicurato.

Tuttavia, mi disse Zakher, chi sosterranno i cristiani tra Al-Sisi e i Fratelli non è scontato. "Siamo in pericolo," disse semplicemente, il che vuol dire schierarsi con chi può garantire maggiore protezione. Anche Begemy Nasim Nasr, il sacerdote della chiesa di Santa Maria a Minya, è giunto a una conclusione simile. "Lo Stato Islamico ha più volte promesso che punirà i cristiani d'Egitto per il loro sostegno al presidente Abdel-Fattah al-Sisi," ha dichiarato al *Guardian* nel 2018. "Vogliono mettere in imbarazzo Al-Sisi e dimostrare che lo stato non è in grado di proteggere i copti."

Le azioni di Al-Sisi e la problematica situazione della sicurezza hanno spinto molte persone con cui ho parlato a esprimere sentimenti contrastanti sul modo in cui era gestito il governo. Alcuni avevano l'impressione che le azioni più estreme di Al-Sisi fossero giustificate dalla condizione del paese e avevano fiducia nelle sue dichiarazioni in difesa dei cristiani.

"Ha promesso di occuparsi di noi," mi ha detto un'infermiera in pensione con voce rassegnata quando sono andata a casa sua, nei pressi di Eliopoli. "E sta combattendo il terrorismo."

Tuttavia, dal punto di vista giudiziario e sociale i cristiani d'Egitto restano cittadini di serie B. "Non possiamo arrivare a posizioni di potere," ha aggiunto l'infermiera. "Non ci sono cristiani fra gli alti gradi dell'esercito."

L'ex presidente egiziano Mubarak, un musulmano che ha governato dal 1981 al 2011, aveva un rapporto molto stretto con Shenuda III, che è stato il papa copto dal 1971 al 2012. In cambio del proprio sostegno, Shenuda aveva accesso al potere; Mubarak, dal canto suo, era praticamente sicuro del sostegno dei quasi otto milioni di copti egiziani.

Al-Sisi, conoscendo bene l'importanza del voto cristiano – al Cairo molti cristiani non sono solo ricchi, ma appartengono all'élite colta – ha promesso di proteggere le minoranze in genere. Ha cambiato la legge elettorale per consentire l'accesso in parlamento di un maggior numero di cristiani e ha allentato le restrizioni sulla costruzione di nuove chiese e sulla ristrutturazione di quelle vecchie. La nuova costituzione egiziana garantisce ai non-musulmani (*in primis* cristiani ed ebrei) maggiore autonomia nello stabilire le loro leggi civili e religiose, cosa che consente loro di basarsi sui principi delle loro religioni anziché sulla sharia.

Tuttavia, resta una vera spaccatura fra quello che il governo dice e quello che i leader delle comunità locali effettivamente fanno.

Nelle zone rurali, come a Minya, i consigli locali, capeggiati dagli anziani, spesso si riuniscono per dirimere dispute sui terreni o piccoli litigi. È un sistema di giustizia tradizionale in uso da secoli: si chiama *Qa'ada Arab*, che alla lettera vuol dire "uomini seduti". Il problema è che quando un cristiano è in conflitto con un musulmano, il sistema porta a risultati ingiusti. Gli anziani, che sono musulmani, inevitabilmente prendono le parti del musulmano.

"Ci sono sempre ingiustizie; un musulmano viene sempre trattato meglio," mi ha raccontato Abdullah.

Sono andata a pranzo da una famiglia musulmana nel villaggio di Wasif, a Minya. Ero insieme alla madrina di mio figlio nonché una delle mie più care amiche, Mariann Wenckheim, un'imprenditrice viennese animata da una profonda spiritualità. Ci abbiamo messo ore per arrivare, viaggiando in auto su stradine serpeggianti dove la maggior parte del traffico era costituita da carretti trainati da asini. Il mio ospite era un giovane – lo chiamerò Abubakar per proteggere la sua identità – un impiegato del Cairo tornato a casa per le vacanze. Ha detto di essere cresciuto assistendo continuamente alle ingiustizie nei confronti dei cristiani, e altri membri della famiglia si definivano "musulmani che hanno sempre aiutato i cristiani".

Quella di Abubakar non è una famiglia ricca. La loro casa è a un piano, con due stanze: una sala davanti – con i materassi su cui dormono arrotolati e ammucchiati da una parte contro la parete di cemento – e, sul retro, una cucina con una stufa a gas. La porta e le finestre erano aperte al vento di dicembre. Sedevamo a terra, su cuscini duri, mentre la madre e le sorelle di Abubakar preparavano un pranzo che mi vergognavo di mangiare; dovevano aver speso la maggior parte dei loro guadagni settimanali per comperare pollo, fagioli, verdure e pane. Fuori passeggiavano mucche e anatre; al centro del villaggio c'era un canale sporco dove tutti andavano a buttare la spazzatura; le mosche, anche in inverno, ci svolazzavano tutt'intorno e ci si posavano sulla faccia mentre mangiavamo.

"Scacciarle non ha senso," diceva Abubakar ridendo verso di me.

Era orgoglioso di servirci il pasto preparato da sua madre, ma lei e le sorelle, dopo aver portato i vassoi di cibo e averli posati al centro della stanza, declinarono l'invito a mangiare con noi.

"La gente nei villaggi piccoli come questo, posti così lontani dal Cairo, non ama chi è diverso," spiegava Abubakar passando il vassoio con il pane. "La mia scuola era molto lontana da qui, ma io volevo andarci, volevo avere un'istruzione. Prendevo un autobus che ci metteva ore per raggiungerla. Per un po' ho avuto i capelli con la coda: sono stato picchiato per questo, perché ero diverso. I cristiani sono davvero diversi. La gente nei posti piccoli non ama chi non è come loro."

Mentre finivamo di mangiare, arrivò un cristiano di nome Khalaf. Nato e cresciuto a Hassan Bayaf, il villaggio vicino, mi disse di avere cinquantaquattro anni. Aveva una gioielleria in città, ma era considerato una specie di sindaco non ufficiale. Lui si definiva ingegnere e diceva di poter riparare qualsiasi cosa: telefoni, computer, vecchi apparecchi televisivi. Aveva saputo che c'erano degli stranieri nel villaggio ed era curioso di conoscerci.

"Non c'è niente di segreto qui," disse, mentre posava un cuscino a terra e si univa al nostro cerchio. Khalaf voleva parlare della giustizia, "di come i cristiani sono sempre puniti se qualcosa va storto".

Disse che secondo lui lo strumento più importante per combattere la persecuzione dei cristiani era l'istruzione. "Dobbiamo aprire la mente delle persone," asserì prendendo un piatto di pollo. "Vedete come sono piccoli questi posti. La mente delle persone è altrettanto piccola." Disse che la persecuzione dei cristiani nel villaggio era sottile. A volte mentre risuonava l'*adhan*, il richiamo alla preghiera, i suoi amici musulmani gli chiedevano: "Perché non preghi? Perché non vieni a pregare con noi?" Gli era capitato di uscire di casa con sua moglie e gli uomini del villaggio l'avevano rimandata a casa a prendere uno hijab perché era a capo scoperto.

"Io sono uno a cui piace usare il cervello," continuò. "Ma in Egitto c'è una cosa che non si può fare, che non si deve mai fare: discutere di religione. Il Corano, la Bibbia. In questi villaggi, le persone pensano con la loro virilità, non con la loro testa." Molte storie della vita del villaggio erano "davvero stupide", disse. "E poi, la legge non ha sfumature di grigio. C'è il bene o il male, i principi o l'onore. Nient'altro. La gente viene punita per cose stupide, semplici."

Spiegò che non era mai una cosa diretta, e raccontò una lunga e tortuosa storia di come nella vita del paese i fatti venissero falsificati, e poi svelò che nel 2011 la sua casa era stata incendiata dai musulmani. Quand'era andato dagli altri capi cristiani per lamentarsi, quelli gli avevano consigliato di stare tranquillo. Lui si era rifiutato: "Adesso sono bandito dalla mia stessa chiesa."

Tuttavia, mentre finivamo il pranzo e le donne raccoglievano i piatti e andavano in cucina per mangiare finalmente da sole, Khalaf disse di essere in pace con il suo essere cristiano: "Vorrei solo non essere trattato come un cittadino di seconda classe," borbottò.

Andammo a passeggiare lungo il canale per trovare qualcuno dei suoi amici cristiani. Superammo un bambino che vendeva grandi palle di zucchero filato e ci fermammo nella gioielleria di Khalaf, dove mi fece vedere posati su un bel vassoio gli anelli d'argento e i braccialetti che vendeva. Spiegò le complicazioni dei telefoni che ripara e indicò la guardia armata davanti al negozio. "È perché la mia casa è stata incendiata."

Mi fece conoscere Abdullah, il suo amico protestante, che in seguito mi portò nella chiesa chiusa. "È una specie di imam locale," mi spiegò Khalaf. La moglie di Khalaf, Magda, mi disse di essere stata picchiata più volte, per strada, in quanto cristiana. Sedeva per terra, con i lunghi capelli scuri sciolti sulla schiena, mentre mondava un'enorme ciotola di spicchi d'aglio, e ripeté la storia della casa incendiata. Abdullah ha una moglie in Tennessee e parla un po' di inglese.

Mi dissero che ci sono spesso divisioni, soprattutto nei paesi piccoli, fra le diverse confessioni cristiane: ortodossi, protestanti, cattolici, evangelici.

E poi arrivammo alla chiesa chiusa. Abdullah disse che se nel paese ci fossero stati più cristiani forse sarebbero stati meglio protetti. Forse non ci sarebbe stato bisogno di chiudere la chiesa né di guardie armate. Quando finalmente entrammo nella chiesa, minuscola e polverosa, gli chiesi: "Se dovete vivere e pregare così, se dovete avere continuamente paura, che cosa vuol dire per voi essere cristiani?"

Lui parve completamente sorpreso dalla mia domanda. Parlò di regole da seguire e di attenzione per il prossimo. Ma soprattutto disse semplicemente: "Vuol dire essere liberi."

Radici storiche

Da quando Giuseppe e Maria fuggirono in Egitto con Gesù neonato, il paese ha giocato un ruolo decisivo nella storia del Cristianesimo. Alcuni esperti ritengono che san Marco – che si diceva avesse fondato la Chiesa copta di Alessandria e fosse stato il primo papa copto – abbia scritto uno dei quattro vangeli ad Alessandria, dove fu assassinato pochi anni dopo. Nei secoli successivi la comunità cristiana godette di una rapida crescita e nel IV secolo quasi tutti gli egiziani erano convertiti. A quel punto, resistendo ai tentativi di unificazione con le chiese orientali e occidentali, si formò la chiesa cristiana nazionale d'Egitto.[6] La chiesa costituì una sorta di opposizione alle autorità romane e diede vita a numerose tradizioni cristiane, fra cui lo gnosticismo, l'arianesimo e il monachesimo cristiano.[7] La natura indipendente del Cristianesimo copto era radicata nell'uso della lingua copta, un residuo dell'antica lingua egizia dell'epoca dei faraoni.[8]

Nel 641, gli invasori musulmani provenienti dalla Penisola Arabica riuscirono a sottrarre il controllo dell'Egitto ai Bizantini con appena quattromila soldati, un'impresa notevole. Alcuni esperti ipotizzano che gli invasori siano stati aiutati dalla popolazione cristiana, che vedevano negli arabi un possibile miglioramento rispetto a secoli di dominio romano.[9] L'invasione, comunque, trasformò la comunità cristiana in un gruppo *dhimmi*, che aveva diritto alla protezione ma era costretto a pagare la *jizya* e a indossare abiti di un colore preciso. Ai cristiani era vietato portare armi e spesso lo era anche costruire nuove chiese. I governanti musulmani tentavano di influenzare il clero e di escludere i cristiani dall'amministrazione. Intanto, la Chiesa copta stabiliva la sua superiorità sulla Chiesa greco-ortodossa in un'epoca in cui la comunicazione con il resto del mondo cristiano si faceva più difficile.[10]

Rispetto ad alcuni dei paesi vicini, la conversione all'Islam in Egitto si verificò più lentamente, ma nel giro di qualche secolo i cristiani diventarono una minoranza.

Quando i Mamelucchi presero il potere, nel 1250, pensarono di consolidare la loro legittimità annientando le comunità *dhimmi* in Egitto. Questa ondata di persecuzioni provocò un rapido declino della comunità copta nel XIV secolo.[11] Sotto il dominio ottomano, l'interesse nel proteggere i cristiani continuò a diminuire e una combinazione di conversioni e immigrazione dalla Penisola Arabica fece sì che la popolazione musulmana, nel 1700, raggiungesse il settantacinque per cento.[12]

La tendenza per i cristiani cambiò dopo l'invasione napoleonica del 1798, quando Muhammad Ali e i suoi discendenti assunsero il controllo delle province ottomane. Le regole per l'abbigliamento dei cristiani vennero meno nel 1817 e la *jizya* fu raccolta per l'ultima volta negli anni cinquanta dell'Ottocento.[13] Il paese visse una rinascita culturale ed economica, spesso con i cristiani alla testa delle innovazioni. Un cristiano di origine armena, Nubar Pascià, ebbe l'incarico di primo ministro egiziano a partire dal 1878. Non era stato eletto democraticamente – data l'interferenza britannica nella politica egiziana all'epoca, fu praticamente nominato dagli inglesi. Pur non approvando la politica britannica, vi si adeguò. Diceva con amarezza: "Non sono qui per governare l'Egitto, ma per amministrare il governo britannico dell'Egitto." Intanto i Takla, una famiglia cristiana, fondarono *Al-Ahram*, che ancora oggi è il quotidiano più diffuso del paese. I cristiani diventarono più ricchi ed erano i membri più in vista della società, in parte a causa del favore che dimostravano verso di loro i padroni britannici.

La comunità cristiana giocò anche un ruolo importante nello sviluppo e nella modernizzazione dell'Egitto in numerosi settori, fra cui teatro, cinema, banche, industrie e istruzione.[14] In campo politico, Makram Ebeid Pascià, un cristiano copto, fu segretario generale del potente partito Wafd all'inizio del XX secolo. Nel settore economico, più di quaranta dei maggiori proprietari terrieri egiziani erano cristiani.[15] Il ruolo preminente che molti cristiani giocavano in politica e nella società civile contribuì alla formazione dell'identità collettiva dell'Egitto come nazione radicata nella diversità e nella tolleranza: gli egiziani erano "un popolo che adora lo stesso Dio in due modi diversi," disse Cirillo VI, patriarca della Chiesa copta ortodossa dal 1959 al 1971.[16]

Quel periodo vide anche un maggior coinvolgimento dell'Europa in Egitto, con una crescente presenza missionaria dall'Europa e dal Levante. Missionari cattolici e protestanti sfidarono il tradizionale potere della Chiesa copta, portando alle diverse denominazioni che ancora esistono oggi. Nel 1895 la Chiesa copta cattolica, con sede al Cairo, fu riconosciuta come patriarcato, uno dei sei nella tradizione cattolica orientale.[17] Ben presto gli egiziani – musulmani e cristiani insieme – chiesero la fine dell'occupazione britannica, e nel

1919 i nazionalisti egiziani sventolavano bandiere che portavano sia la mezzaluna musulmana sia la croce cristiana.[18]

Quando Gamal Abdel Nasser rovesciò la monarchia con un colpo di stato militare, nel 1952, il suo governo diede il via a una serie di riforme che cambiarono radicalmente la posizione cristiana nella società. I cristiani d'Egitto "si ritirarono progressivamente dalla vita sociale nella seconda metà del XX secolo," secondo l'economista politico Tarek Osman, che attribuiva la ritirata dei cristiani a tre fattori: economia, arabizzazione e violenza contro i cristiani.[19] La riforma agraria socialista di Nasser tolse potere e influenza a molti ricchi cristiani d'Egitto ed ebbe come conseguenza un'ondata di emigrazione.

Nasser probabilmente è ricordato soprattutto come un ardente nazionalista arabo. Egli tentò di sottolineare la natura laica della propria filosofia nazionalista, per attrarre i non musulmani in Egitto e in Libano, ma molti cristiani videro il passaggio verso un'identità araba condivisa come un passo verso l'islamismo e una minaccia alla loro posizione nella società egiziana.[20] Mentre i cristiani ricchi emigravano, quelli che appartenevano alle classi medie si chiusero in loro stessi e molti arrivarono a consacrarsi.[21] Il declino verso la vita monastica subì un'inversione dopo il 1948: oggi in tutto l'Egitto restano solo una trentina di monasteri copti e 1600 monaci.[22] Mentre la Chiesa copta, considerata autenticamente egiziana, espandeva la propria influenza, molte altre denominazioni soffrivano la xenofobia che durante il governo di Nasser andava diffondendosi e, in molti casi, il numero dei loro membri scese a poche migliaia.[23]

I rapporti fra la comunità cristiana e lo stato, che sotto Nasser erano cordiali, negli anni settanta sotto Anwar Sadat si inasprirono. Un nuovo papa consacrato nel 1971, Shenuda III, per ridurre il potere del Sacro Sinodo, il consiglio che governa la Chiesa, cominciò a dividere le diocesi dopo la morte dei loro vescovi.[24] Con a capo Shenuda III, la Chiesa copta ampliò il proprio spazio nella vita quotidiana introducendo servizi sociali, associazioni e gruppi sociali. Gli oratori videro un picco di partecipazione e in certi settori economici e universitari emersero "cordate" cristiane.[25] Nel tentativo di differenziarsi da Nasser e dal suo nazionalismo arabo laico, Sadat introdusse politiche di islamizzazione che spesso andavano contro i desideri dei cristiani. Dopo una serie di scontri, nel 1981 ci fu la battaglia finale fra i due leader, quando una discussione sulla proposta di Sadat di introdurre la sharia portò il presidente a privare il papa dell'autorità che lo stato gli riconosceva e a rinchiuderlo in un monastero.[26]

L'islamizzazione della società egiziana continuò con il successore di Sadat, Hosni Mubarak, il cui regime tentò di contrastare la tendenza nominando dei cristiani in posizioni rilevanti in parlamento e nei ministeri, e dichiarando il Natale e la Pasqua feste nazionali. Ciononostante, l'Egitto sperimentò un'altra grande ondata migratoria fra gli anni novanta e l'inizio del nuovo millennio.[27] Secondo Osman, che scriveva nel 2013, "un certo settarismo ha lasciato il segno nel tessuto della società egiziana. Lo si vede nel fatto che i cristiani si ritirano in *enclaves* economiche, nell'emergere di quartieri cristiani, nelle divisioni più nette nelle aule universitarie e nelle organizzazioni professionali, nella quasi impossibilità per un politico cristiano di vincere le elezioni in qualsiasi circoscrizione a maggioranza musulmana, nelle offerte di lavoro 'solo per musulmani', nelle regole d'abbigliamento (soprattutto dopo l'aumento esponenziale di donne velate in Egitto), perfino nel modo di parlare."[28] Dagli anni settanta al 2005 circa, le imprese con a capo dei cristiani sono diminuite dal trentacinque al venticinque per cento. Il numero di cattedre universitarie occupate da cristiani è calato dal venticinque al quindici per cento, e quello delle professioni ad alta formazione (come medici e ingegneri) dal trenta al quindici o al venti per cento. Come molti altri cristiani in Medio Oriente, molti cristiani egiziani hanno la sensazione che il loro futuro stia altrove.

Persecuzione sul Nilo

Era il periodo di Natale, in Egitto. Quando mi svegliavo all'alba, nel mio moderno albergo del Cairo affacciato sul

Nilo, sentivo suonare le campane delle chiese. Mi resi conto che la scena che si apriva davanti alla mia finestra avrebbe potuto svolgersi mille anni prima: c'erano delle barche che si muovevano lentamente lungo il fiume fangoso e qualche pescatore sulle rive.

Erano molti anni che frequentavo l'Egitto, ma quella era la prima volta che sentivo le campane. Più tardi, passando davanti ad alcune delle chiese, dovetti scavalcare enormi nastri multicolori, parte delle decorazioni che il governo di Al-Sisi usava per impacchettarle, fra statue della Vergine Maria, bionda e con gli occhi azzurri, che teneva in braccio un Gesù bambino altrettanto chiaro di pelle. Le statue, dalla strada, sembravano molto a disagio, molto distanti.

"Anche al Cairo, lontano da Minya, ci sentiamo sempre diversi," disse Christine, un'impiegata di ventinove anni cresciuta a Minya che però si era trasferita nella capitale per lavorare. Era la vigilia di Capodanno. (In Egitto il Natale si celebra secondo il calendario ortodosso orientale, il 7 gennaio.) Christine giocava con i lunghi capelli lucenti – scoperti, perché molte donne cristiane non indossano uno hijab – e ordinò una cioccolata calda con la panna montata. Eravamo a Eliopoli, in un ristorante affollato da un rumoroso gruppo di colleghi che festeggiavano il Natale. Gli uomini indossavano camicie Oxford button down; le donne erano vestite come Christine – minigonna, maglione e stivali. La musica era rap egiziano a tutto volume.

Christine studiò la tavolata e mi disse che erano cristiani. Quando le chiesi come faceva a saperlo – era una questione fisica? – si strinse nelle spalle e rispose: "Si capisce."

In generale definisce la sua esperienza di cristiana come un senso di alienazione, di distacco dalla società nel suo complesso. "Ci si abitua, ma si ha sempre una sensazione di estraneità," disse, soffiando leggermente sulla sua bevanda per raffreddarla. Si sentiva più a proprio agio quand'era in gruppo con altri cristiani. Mi raccontò che dopo aver lavorato per qualche anno e messo da parte un po' di soldi sarebbe tornata a Minya per sposarsi e sistemarsi. Là si sentiva in grado di vivere la propria vita fra persone che la capivano.

"Mi sento meglio quando sono con la mia gente," disse. Ma anche nelle zone cristiane, ammise, la vita in quanto giovane donna non era facile. Disse che la gente non accetta chi è diverso, quelli che vogliono andare oltre i limiti stabiliti. Parlò della propria adolescenza e delle complicazioni della vita di paese, nonché delle divisioni fra le confessioni cristiane. "Una volta sono andata a una messa ortodossa e mi hanno chiesto di andare via."

Christine è intelligente e lungimirante. Voleva trovare un modo per tenere insieme la sua vita da cristiana e il fatto di essere una donna egiziana moderna. Mi parlò dell'importanza che la religione ha per lei e di come essa si inseriva nelle sue abitudini quotidiane. "È parte di me." Christine aveva studiato in scuole gesuitiche nel centro di Minya e ricordava quando i radicali avevano incendiato l'auditorium della sua scuola. All'epoca era una bambina; ricordava che, guardando le fiamme da fuori, aveva provato rabbia, ma, ancor più, di essersi sentita confusa. Perché succedevano queste cose?

"Mi ricordo che, solo quand'ero una bambina, sono state incendiate settantatré chiese." disse. "Settantatré sono tante." Era preoccupata che quella notte – il Capodanno del 2019 – si verificasse un attentato. (In effetti, come venimmo a sapere più tardi, quella notte a Minya ci fu un attentato.) "In verità di attentati contro i cristiani ce ne sono tutte le settimane, non li contiamo più."

Disse che spesso la polizia non collaborava, o che a volte la gente i crimini non li denunciava neanche. Molti incidenti venivano a sapersi grazie al passaparola dentro la comunità.

"Alcuni denunciano, ma qualcuno ha troppa paura per farlo," disse Christine. "Io però devo dirtelo, il senso di inferiorità sottotraccia è la peggiore delle persecuzioni. Per esempio, basta che cammini per strada e ci sono gli uomini musulmani che mi afferrano per i capelli e cercano di trascinarmi perché non indosso il velo."

"Però," aggiunse, "io credo che la deprivazione collettiva più grave sia quella politica. I musulmani non vogliono che abbiamo una voce."

Christine era convinta che la maggior parte degli incendi alle chiese, dei sequestri e degli altri incidenti si verificassero in occasione delle elezioni perché avevano lo scopo di veicolare un messaggio: che i cristiani dovevano avere paura, che dovevano starsene a casa, lontano dai seggi. Dopo la rivoluzione del 25 gennaio, in occasione delle elezioni i Fratelli Musulmani davano ai contadini zucchero e riso, e molti della fratellanza vivevano in piccoli villaggi dove controllavano tutto. Per lei i Fratelli, e non Al-Sisi, costituivano la peggiore minaccia per la società.

"Tutti sanno chi sono," disse. "Facevano pressioni perché votassimo per loro." Vale a dire che era stata costretta a votare per gente in cui non aveva fiducia, perché aveva troppa paura per fare diversamente.

Il sistema legale stesso mette dei limiti a ciò che i cristiani possono fare. Severe restrizioni sugli edifici o sulla sicurezza dei luoghi di culto, per esempio, impediscono ai cristiani di riunirsi per pregare, rendendo la negazione di luoghi di culto legittimi la principale forma di persecuzione legale nel paese. Sebbene l'Egitto avesse approvato le domande per più di cinquecento chiese (su tremila presentate) in un periodo di due anni, ai cristiani di qualunque confessione – non solo i copti, ma anche i protestanti e i greco-ortodossi – continuavano a incontrare difficoltà nell'ottenere i permessi di costruzione o addirittura nel radunarsi in un edificio già esistente per pregare insieme. Di conseguenza non c'erano abbastanza chiese – un uomo mi disse che per raggiungerne una doveva camminare per più di dieci chilometri.

Anche se sono i copti il principale bersaglio della persecuzione, altri gruppi cristiani lamentano di essere perseguitati, gruppi che hanno comunque una lunga storia in Egitto, di solito legata ai missionari che andavano in Terra Santa nel XIX secolo.

Il Sinodo del Nilo, ossia la Chiesa evangelica d'Egitto, ha più di trecento assemblee e un numero di seguaci stimato in 250.000 persone, discendenti delle conversioni nel XIX secolo dalla Chiesa presbiteriana evangelica americana. Il Seminario teologico evangelico, oggi al Cairo, è stato fondato nel 1863; all'epoca la sua sede era una barca che si spostava tra Assuan e il Cairo, addestrando i capi nei villaggi lungo il percorso. Ci fu un momento in cui le chiese erano piene; oggi si ritiene che vi siano a malapena cento chiese presbiteriane in Egitto, molte delle quali non hanno neppure un pastore.

La discriminazione tocca la vita privata dei cristiani. Per legge le donne musulmane non possono sposare uomini cristiani (o di altre religioni non musulmane). Se una donna cristiana decide di sposare un musulmano senza convertirsi, i suoi figli saranno comunque musulmani e lei non può considerarsi erede del coniuge a meno che non si converta. Questi matrimoni sono riconosciuti dallo stato solo se sottoscritti dai religiosi, che spesso sono esitanti nel sostenerli. Anche se una coppia di religione mista riesce a ottenere il permesso di sposarsi da entrambe le chiese e dallo stato, molte famiglie isolano la sposa cristiana.

Nelle aree rurali, i rapporti interreligiosi sono ancora largamente tabù, a volte con conseguenze violente. A Karama, un villaggio del governatorato di Minya, nel 2016 Suad Thabet, madre settantenne di un cristiano che si diceva avesse avuto una relazione con una donna musulmana, venne prelevata da casa propria; fu spogliata da una folla di parecchie decine di persone, molte delle quali armate, e poi trascinata per strada al grido di *Allahu Akbar* ("Dio è grande"). La folla incendiò sette case di cristiani. Parecchi degli aggressori furono in seguito arrestati per aver preso parte alle violenze.

Il processo venne ripetutamente rinviato. Alla fine di agosto del 2020 ci furono due udienze, ma il tribunale penale di Minya rifiutò di pronunciarsi sul caso e lo rinviò alla corte d'appello di Beni Suef. Alcuni sono convinti che fosse un tentativo di rimandare il verdetto. Secondo il Christian Solidarity Worldwide, un gruppo per i diritti umani con base nel Regno Unito che promuove la libertà religiosa, "per quanto non mortale, l'aggressione [del 2016] a Thabet da parte di compaesani musulmani che conosceva da anni, verificatasi nella provincia di Minyan, spicca come una delle più scioccanti."[29]

Pochi mesi dopo, a dicembre, malgrado l'alto profilo della causa e le scuse personali del presidente Al-Sisi, i tre uomini accusati dell'aggressione furono riconosciuti non colpevoli e assolti. Nessuno fu ritenuto responsabile. Gli aggressori rimasero impuniti.

"Porterò la mia causa davanti a Dio," disse Suad dopo il processo. "Lui mi farà giustizia." Intanto, da quando è stata aggredita, ha problemi a dormire. Si è trasferita nei pressi di un monastero per sentirsi più sicura.[30]

Benché lo status dei cristiani in Egitto sia migliore di quello dei loro correligionari in Iraq, di sicuro non è invidiabile.

La città dei rifiuti

Uno dei quartieri più poveri del Cairo si chiama Mansheya Nasir. Annidato alla base della collina di Muqattam, è la baraccopoli dove vivono e lavorano gli zabbalin, i netturbini cristiani. Gli zabbalin arrivarono dai villaggi dell'Alto Egitto negli anni quaranta del Novecento e cominciarono ad allevare animali, ma intrapresero anche un'insolita attività secondaria: la raccolta e lo smistamento della spazzatura. Da qui il soprannome del quartiere, "città dei rifiuti".

Adham al-Sharkawy, un cristiano nato e cresciuto nella comunità, accettò di incontrarmi in un bar del posto. Quando aveva diciassette anni, nel 2009, era stato il protagonista di *Garbage Dreams*, un documentario di Mai Iskander, diplomato alla Tisch School of the Arts della New York University. Iskander aveva seguito la vita di tre adolescenti della comunità e dopo quell'apparizione Adham diventò una specie di star. Nel documentario racconta la propria vita passata a setacciare mucchi di rifiuti e il desiderio di fuggire in un mondo diverso, un luogo pulito, fresco e nuovo. Il film divenne un simbolo della persecuzione degli zabbalin cristiani.

Al bar Adham ordinò un caffè aromatizzato, si offrì di pagarlo e poggiò le mani aperte sul tavolo. Le sue lunghe dita, notai, erano ferite per aver scavato in mezzo a vetro, alluminio, carta, lattine e altri rifiuti.

"Senza di noi, la città non sarebbe pulita," disse. È convinto che nascere dove è nato e fare quello che fa sia il suo destino. Vive con la spazzatura. Quand'era bambino, gli altri ragazzini che non facevano parte della comunità lo chiamavano "il ragazzo dei rifiuti". È cresciuto con l'identità di uno che viveva con la spazzatura.

Il pomeriggio in cui ci siamo incontrati era una perfetta giornata invernale, in Egitto: il cielo blu cobalto, una brezza leggera. Adham era allegro e comunicativo. Parlava un buon inglese. Dopo un po' mi propose di portarmi nel mondo degli zabbalin, per farmelo vedere di persona.

Andammo. La prima cosa che mi colpì dell'insediamento furono i mucchi di spazzatura, che puzzavano di povertà e di marcio. “Io non noto l’odore,” disse Adham. Mentre percorrevamo le stradine Adham mi disse che, quel giorno, c’erano circa ottomila tonnellate di spazzatura nel quartiere. Mi mostrò come tutto viene separato, pulito, asciugato e setacciato. Dei cani pelle e ossa annusavano mucchi di spazzatura che sembravano un misto di stoffa, latta e plastica; dei bambini sedevano sul retro di furgoni carichi di bottiglie di plastica colorata.

Adham mi raccontò della sua famiglia e della sua infanzia. Unico maschio di cinque figli, era esattamente al centro, fra due sorelle maggiori e due più giovani. Si sentiva radicato nella sua comunità, ma aspirava anche a lasciare l’Egitto. Accennò a una tragedia famigliare e alla sua incapacità di fare carriera nel mondo a causa del fatto che era cristiano – ed era uno zabbalin (o “riciclatore”, come alcuni preferiscono farsi chiamare). Si stima che la comunità zabbalin comprenda fra le trentamila e le settantamila persone, e gestisce circa il quaranta per cento dei rifiuti del Cairo, qualcosa come quindicimila tonnellate al giorno.

“Nella comunità si conoscono tutti, e tutti raccolgono rifiuti.” Disse che l’ottanta per cento di quanto raccolgono viene riciclato, rispetto alla media del trenta per cento circa che c’è all’estero, e il resto finisce in discarica.

“Siamo famosi per quello che raccogliamo e per il modo in cui facciamo tutto a pezzi per riciclarlo,” spiegò. Ma aggiunse che il governo egiziano e il comune del Cairo, invidiosi dell’intraprendenza degli zabbalin, avevano cominciato a ricorrere a contractor esteri, per esempio a ditte italiane e spagnole, per punire la minoranza cristiana.

"Considerano il nostro modo antiquato," disse amaramente.

Adham aveva sette anni quando ha cominciato a lavorare con i rifiuti. I bambini qui frequentano in effetti una "scuola di riciclaggio" dove imparano come separare plastica, stoffa e carta, nonché "a lottare per un futuro migliore e a sviluppare una nuova attività".

Ma Adham è stufo di vivere nella città dei rifiuti. Durante la realizzazione del film di Iskander ha avuto l'occasione di visitare il Galles; lì ha visto il modo di riciclare di altre comunità ed è tornato con l'impressione che gli zabbalin avessero doti imprenditoriali che potevano aiutare il resto del mondo a diventare più sostenibile. È frustrante avere un impatto così piccolo, una voce così debole, mi disse.

"Alcuni sono diventati imprenditori del riciclo," disse Adham, parlandomi di coloro che approfittano del mondo in cui lui è nato. Desidera disperatamente lasciare una società in cui sente di essere sempre etichettato come cittadino di seconda classe. Alcuni dei suoi parenti sono stati assassinati, e si ricorda che, mentre andava a scuola da bambino, lo chiamavano "romano". Gli tiravano addosso delle cose. Lo facevano sempre sentire diverso.

I maiali aiutano gli zabbalin nella raccolta della spazzatura; mentre ci aggiravamo per le strade della città dei rifiuti, Adham mi raccontò di quando, nel 2009, il governo aveva fatto uccidere tutti i maiali con la scusa di prevenire l'influenza suina. L'influenza, che si era diffusa fra gli esseri umani e infuriava in altre parti del mondo, era arrivata anche in Egitto; alla fine uccise 284.000 persone in tutto il mondo. In Egitto, furono macellati quasi 300.000 maiali. Adham dice che questa reazione non avvenne per paura della malattia: è convinto che invece sia stato un ennesimo colpo ai cristiani, una cospirazione per minare la loro attività. "Era semplicemente un modo per togliere ai cristiani il sostentamento," disse cupo. Un modo per tenere i cristiani sottomessi rovinando la loro economia.

Mi portò alla chiesa locale di San Simone il conciatore, intitolata a un santo del X secolo. Secondo la leggenda, il papa copto dell'epoca, di nome Abramo, era impegnato in una discussione religiosa con un sant'uomo ebreo e un califfo musulmano. Quest'ultimo sfidò Abramo a spostare una montagna, come Gesù aveva detto che i suoi discepoli erano in grado di fare, altrimenti avrebbe fatto uccidere tutti i copti. Dopo tre giorni di preghiere nell'iconica Chiesa Sospesa del III secolo, al centro della Cairo Vecchia, Abramo ebbe una visione della Vergine Maria che gli ordinava di andare al mercato. Fu portato da un conciatore di nome Simone. Su richiesta di Simone, Abramo invocò tre volte "Signore, abbi pietà" facendo il segno della croce in direzione della montagna. La montagna si mosse e Abramo e i suoi seguaci furono salvi.

Oggi la chiesa di San Simone, una delle più grandi del Medio Oriente, è scavata nelle pendici di quella stessa montagna. È stata costruita negli anni settanta, mille anni dopo che, a quanto si dice, ebbe luogo il miracolo di san Simone, ed è chiamata così in suo onore. È massiccia, e ospita ventimila fedeli in un anfiteatro eretto su una collina. Mentre ci aggiravamo nella chiesa vuota, Adham mi mostrò una cripta con le reliquie di san Simone.

Fuori c'era una specie di parco per famiglie, con giochi per i bambini e panche per il picnic. Le persone sembravano divertirsi, ma c'era qualcosa di triste nell'uscita domenicale sul limitare di una città della spazzatura.

"Non voglio che i miei figli crescano così," rifletté Adham. Mi chiese di aiutarlo in qualche modo ad andarsene dalla città dei rifiuti.

Adham appartiene a un certo livello della società cristiana e mi ha fatto capire che non c'era futuro a lungo termine per una comunità cristiana in mezzo ai rifiuti. Perlomeno, non un futuro vivibile. Ma alcuni cristiani d'Egitto nascono in situazioni ben diverse. I bambini che hanno studiato al *lycée* francese di Eliopoli si sentono ancora discriminati in quanto cristiani? I loro contatti e la loro ricchezza li protegge dalle conseguenze peggiori? Oppure la sensazione di una persecuzione imminente – il pregiudizio sistematico, le leggi sul matrimonio, sul possesso di terre o sull'eredità – faceva talmente parte della loro vita che quasi non la notavano? Continuai a cercare cristiani egiziani per trovare risposta queste domande.

Il divario

Natale passò. Mi ritrovai nel ricco quartiere di Eliopoli, Cairo nordoccidentale, dove c'è l'aeroporto internazionale. Nell'antico Egitto, Eliopoli era stata una città importante. Dagli anni ottanta dell'Ottocento è sede del Vicariato latino, la rappresentanza della Santa Sede in città. È qui che, con le vecchie linee ferroviarie, arrivavano gli egittologi. È anche il luogo dove ci sono San Marco, una delle più antiche chiese copte, in via Cleopatra, e la basilica cattolica della Santa Vergine, in via Al-Ahram. ancora oggi, qui, c'è molta ricchezza. Ricordo di essere venuta qui negli anni novanta per scrivere di alcuni studenti delle scuole private che erano stati arrestati per blasfemia perché avevano organizzato una festa in un edificio abbandonato detto "Il Barone". Era il momento clou della caccia alle streghe da parte dei musulmani e per quanto fossero tutt'altro che "adoratori del diavolo" – come il procuratore statale li dipingeva – ascoltare death metal e smaltarsi le unghie di nero li fece finire in tribunale con il rischio di essere condannati a morte. Parlai con i loro familiari e rimasi colpita dalla loro ricchezza, dall'opulenza delle loro case, in confronto ad altre zone dell'Egitto. Era una situazione simile al grande divario tra gli studenti di Manhattan, che frequentano elitarie e costose scuole superiori private, e quelli sfortunati che lottano solo per poter frequentare le lezioni nel Bronx durante la pandemia di Covid.

Un'amica mi portò a conoscere sua zia, insegnante in pensione, che abitava in un appartamento al quarto piano su una via molto frequentata. Era una giornata calda. L'elettricità andava e veniva ma in quel momento funzionava, e la signora ci accolse nella sua casa, abbellita da un finto albero di Natale, un calendario dell'Avvento e ghirlande d'oro e d'argento. Ci sedemmo su delle poltrone reclinabili e io notai che tra le foto dei suoi figli alle pareti c'era anche un crocifisso di legno incorniciato. C'erano santini sparsi in tutto l'appartamento, e bottigliette di acqua santa. La religione permeava la sua quotidianità e l'arredamento della sua casa.

Non volle dirmi il suo nome, così decidemmo di chiamarla Maria. Mi parlò della sua infanzia negli anni sessanta e di com'era più facile essere donna e cristiana all'epoca di Nasser. Secondo lei Nasser, che governò l'Egitto dal 1956 al suo assassinio, nel 1970, fece progredire il paese, trasformandolo da stato sottosviluppato e leader del mondo arabo. Mi spiegò che aveva introdotto il socialismo, che aveva affrontato l'Occidente e Israele e che aveva protetto i cristiani. La sua visione della propria giovinezza sotto Nasser sembrava quasi una fantasia infantile: era un mondo dove tutto funzionava e la vita era perfetta.

Eppure, per quanto Nasser non abbia mai incoraggiato l'aggressività contro i copti, e durante il suo governo ci sia stata ben poca violenza anticristiana rispetto a quanto accaduto sotto i suoi successori Sadat e Mubarak, Maria ammise qualche ricordo spiacevole. Come Adham, ricordava che le dicevano "romana" e le tiravano le pietre. Quando aveva dieci anni, e l'epoca di Nasser stava per concludersi, ricordava di essersi trovata in un negozio con sua nonna. "Un uomo musulmano mi afferrò," raccontò con un leggero brivido, "e tirò fuori il crocifisso che portavo al collo. 'Devi convertirti', mi disse."

Secondo lei quello fu l'inizio della fine dell'epoca in cui la vita era "buona per i cristiani". Maria studiava all'università quando il presidente Anwar Sadat prese il potere nel 1970, dopo la morte di Nasser. "Prima di Sadat, non mi rendevo nemmeno conto di essere cristiana," disse, descrivendo i radicali cambiamenti intervenuti per lei con il nuovo presidente. Ricordava che i suoi parenti cominciarono a emigrare: in Canada, in Nuova Zelanda, negli Stati Uniti, a Londra.

A settembre del 1981 il *Christian Science Monitor* scrisse di "rapporti sempre più antagonistici fra il signor Sadat e il patriarca copto Shenuda III".[31] Il motivo principale dell'opposizione del patriarca era l'emendamento alla Costituzione egiziana che rendeva la sharia la fonte della legislazione. A dispetto delle assicurazioni del governo circa il fatto che le condizioni personali e le leggi sull'eredità per i non musulmani non sarebbero cambiate, molti copti espressero il loro sgomento di fronte a questo cambiamento e la loro reazione culminò in un digiuno di protesta di quattro giorni indetto dal patriarca. Quando Sadat concesse ai Fratelli Musulmani maggiore libertà in cambio di supporto contro i suoi rivali politici, il leader copto organizzò manifestazioni contro il prosperare degli islamisti e denunciò la presa di posizione troppo tollerante del presidente.[32]

Nel 1981 Sadat accusò Shenuda III di "fomentare tensioni settarie fra copti e musulmani";[33] poi, colpì con forza la comunità cristiana: annullò un precedente decreto presidenziale con cui aveva riconosciuto Shenuda III come leader della Chiesa copta ortodossa e, invece, lo mise agli arresti domiciliari.[34]

"Quello fu l'inizio della fine," ripeté Maria, alzandosi per fare il tè e servire biscotti natalizi. "Fu il momento in cui i jihadisti cominciarono a essere liberi di operare. La vita dei cristiani diventò un inferno."

Quando stavo per andarmene, disse: "Diventa sempre più difficile per tutti gli egiziani, ma adesso soprattutto per i cristiani. È molto più difficile per l'uomo della strada, per le persone comuni, che per il governo." Ma essere cristiani, mi rammentò, voleva dire perdonare. Lei voleva vivere in pace con i suoi vicini musulmani, non voleva la guerra o la rivoluzione: voleva una comunità condivisa. Però non voleva nemmeno essere costretta a indossare uno hijab. Aveva sentito dire che in certi quartieri del Cairo – El Marg, Imbaba – le ragazze cristiane erano costrette a coprirsi i capelli.

"Se potessi cambiare una cosa nei rapporti fra cristiani e musulmani qui, sarebbe la scuola," disse, riecheggiando le parole di Khalaf. "La scuola e la cultura."

Un'altra giovane donna, Mina, nata negli anni ottanta – nell'epoca di Mubarak – in una famiglia borghese benestante, con il padre ingegnere, mi disse che da bambina aveva vissuto in un quartiere musulmano. Al sabato la famiglia andava in chiesa tutta insieme.[35]

"La domenica, che è il giorno sacro dei cristiani, dovevamo andare a scuola per seguire il calendario musulmano del fine settimana, che comincia il giovedì e termina il sabato sera." Questo, disse, era motivo di grandi discussioni nella sua famiglia e nella comunità cristiana.

"Non era giusto. La domenica è un giorno sacro per noi." Ricordava che quando andava alla "chiesa italiana" (la chiesa cattolica romana di San Giuseppe a Zamalek, su un'isola del Nilo), dove pregava la sua famiglia, i bambini musulmani uscivano di casa e le tiravano le pietre.

"Mio padre diceva di continuare a camminare, di non reagire," disse Mina. "Ma, più che su quello fisico, faceva male sul piano emotivo che qualcuno ti tirasse delle pietre perché andavi a pregare il tuo Dio." Come altre persone con cui ho parlato, disse che a scuola veniva presa in giro perché era una "romana". C'erano altre cose che le facevano male.

"I bambini musulmani dicevano agli altri di non mangiare insieme a noi. Dicevano che i cristiani puzzavano." All'università, faceva parte di un gruppo composto perlopiù di cristiani, "ma non ne parlavamo mai".

Un altro pomeriggio organizzai un incontro con Big Pharaoh, un blogger molto popolare, diventato famoso durante la rivoluzione del 25 gennaio 2011, in piazza Tahrir. Era una specie di icona del movimento per le sue posizioni esplicite. La sua vera identità non è nota al pubblico, anche se molte persone sanno chi è. In diversi mi consigliarono di incontrarlo, soprattutto perché è un esempio di cristiano ben integrato nella società. Lui si considera in primo luogo un attivista, e in secondo luogo un cristiano.

Alto, comunicativo e ben vestito, Big Pharaoh è figlio di due cristiani, il padre egiziano e la madre siriana. Avrebbe potuto essere italiano o francese, due lingue che parlava bene; aveva studiato in scuole britanniche e aveva un leggero accento.

"In Egitto, la classe sociale e i soldi contano più della religione," disse senza giri di parole. "Io da ragazzo non ho mai avuto problemi per il fatto di essere cristiano."

Big Pharaoh mi disse il suo vero nome – ma mi chiese di non usarlo – quando ci trovammo nell'appariscente sala finto-ottomana del Marriott Hotel di Zamalek, con annesso un casinò sotterraneo. Il casinò attira orde di persone da tutta la zona circostante. Nell'epoca precedente il Covid arrivavano per le vacanze di Capodanno con zie, cugine, nonne, baby-sitter, neonati e mucchi di valigie Luis Vuitton pericolosamente ammassate sui carrelli. Big Pharaoh e io ordinammo tè alla menta in una piccola teiera di ceramica, miele, e biscotti egiziani rotondi. Eravamo seduti sui divani di pelle a osservare l'andirivieni. Gli chiesi se avesse l'impressione che la posizione dei cristiani nella società egiziana fosse uguale a quella dei musulmani. Lui fece una pausa, sorseggiò il tè, poi disse che una posizione come la sua era piuttosto rara: lui viveva bene, veniva da una famiglia benestante, aveva un buon lavoro ed era andato alla scuola inglese di Eliopoli.

Ovviamente il privilegio aiuta, e la sua vita è molto diversa da quella di Abdullah a Minya o di Adham nella città dei rifiuti. Ma il privilegio e una scuola di élite non escludono dall'emarginazione. "I cristiani, comunque, non sono trattati allo stesso modo dalla società nel suo complesso," disse. "Io so che non diventerò mai presidente di questo paese. So che non potrei mai arrivare agli alti gradi nella polizia."

Gli chiesi di parlare del fatto che i cristiani sostenevano i dittatori, soprattutto per averne in cambio protezione. Sorrise. "Sarebbe comodo dire che i cristiani hanno sostenuto Al-Sisi," disse, per la "dicotomia fra esercito e disordine."

Per Big Pharaoh, il problema di fondo non riguardava tanto la religione, quanto la giustizia sociale. "Vedi, non ci può essere democrazia senza giustizia sociale." I cristiani della sua classe sociale ed economica "vivono in una bolla". Non avevano molto in comune con quelli che vivono in aree rurali senza chiese. Le loro preoccupazioni erano le limitazioni imposte da Al-Sisi alla libertà di espressione, gli avvocati e i manifestanti che marcivano in carcere o il fatto che piazza Tahrir aveva fallito "perché la forza rivoluzionaria non è riuscita a materializzarsi in opzioni politiche".

Temeva la persecuzione dei cristiani, anche se non lo toccava personalmente, ma temeva ancora di più un aumento del disordine. Pur avendo sostenuto le proteste di piazza Tahrir, nella speranza che portassero a un cambiamento definitivo, pensava che il paese non potesse sopportare un'altra grave crisi.

"Il mio più grande timore è un'altra sollevazione, un'altra rivoluzione," mi disse. "Questo paese non può sopportare un'altra sollevazione. Io non la voglio. Se potessi scegliere fra regime armato e sollevazione, io direi regime. L'alternativa sarebbe il caos, il sangue. Le classi inferiori in rivolta contro lo stato."

Era preoccupato anche per gli scioperi della fame in Egitto: "Se non si lascia alcuna speranza alle persone, e queste hanno la capacità di mobilitarsi, potrebbe succedere."

Il potere dell'esercito egiziano interferisce con quasi tutti gli aspetti della vita egiziana, mette il naso perfino nella produzione cinematografica, con i suoi corpi di sicurezza sempre più coinvolti. Uno dei produttori più importanti del paese è l'uomo d'affari Ahmed Abou Hashima, che è vicino al presidente Al-Sisi e ai militari.[36] Big Pharaoh rifletté sulla generazione di attivisti post-piazza Tahrir e sui sogni infranti della rivoluzione egiziana. "Nel 2010-2011 eravamo pieni di speranza. Poi, con il governo dei Fratelli Musulmani, tutto ha cominciato a crollare. L'unica cosa buona che hanno fatto è stata far vedere alla gente cos'è l'Islam e come governa l'Islam."

La nuova generazione di manifestanti – soprattutto, nel mondo post-Covid, quelli che seguono le tracce di Black Lives Matter negli Stati Uniti – sono "più ribelli, più individualisti, più materialisti", notò amaramente mentre guardavamo altri arabi del Golfo che arrivavano nell'albergo per festeggiare. "Ecco perché lo status quo in Egitto, il regno di Al-Sisi, non durerà nel lungo periodo."

Un altro punto di vista, ancora più elitario, mi è stato offerto da un'elegante signora cristiana quasi settantenne, conosciuta a un cocktail che ospitava in casa sua. Avremmo potuto essere a Parigi o a Londra. Ex banchiera, aveva una magnifica collezione di opere d'arte e una terrazza affacciata sul Nilo, con piante di gelsomino intrecciate alle balaustre di ferro battuto. Offriva cocktail alla vodka in bicchieri di cristallo e i camerieri circolavano con vassoi di salmone affumicato e *crudités.*

La sua era una grande e famosa famiglia cristiana di proprietari terrieri con forti legami in Europa. Ma la loro ricchezza era andata erodendosi a poco a poco, a partire dall'epoca di Nasser, via via che il socialismo si diffondeva. Prima il governo si era preso le loro terre, poi le loro industrie e le loro maestose dimore. Poi erano stati privati dei privilegi e, infine, dei loro diritti. Durante "il periodo più difficile", nei primi anni sessanta, questa donna era andata in Francia ma la sua famiglia era rimasta, in un modo o nell'altro, legata alla società cairota.

Le memorie dei migliori anni della sua vita al Cairo facevano venire in mente il grande fotografo americano Lee Miller, che documentò l'alta società cairota degli anni trenta definendola "un set di seta nera e perle". Era una vita postbellica, in cui i ricchi potevano mandare i figli nel sud della Francia per l'estate e i collegi e le università britanniche erano *de rigueur*. E poi, improvvisa, la fine. *Fin de race*, dicono i francesi, con un'espressione (resa celebre da Voltaire) terribile, da brividi, che richiama l'idea della fine delle generazioni, del crollo degli imperi, di mondi che non torneranno mai più.

Forse perché la vita, nel suo bell'appartamento ai piani alti su una rumorosa via del Cairo, era protetta o forse perché vedeva avvicinarsi l'inevitabile – il fatto che i cristiani alla fine, in qualche modo, sarebbero scomparsi dal suo paese natale – questa donna affrontava il destino della sua gente in Egitto con limpida, sobria rassegnazione.

"È finita" diceva tranquillamente, "la vita di un tempo."

La difficile condizione dei cristiani in Egitto è legata al più ampio contesto politico attuale del paese. Per capire le sfide che i cristiani si trovano di fronte oggi, dobbiamo risalire all'evento chiave di questa generazione, le straordinarie settimane della rivoluzione all'inizio del 2011, quando una folla di manifestanti liberò il paese da un regime autoritario sedendosi in una piazza e rifiutandosi di andare via.

La mattina del 25 gennaio 2011, il cosiddetto Giorno della rabbia, era una limpida, fredda mattina egiziana. La massa dei manifestanti si era radunata in piazza Tahrir, un'area al centro del Cairo non lontano dal Nilo, per protestare contro la corruzione, il nepotismo, l'aumento dei prezzi del cibo e l'evidente sperequazione sotto il trentennale governo del presidente Hosni Mubarak, un ex ufficiale dell'aviazione.

"Mi sembrava di vivere un sogno," rammentò Omar, un giovane attivista egiziano che prese parte alla rivoluzione del 25 gennaio.[37] Oggi vive tranquillamente negli Stati Uniti, e quando abbiamo parlato dei giorni della rivoluzione sembrava malinconico. Ma nel 2011 trascorse delle settimane vivendo a piazza Tahrir in uno stato di euforia. Lui e i suoi amici erano davvero convinti di costruire una democrazia dalle ceneri della dittatura.

La dottoressa Rasha Abdulla, professoressa e direttrice di *media studies* all'American University del Cairo, mi disse che le persone aderivano al movimento in modo spontaneo e naturale. "Mi ricordo che camminavo per strada e sentivo la folla che gridava alle persone sui balconi di scendere e di unirsi a noi," disse. "La folla diventava sempre più grande, più numerosa... e più forte."

A dispetto di un momentaneo blackout di Internet, le manifestazioni crebbero. La gente usava i telefoni fissi per informare gli amici a Londra o a Dubai, i quali poi usavano Twitter o Facebook per postare le ultime notizie dalla piazza. La folla diventò ancora più numerosa.

Gli eventi drammatici delle settimane successive a piazza Tahrir per molti versi segnarono il destino dell'Egitto moderno, e anche del resto della regione. L'11 febbraio, dopo diciotto giorni di manifestazioni ininterrotte, Mubarak non c'era più. Il potere della folla, formata da persone di tutto l'Egitto e appartenenti a un'ampia fascia socioeconomica – gruppi studenteschi e giovanili, sindacati, contadini – aveva prevalso. La strada era riuscita a scalzare un dittatore al potere, che aveva usato e abusato della propria forza e aveva consentito ai suoi compari, perlopiù ufficiali dell'esercito in pensione, di diventare l'élite imprenditoriale assumendo il monopolio di settori chiave dell'economia. Era il popolo contro Mubarak e, miracolosamente, il popolo vinse.

Ma le transizioni dopo le rivoluzioni sono difficili. Subito dopo l'uscita di scena di Mubarak, i vertici dell'esercito, cioè il Consiglio supremo delle forze armate, assunse il controllo del governo. In un primo tempo promise una transizione democratica, ma ci volle più di un anno perché il potere passasse nelle mani di un parlamento democraticamente eletto e di un presidente dei Fratelli Musulmani, guidati da Mohamed Morsi.

I Fratelli commisero molti errori e non mantennero le promesse. I militari, intanto, si sentirono minacciati e a rischio di estromissione. Il 3 luglio del 2013 i Fratelli vennero estromessi dal potere da una nuova dittatura sostenuta dall'esercito e guidata dall'ex ministro della difesa, Abdel Fattah al-Sisi. Sotto il suo regime, mentre scrivo queste righe, nel 2021, non esiste opposizione politica e la repressione è a uno dei massimi livelli da decenni.

Molti cristiani con cui ho parlato si lamentavano della situazione generale dei diritti umani nell'Egitto di oggi. Sotto Al-Sisi si è svolta una vasta campagna di arresti di potenziali oppositori del regime. I giornalisti sono stati intimiditi e incarcerati, la società civile è stata minacciata, gli attivisti per i diritti umani, gli avvocati, gli studenti, sono stati messi sotto assedio. Lo stato d'emergenza viene rinnovato ogni tre mesi, il che dà alla polizia poteri più ampi e consente ai tribunali speciali di continuare a operare. L'esercito controlla la maggior parte della società, dalle infrastrutture pubbliche all'industria cinematografica.

Oltre alle misure draconiane prese dal governo in nome della sicurezza, l'altra questione che riguarda tutti, cristiani e musulmani, è l'ininterrotta crisi economica. Su richiesta del Fondo monetario internazionale (FMI), che l'Egitto ha tentato di corteggiare per ottenere un prestito di dodici miliardi di dollari, il paese negli ultimi tempi ha svalutato la propria moneta e ha interrotto i sussidi per i carburanti. Questi passi probabilmente erano necessari per consentire la crescita sul lungo periodo, ma l'effetto a breve termine è stato di rendere più dura la vita quotidiana di tutti gli egiziani, in particolare i poveri. Cosa ancor più dolorosa, l'aumento astronomico dei prezzi ha reso tutti i beni, prodotti e servizi irraggiungibili per il budget del cittadino egiziano medio. Più del trentacinque per cento della popolazione vive al di sotto della soglia di povertà, mentre Al-Sisi e i membri del suo circolo vivono nel lusso.

"Non ho idea di come le persone che vivono in posti come Minya, che è davvero povera, comperino cose come i pomodori, o addirittura il pane," mi disse Omar. "Per i poveri la situazione è peggiore che mai."

Ghannam, una ricercatrice universitaria che vive a Washington, e che ha partecipato alle manifestazioni del 2011, concordava. "Non ho idea di come viva la gente. Il comportamento del consumatore è cambiato: la piccola borghesia comperava la carne una volta alla settimana. Adesso usa il cavolfiore secco come sostituto della carne... Ora dicono che il cavolfiore assorba troppo olio, e l'olio è troppo caro, per cui non possono permettersi neanche quello!"

Ogni tentativo di cambiamento radicale, come le manifestazioni di piazza Tahrir, viene brutalmente represso. Nel settembre del 2019 un attore divenuto imprenditore noto come Mohamed Ali, che vive in esilio in Spagna, cominciò a raccontare su YouTube il modo in cui miliardi di sterline egiziane venivano spesi per le lussuose residenze del presidente Al-Sisi e degli alti ufficiali dell'esercito. I post di Ali diventarono virali. Sembrava la denuncia che la gente aspettava.

In un'economia soffocata, i messaggi di Ali trovarono eco e la gente tentò di ribellarsi. Alla fine di settembre cominciarono "piccole ma appassionate manifestazioni" (queste le parole di uno dei manifestanti). I dimostranti erano contro la corruzione e battezzarono "Palacegate" la presunta costruzione di elaborate dimore, da parte di Al-Sisi, per sé e per i suoi compari. Per un breve periodo sembrò rivivere la gloria del 25 gennaio, quando la strada aveva cambiato la storia. I manifestanti avevano una sola richiesta per Al-Sisi: vattene.

Ma l'esercito egiziano oggi è diverso da quello dei tempi di Mubarak. Negli ultimi sette anni si è rafforzato ed è cresciuto: i manifestanti non ebbero alcuna possibilità. Soldati e poliziotti reagirono con una pesante campagna di detenzioni che comportò 3763 arresti verificati, almeno 448 dei quali ai danni di persone al di sotto dei venticinque anni.

Mohamad Elmasry, professore al Doha Institute for Graduate Studies in Qatar, spiegò al quotidiano *The New Arab* perché le proteste di settembre non avrebbero potuto avere successo. "Nel 2011 il governo di Mubarak non fu in grado di gestire lo shock di un movimento di protesta prolungato. Il governo di Al-Sisi è assai più brutale di quanto non sia mai stato il governo di Mubarak. In particolare, il regime di Al-Sisi non mostra alcuna pietà per i dimostranti. Migliaia di persone sono state uccise nelle strade e decine di migliaia sono state arrestate; molte di loro sono state torturate in carcere e condannate a pene draconiane."[38]

Le manifestazioni, tuttavia, smossero qualcosa fra gli egiziani, che da quando Al-Sisi aveva assunto il potere erano rimasti dormienti. "Vedo Mohamed Ali come un catalizzatore e un fattore scatenante della protesta, piuttosto che come una sua causa diretta," disse la dottoressa Sahar Khamis, un'egiziana americana docente di comunicazione alla University of Maryland. "Ho la sensazione che l'estrema repressione che gli egiziani sperimentano in questo momento, unita alle gravi difficoltà economiche come gli alti tassi di povertà e di disoccupazione, e la nuova ondata di ribellioni che attraversa la regione, siano tutti fattori scatenanti per la prossima rivolta egiziana."

In molti vorrebbero che Al-Sisi uscisse di scena, ma allo stesso tempo molte delle persone con cui ho parlato erano spaventate, e a ragione. Le sparizioni forzate stanno diventando comuni; giornalisti stranieri sono stati espulsi; i cristiani hanno paura a parlare. Tutti hanno da raccontare qualche storia orribile legata a sparizioni, carcere o tortura.

Nessuno è al riparo dalla brutalità della polizia, neanche gli stranieri. Nel 2016 un ricercatore italiano dell'Università di Cambridge, Giulio Regeni, stava studiando i sindacati egiziani quando venne prelevato dalla polizia. Il suo cadavere venne ritrovato sulla strada tra il Cairo e Alessandria. Il corpo e il volto erano talmente mutilati dalla tortura che un avvocato per i diritti umani mi disse con discrezione che neanche la madre di Regeni era riuscita a identificarlo.

Le manifestazioni del settembre 2019 si spensero silenziosamente e gli attivisti rimasti dalla vecchia rivoluzione del 25 gennaio erano scettici. Michael Wahid Hanna, Senior Fellow della Century Foundation di New York, spiegò: "Le consideravano eccessive e pericolose e, se avessero avuto successo, avrebbero provocato un'ulteriore reazione da parte dello stato."

L'Egitto oggi

Date le sue politiche criminali, è stupefacente che Al-Sisi sia riuscito a ottenere un tale sostegno dagli alleati occidentali e arabi. La principale ragione è che i leader timorosi lo vedono come l'unica forza in grado di escludere i Fratelli Musulmani dal potere, come uno che ha schiacciato al-Qaida nel Sinai e ha impedito all'ISIS di trovare spazio in Egitto.

Gli Emirati, dopo il colpo di stato di Al-Sisi nel 2013, aiutarono il suo governo con grandi somme di denaro. Al-Sisi è stato addestrato negli Stati Uniti, ha frequentato l'accademia militare americana nel 2006 per un master di un anno, tappa obbligatoria per i futuri ufficiali egiziani.

Inoltre, Al-Sisi gode di un grande sostegno da parte dei cristiani. Un pomeriggio salivo le scale dell'ufficio di un noto editore, Youssef Sidhom, che produce il giornale copto *Watani*. La testata, fondata da suo padre Antoun Sidhom nel 1958, ha un grande seguito tra i cristiani in Egitto e all'estero.

Youssef è apertamente filogovernativo e fa un ragionamento persuasivo contro gli islamisti e in favore di Al-Sisi. "La maggioranza dei cristiani si sente al sicuro con questo regime. Il che non vuol dire che non desiderino un cambiamento."

Quando l'ho incontrato ha ordinato caffè, ha messo da parte il menabò del prossimo numero di *Watani* e mi ha tenuto una lezione sulla legge nazionale egiziana riguardante le minoranze, a partire dal decreto Hamayouni del 1856, durante l'impero ottomano. Quella misura concesse agli abitanti cristiani dell'impero il diritto di costruire chiese.

Le domande di costruzione, tuttavia, dovevano essere approvate dal sultano. "Nelle intenzioni era una legge giusta," ha detto Youssef. "Ma di fatto venne usata per limitare la costruzione di chiese."

Passai qualche ora con lui mentre parlava degli anni di Nasser ("Non c'erano veri problemi"), dell'ascesa degli islamisti sotto Sadat, e delle guerre del 1967 e del 1973 con Israele. Come Maria di Eliopoli, dava la colpa di molte persecuzioni al corteggiamento di Sadat verso gli islamisti. Fu dopo gli accordi di Camp David del 1978 fra Sadat e il primo ministro israeliano dell'epoca, Menachem Begin, disse Youssef, che "i cristiani cominciarono a essere colpiti da una retorica di odio per chiunque non fosse musulmano – fu nel 1978 che iniziarono davvero gli attacchi ai cristiani. Quella fu la prima volta che i cristiani sperimentarono l'odio."

Ma "il periodo più duro di tutti", disse, fu sotto Mubarak. Mubarak all'inizio fu "molto attento a non provocare gli islamisti, e dunque chiuse un occhio sulle atrocità a cui venivano sottoposti i cristiani". Oltre a vedersi negati i posti di alto livello nell'amministrazione statale, venivano rifiutati loro i permessi edilizi (ancora una volta, per la costruzione di chiese). Youssef mi disse che la conseguenza fu la costruzione illegale di circa 3700 chiese negli anni ottanta. Inoltre, i programmi scolastici vennero cambiati per cancellare l'era cristiana dai libri di storia. "Non c'era niente sui sei secoli prima dell'Islam," disse Youssef. "Falsificavano la nostra storia e poi insegnavano ai bambini."

Youssef sintetizzò la storia recente dell'Egitto fino a piazza Tahrir e all'ascesa e caduta dei Fratelli Musulmani, concludendo: "Adesso non c'è più posto per i Fratelli Musulmani." Riguardo al futuro, sembrava più ottimista di tutti quelli con cui avevo parlato prima.

Youssef non voleva guardare i dati sui diritti umani sotto Al-Sisi, perché in sostanza la considerava un'intromissione dell'Occidente nella sovranità egiziana. Né voleva sentire che Donald Trump amava definire Al-Sisi "il suo dittatore preferito".

"I media occidentali cercano sempre di minare gli sforzi di Al-Sisi per tenere sotto controllo il terrorismo." E, con questa risposta, chiuse la discussione.

I paesi europei e le organizzazioni internazionali, come l'Alto commissariato per i diritti umani dell'ONU, chiedono ad Al-Sisi e al suo governo di rendere conto soprattutto del trattamento dei prigionieri, ma i dati sui diritti umani restano molto gravi. Gli osservatori inoltrano richieste per visitare le carceri ma queste sono regolarmente respinte, sicché per queste organizzazioni è difficile ottenere prove degli abusi.

Poco prima di lasciare il suo incarico di vicesegretario generale per i diritti umani all'ONU, incontrai Andrew Gilmour, noto per essere uno che dice la verità al potere. Adesso è direttore esecutivo della Berghof Foundation di Berlino, che si dedica alla costruzione della pace. Quand'era all'ONU, Gilmour – e chiunque altro lavorasse sui diritti umani – aveva tendenzialmente un rapporto difficile con l'Egitto. Parte del suo incarico consisteva nel lavorare con persone che avevano subito rappresaglie dal governo per aver difeso di diritti umani e per aver collaborato con l'ONU. Il governo egiziano aveva una lunga storia di rappresaglie simili. "Ogni anno la Segreteria generale dell'ONU cita l'Egitto nei suoi rapporti su questo tema," mi disse Gilmour. "Uno dei casi più tristi di cui ci occupammo fu quello di Ibrahim Metwaly: suo figlio era stato arrestato e, si presumeva, torturato e assassinato nel 2013. In conseguenza di ciò, Metwaly si era messo al lavorare sul tema delle sparizioni giudiziali. Nel settembre del 2017 stava per prendere un volo per Ginevra, per andare a parlarne all'ONU, quando venne arrestato con l'accusa di 'terrorismo', a cui nessuna persona seria credette neanche per un istante. Anche lui scomparve per un po', prima di riapparire, evidentemente torturato, e rimanere in carcere per anni. Conoscendo la natura del regime di questo paese, quando lo avvertirono che rischiava di essere arrestato disse a un amico: 'Sì, lo so, che mi arrestino pure – così potrò sentirmi più vicino a mio figlio.'"

Ciononostante, gran parte del mondo sembra dare poco peso al regno del terrore di Al-Sisi, ignorandolo e trascurandolo, proprio come il presidente Trump liquidò l'omicidio del giornalista Jamal Khashoggi da parte del regime saudita nel 2018. "I politici occidentali hanno distolto l'attenzione, liquidando il paese e il popolo il cui movimento di protesta un tempo aveva ispirato il mondo come 'un tentativo fallito', 'una triste storia' o 'non più una priorità'," mi disse Mai el-Sadany, direttrice legale e giuridica del Tahrir Institute a Washington. "Altri hanno trovato giustificazioni per la politica del governo, in base a una vecchia idea della regione che ormai è cambiata da tempo e a una falsa alternativa fra sicurezza e diritti."

Lavoro in Egitto, sia pure saltuariamente, da quasi trent'anni. Durante l'ultima visita sono rimasta stupita nell'accorgermi che mi sentivo molto più paranoica, in quanto giornalista, rispetto al passato. Gli uffici di Mada Masr, una piattaforma online di giornalisti indipendenti diretta da Lina Attalah, che fu anche un'attivista durante i giorni di piazza Tahrir, aveva subito un'incursione poche settimane prima del mio arrivo, e dei giornalisti erano stati arrestati. Quando andai a trovare delle persone al Cairo, mi chiesero di non rivelare la loro identità. Quasi tutti quelli con cui ho parlato per scrivere questo capitolo mi hanno chiesto di cambiare i loro nomi. Tutti volevano parlare su un cellulare criptato piuttosto che via e-mail. Altri non hanno voluto parlare affatto, e si capisce: la conseguenza potrebbe essere il carcere, o peggio.

Quando andai a trovare persone al di fuori del paese, mi dissero di essere molto preoccupate per i loro parenti ancora in Egitto e anche loro vollero l'assicurazione che la loro identità sarebbe stata accuratamente nascosta. Mi tornava in mente, con desolazione, quando lavoravo in Iraq all'epoca buia di Saddam, quando dell'Iraq si parlava come della "Repubblica della paura". In sette anni di potere, Al-Sisi è riuscito a diffondere nel suo popolo un vasto trauma collettivo.

Quanto è accaduto al sogno della rivoluzione del 25 gennaio è oggetto di un doloroso dibattito fra gli egiziani, quelli in esilio all'estero così come quelli al Cairo, ed è importante sia per i musulmani, sia per la minoranza cristiana. Tutti ricordano quei giorni con rimpianto. Ogni gennaio e ogni febbraio, quando la memoria torna a quei pomeriggi e a quelle notti in piazza – i sit-in, la solidarietà, la speranza – il dolore si fa più acuto.

Il dottor H.A. Hellyer, studioso di origine mista, inglese e araba, all'università di Cambridge e alla Carnegie Endowment for International Peace, nel 2016 ha pubblicato un libro in cui analizza il fenomeno Tahrir, *A Revolution Undone: Egypt's Road Beyond Revolt* ("Una rivoluzione incompiuta: il cammino dell'Egitto oltre la rivolta"). Hellyer è convinto che la rivoluzione del 25 gennaio avesse un enorme potenziale: "Ha rappresentato un momento storico incredibilmente stimolante in Egitto, ma anche per altri popoli in tutto il mondo," scrive. È stato un momento unico, in cui la gente ha davvero creduto che fosse in arrivo un cambiamento e che fosse possibile dar vita a un governo equo e responsabile. Ma, aggiunge Hellyer: "La sua promessa alla fine è stata sperperata... non si può sperare per sempre."

Fra i motivi per cui la rivoluzione ha fallito nel produrre un cambiamento c'è stato lo scontro fra i molti attori in scena – laici, islamisti, liberali, sinistra – che non hanno saputo conservare l'unità contro le forze che volevano il ritorno allo status quo. Nei primi giorni della protesta, una serie di forze si unirono contro il governo in carica; fra queste la sedicente sinistra, i liberali e i Fratelli Musulmani e altri. Ma Ghannam, l'ex manifestante che adesso studia a Washington, è sicura che i Fratelli, già allora, complottassero per escludere l'opposizione laica e prendere il potere da soli.

"Avevano i loro piani per mettersi con l'esercito, e non contro di esso."

Youssef Sidhom, il direttore di *Watani*, era d'accordo e mi disse che "quella che era cominciata come una sincera esplosione pluralistica si rivelò essere una feroce corsa al potere." I vari gruppi che si opponevano a Mubarak e al suo regime non furono capaci di risolvere le loro differenze ideologiche e strategiche senza escludersi a vicenda. I Fratelli, con tutto il loro radicato sostegno, non avevano alcuna possibilità contro l'*ancien régime*, che si limitò ad aspettare il momento buono.

Hellyer ritiene che l'errore più evidente sia stato che pochi riconobbero quanta parte dell'apparato statale (o meglio, degli apparati militari e di sicurezza) rimase al proprio posto quando Mubarak venne rimosso. Le manifestazioni non avevano eroso il complicato sistema su cui Mubarak presiedeva; nonostante avessero dato al sistema un grave scossone, quello si riprese.

"Il regime era scioccato e scosso nel profondo," disse Hellyer, "ma è stato in grado di riprendersi, riorganizzarsi e, infine, impegnarsi in mosse controrivoluzionarie quando ha visto l'opportunità di farlo."

"Il consenso dopo l'insurrezione durò pochissimo, mentre l'alleanza antirivoluzionaria o controrivoluzionaria riuscì ad acquisire slancio," dice Hellyer. "Dopo un certo punto, diventò un 'gioco a somma zero' per gli attori più forti, il che finì con il voler dire il trionfo del più forte di tutti: l'esercito." L'esercito cacciò Morsi e sospese la nuova costituzione nel 2013.

Per qualche tempo, l'incredulità di fronte al fallimento della rivoluzione fu sostituita dalle accuse alle potenze straniere, soprattutto l'Arabia Saudita e gli Emirati Arabi Uniti. Entrambi detestano i Fratelli Musulmani – e il sentimento adesso è ricambiato – perché i progetti di Riad e Abu Dhabi sulla regione sono in conflitto con gli obiettivi dei Fratelli. Hellyer spiega: "Abbiamo sentito molte dichiarazioni sul fatto che la fine dell'esperimento democratico e l'avvento dei militari nel 2013 è dipeso dall'intervento straniero, dalla manipolazione e dall'acquiescenza."

Tuttavia, non è d'accordo sul fatto che si debbano incolpare soprattutto queste altre nazioni, anche se ammette che sono coinvolte negli affari egiziani. "Devo sottolineare che questa è una storia intrinsecamente egiziana, anche se altre nazioni hanno tentato di influenzarla," dice. La realtà è più complessa, meno limpida. "Gli eventi sono dipesi sostanzialmente da considerazioni e calcoli sul terreno da parte di attori egiziani, che si sia o no in accordo con loro. Naturalmente le forze straniere erano interessate e hanno tentato di influenzarli – ma le conseguenze fondamentali sono state il risultato di cattive scelte interne, non esterne." In altri termini, la rivoluzione è fallita innanzitutto a causa di scelte fatte in Egitto dagli attori più potenti: l'esercito, i Fratelli Musulmani e le forze rivoluzionarie. Fra queste, e non deve sorprendere, non c'è mai stato un accordo solido o un consenso su come gestire il periodo di transizione dopo la rimozione di Mubarak.

Alcuni accusano la mancanza di una giustizia di transizione. I tribunali e il sistema giudiziario erano costituiti in gran parte da "persone leali al regime e appartenenti alle élite sociali", come dice Sahar Aziz, professore di diritto alla Rutgers University. "Molti giudici anziani inoltre erano profondamente sospettosi delle forze che premevano per una giustizia di transizione – la gioventù rivoluzionaria e (inizialmente) i Fratelli Musulmani – e hanno quindi concretamente favorito la continuità politica e uno stato forte. Di conseguenza, molti imputati del regime di Mubarak furono trattati con indebita clemenza o scagionati."[39]

Ma la colpa principale è stata apertamente attribuita ai Fratelli Musulmani, che commisero il primo errore mostrando di schierarsi con l'esercito. Ghannam ricorda di essersi sentita sorpresa e "ferita" quando i Fratelli cominciarono a emulare il passato regime. "Il modo in cui facevano le cose era molto simile a quello di Mubarak. La gente era terrorizzata dal fatto che non avessero intenzione di creare istituzioni democratiche: volevano solo stare al potere. E questo fu usato dai militari per sobillare la gente contro di loro… Hanno venduto l'opposizione laica e si sono uniti all'esercito, ma l'esercito li ha fregati."

Niente di tutto ciò era inevitabile. Se i Fratelli Musulmani avessero creato un governo più unito, più inclusivo e più efficiente, e se la popolazione non avesse ceduto così facilmente quando Al-Sisi e i suoi soldati rovesciarono il governo Morsi nel 2013 – forse il sogno del 25 gennaio avrebbe potuto diventare realtà.

Nel 2020, in occasione dell'anniversario del 25 gennaio, piazza Tahrir era parzialmente chiusa – non per il Covid, ma per la minaccia costituita da un possibile rinnovarsi delle proteste. La piazza è parzialmente chiusa tutti gli anni in occasione dell'anniversario della rivoluzione. Carri armati e posti di blocco nei punti strategici. Ma è un esercizio inutile: molti dei leader originali della rivoluzione sono morti, in carcere, in esilio o mentalmente e fisicamente spezzati. Quelli che sono sopravvissuti sono tormentati dal senso di colpa o si chiedono cos'è andato storto dopo il momento magico in cui capirono che Mubarak stava per dimettersi.

Il ricordo sembra affievolirsi. Per il quinto anniversario si sono presentati solo pochi manifestanti che regalavano fiori e sventolavano la bandiera egiziana. Nel 2020 c'era sì e no un pugno di persone. Nel 2021, decimo anniversario, mentre il mondo era ancora nel pieno di una terribile pandemia, Martin Chulov del *Guardian* rifletté sui cambiamenti rispetto a dieci anni prima:

> A un decennio di distanza, la rampa di lancio della rivoluzione egiziana – elemento fondamentale delle sollevazioni note con il nome di Primavera araba – è un posto assai diverso, come il paese. Il prato è stato cementificato e vi è stato eretto un nuovo obelisco, che punta verso il cielo – tagliente richiamo a tempi di severe certezze. Il traffico si muove lento intorno a una rotonda ormai priva di dimostranti e di sfide. La polizia segreta è in posizione e, tutt'altro che segretamente, nelle vicinanze. Si parla poco di rivoluzione e ai tentativi di provocare gli spettri di piazza Tahrir risponde la mano pesante del rafforzato stato militare che si è affermato quando la rivoluzione è tramontata.[40]

* * *

A una festa di Capodanno a Zamalek, la rigogliosa isola sul Nilo dove vivono molti diplomatici e giornalisti stranieri, ho conosciuto una vivace giovane di nome Sally Touma. Cristiana e psichiatra di formazione, Sally lamenta soprattutto la condizione socioeconomica delle donne egiziane. Quand'ero una giovane studentessa a Londra, molti anni prima, ricordavo di aver conosciuto la grande femminista egiziana Nawal al-Sa'dawi, anche lei psichiatra. Al-Sa'dawi veniva da un piccolo villaggio conservatore e aveva passato la vita a lottare contro le mutilazioni genitali femminili e la sottomissione delle donne nella società egiziana. Alcuni la definiscono la Simone de Beauvoir del Medio Oriente. Al-Sa'dawi fu circoncisa da bambina, si occupò degli otto fratelli dopo la morte dei genitori e cominciò a studiare medicina in un'epoca in cui le donne egiziane non studiavano materie scientifiche. Ha analizzato la difficile condizione delle donne egiziane, soprattutto i problemi fisici e psicologici legati all'oppressione. Era coraggiosa, diretta, indomabile. Affrontò gli islamisti, combinò il femminismo con il panarabismo e, quando nel 1981 fu incarcerata con accuse inventate, scrisse le sue memorie sulla carta igienica usando come penna una matita per il trucco che aveva ottenuto di contrabbando.

È morta il 21 marzo 2021, mentre stavo correggendo questo libro. Rimasi stupefatta aprendo il *New York Times* davanti al mio caffè della mattina, quando vidi la foto di Al-Sa'dawi – con una camicetta rosa shocking, un ciuffo di capelli bianchi – accanto al suo necrologio.[41] Sembrava una di quelle forze della natura che non possono mai morire: era così vitale. Ricordo di aver camminato con lei lungo Haymarket, a Londra, un giorno d'inverno. Avvolta in un vecchio soprabito di tweed, mi spiegò come il patriarcato e la povertà – non l'Islam, nel caso delle donne arabe – opprimono le donne. Questa era la tesi del suo splendido libro del 1977, *The Hidden Face of Eve* ("Il volto nascosto di Eva"). "Dovrei essere più aggressiva, perché il mondo sta diventando più aggressivo e noi abbiamo bisogno che la gente levi la voce contro le ingiustizie," dichiarò alla BBC nel 2008.[42]

Sally Touma, che era stata una forza trainante nelle manifestazioni di piazza Tahrir nel 2011, parlava delle stesse battaglie di Al-Sa'dawi. Per Sally l'oppressione non era tanto una questione di cristiani contro musulmani, quanto piuttosto una questione di classe e di condizioni economiche. Si definiva "cristiana marxista" o "socialista rivoluzionaria".

"Le donne cristiane sono in fondo a un pozzo buio," diceva, elencando le sfide sulle dita: esclusione dal potere. Paese musulmano. Miseria. Al-Sisi leader devoto e religioso. "Ma il problema per me è la classe," diceva, "non la religione."

L'ultimo giorno del 2019 mi inoltrai in macchina nel deserto di Nitria, a ovest del delta del Nilo, in direzione di Alessandria, verso il monastero Baramos, o monastero Paromeos, nel Wadi el-Natrun. Ero ancora una volta in compagnia della madrina di mio figlio, Mariann, una cattolica austriaca con cui avevo trascorso molto tempo seduta tranquillamente nelle chiese europee. Avevamo acceso candele insieme e avevamo spesso parlato della fede in cui eravamo cresciute e che tentavamo di adattare alla vita moderna. La mia amica è una delle persone più spirituali che conosco, ma non giudica mai coloro che non credono. Semplicemente, vive la propria vita seguendo una strada che comprende sempre Dio.

Arrivammo al monastero di prima mattina. Il deserto lungo l'autostrada era una polvere d'oro. L'invito che avevamo ricevuto dai monaci ci ricordava che avremmo dovuto andarcene prima di mezzogiorno, in modo che poi potessero continuare le loro preghiere solitarie. Avevo passato la prima parte del viaggio a dormire sotto una coperta presa in albergo e mi ero svegliata davanti al campanile di pietra bianca della chiesa più antica del monastero, puntato verso il cielo. Nel complesso ci sono cinque chiesette e cappelle, e la più grande è dedicata alla Vergine Maria.

All'ingresso superammo vari controlli di sicurezza, poi una macchina della polizia ci scortò all'interno. Queste attenzioni mi ricordarono che, a dispetto dell'isolamento del monastero, i monaci erano per molti aspetti in pericolo.

Era un posto bello e pacifico, dipinto di bianco, con file ordinate di fiorellini e cespugli ben curati pieni di foglie verdi. Fino a quarant'anni fa, non ci arrivava nessuna strada. Solo i cammelli potevano intraprendere il viaggio. I monaci vivevano nelle grotte vicine e si radunavano per mangiare insieme, in silenzio, a tavoli di legno.

All'ingresso un omino vestito di scuro ci accolse e ci guidò lungo gli antichi corridoi e i giardini rigogliosi. Conosceva bene le persecuzioni contro i cristiani, i monaci che l'avevano preceduto avevano respinto gli attacchi di banditi, berberi, beduini e romani. Si erano barricati all'interno delle mura, avevano ritirato le scale e spesso erano stati assediati per mesi, nutrendosi di pane e acqua.

"Restavano dentro a pregare," disse il monaco, che non volle dirci neanche lui il proprio nome. Gli chiesi se potevo chiamarlo Michele. Annuì.

Questa è la situazione dei cristiani in Egitto oggi, mi ricordò. C'è paura, ovviamente. Restano assediati, forse sotto il generale Al-Sisi ancora di più che sotto Mubarak. L'osservatorio cristiano Open Doors colloca l'Egitto al sedicesimo posto nell'elenco dei peggiori paesi al mondo in termini di persecuzione, peggio della Corea del Nord.

Ma il monaco non era preoccupato. "Abbiamo visto di peggio," disse. "Più siamo perseguitati, più preghiamo."

Per un'ora e più mi spiegò con dovizia di particolari le differenze fra le molte Chiese cristiane – copta e cattolica romana, siriaca e greco-ortodossa – e cosa divideva le persone, in cosa differivano i loro riti e i loro santi. Mi spiegò attentamente il rito della transustanziazione e le piccole differenze fra cattolici e ortodossi riguardo alla terza persona della Trinità, lo Spirito Santo.

I monaci erano andati nel deserto con l'unico scopo di raggiungere l'illuminazione: di vivere secondo i principi monastici. Ma adesso, lamentò il monaco, si trovavano impegnati in attività sociali per la più vasta comunità cristiana. Purtroppo, il monastero era diventato facilmente raggiungibile. Lui era andato lì per fare l'eremita fra gli eremiti, e rimpiangeva quel tempo.

Disse anche che il monastero era stato parzialmente modernizzato quando, qualche anno prima, un ingegnere tedesco aveva scoperto l'acqua nel sottosuolo. Grazie al nuovo pozzo, i monaci avevano trasformato l'ascetico ritiro eremitico in un'oasi lussureggiante. Invece che nudo e scomodo, il monastero adesso appare accogliente, caldo, ben tenuto e molto amato. Questo crea un netto contrasto con il Cairo e con i villaggi vicini al monastero, dove le persone continuano a vivere in edifici che crollano loro intorno.

In una cappella silenziosa, Michele mi lasciò aspettare in piedi per qualche tempo mentre tre monaci copti cantavano le loro preghiere, che (mi avvertì) potevano durare parecchie ore. Gli avevo chiesto se potevo restare per un po' a pregare in silenzio e lui aveva acconsentito.

La stanzetta era illuminata dal sole e piena del soverchiante profumo dell'incenso. Le pareti erano piene di icone. Mentre cantavano e pregavano, i tre monaci perlopiù mi ignoravano. Dopo un po', Michele venne e mi fece segno di seguirlo, e raggiunsi Mariann, che era rimasta fuori della cappella ad aspettarmi. Quel luogo aveva un effetto potente su entrambe. In seguito mi scrisse: "Tu eri in cielo, in quella cappella, mentre ascoltavi le preghiere e i canti dei monaci. Io sono rimasta fuori e ho notato il vento che soffiava dolce fra gli edifici di argilla e le belle ombre che il sole proiettava sulle pareti."

Michele ci fece vedere un'icona della Madonna Nera. Ci ricordò la credenza che Maria, la madre di Gesù, sia venuta in Egitto quando lui aveva solo due anni, per sfuggire a re Erode. Poi ci condusse a una semplice foresteria a prendere il tè.

Nella foresteria c'erano alcune famiglie cristiane riunite sui divani con i loro bambini. Sembravano silenziosamente felici. Il monaco disse che aveva trent'anni quando aveva deciso di vivere una vita di fede, scegliendo quella tranquillità con pochissime distrazioni. Prima aveva studiato matematica. Adesso ha una semplice stanza poco lontano dal monastero. Legge il Vangelo, prega, mangia. Parla con i confratelli. Non è informato delle manifestazioni di Black Lives Matter, a New York, o di quello che succede al Cairo. La sua fede gli basta.

Quando lasciai il Cairo, le parole di una delle molte persone che avevo intervistato mi riecheggiarono in mente: "Non credo che questa sia la fine della storia. La storia non è finita." Pensai a Zakher, che descriveva con piacere come la sua casa, mezza musulmana e mezza cristiana, si era evoluta negli anni settanta, quando il settarismo non era così dilagante. Mi assicurò che il diritto dei cristiani alla terra era fondamentale – "Noi abbiamo un legame importante con la terra. In tutte le preghiere, preghiamo per il paese e il suo futuro. Quello che succede qui è di estrema importanza per noi" – ma ancor più di questo, mi raccontò di pasti condivisi, risate e scherzi.

"Credo che sia importante che questa generazione ricordi che eravamo abituati a vivere insieme nella stessa casa."

Epilogo

Quarantena, aprile 2020

> "Anni fa avevamo la chiesa; era solo un modo per dire che eravamo uniti."
>
> Jack Nicholson che interpreta
> Frank Costello nel film di Martin Scorsese
> *The Departed – Il bene e il male*

Qui sulle Alpi ci stiamo preparando alla Pasqua. L'agnello che abbiamo ordinato al contadino in fondo alla strada verrà macellato oggi. Nella mia vita prima dell'isolamento, mi sarei tirata indietro di fronte alla prospettiva di contribuire alla morte di un animale innocente. In Iraq avevo assistito alla macellazione rituale degli agnelli prima delle festività musulmane. La più sanguinosa fu a Kerbala, la città santa dei musulmani sciiti, prima di Eid al-Adha. Ebbi la nausea per giorni.

Ma nella nuova vita del lockdown non penso all'animale. Penso a quanto durerà la carne, per nutrire sei persone nel nostro ritiro fra i monti. Un'amica continua a ricordarmi che siamo ben lontane dall'*Hongerwinter* dell'Olanda del 1944, "l'inverno della fame", quando molte persone, fra cui Audrey Hepburn, sopravvissero grazie a bulbi di tulipano e barbabietole da zucchero. La nostra dieta però, e le nostre abitudini, sono determinate da qualcosa di più grande di noi in questo momento: il coronavirus. Si mangia quello che si riesce a ottenere dai contadini dei dintorni, e senza lamentarsi.

La Settimana Santa della mia infanzia in America era un evento laborioso. Andavo a una scuola cattolica gestita da severe suore domenicane irlandesi, e c'erano infinite messe quotidiane, alcune in latino. C'erano i canti, la recita delle preghiere imparate a memoria e un gran passaggio di bigliettini impertinenti fra le mie amiche. Ci inginocchiavamo su inginocchiatoi di legno per quelle che sembravano ore. Le temute suore pattugliavano le navate, le facce rosse e arcigne tra le pieghe del velo.

Il Giovedì santo c'era la messa serale che commemorava la lavanda dei piedi dei discepoli da parte di Gesù, con i preti e i chierichetti locali che distribuivano l'Acqua Santa. I miei fratelli erano chierichetti. Allora, prima che gli scandali sessuali rovinassero la Chiesa cattolica, i preti erano come i medici, figure profondamente rispettate. Ma com'era strano vederli, con le loro vesti scure, a piedi nudi. Nel 2020, papa Francesco officiò la messa in una basilica vuota. Non lavò i piedi. Il coronavirus e il distanziamento sociale avevano alterato – e in qualche caso sradicato – molte tradizioni, almeno per qualche tempo.

I Venerdì Santi della mia infanzia erano tristi. Non potevamo mangiare carne. Alle tre del pomeriggio in punto, l'ora della morte di Nostro Signore, il cielo, nel mio ricordo, si faceva sempre spaventosamente buio. Le suore interrompevano le lezioni e restavamo sedute in silenzio. Eppure, ricordo anche quei momenti assurdi, bizzarri, che scandivano la Settimana Santa. A volte guardavamo film che volevano essere di ispirazione e in qualche modo autentici: un bellissimo Richard Burton giovane in *La tunica*, o un epico Charlton Heston in *Ben Hur.* Come ridevamo quando un John Wayne in gonnella, che impersonava un soldato romano in *La più grande storia mai raccontata*, guardava intensamente Gesù crocifisso e dichiarava, con il migliore accento del vecchio west: "Davvero quest'uomo era il figlio di Dio."

Molte cose sono diverse in questo strano anno di pestilenza. C'è una TV nella grande sala della nostra fattoria qui a Vercors, che usiamo solo per seguire i notiziari – le chiamiamo *info* – alle otto di sera. Trovo difficile guardare altro che semplici fatti. Le trasmissioni sono tutte dedicate a gente che pontifica sull'infuriare del virus. Mi sento in colpa a guardare *The Office* o *Narcos.* Ogni tanto c'erano lunghe riprese delle vie di Parigi deserte e una volta un servizio su un addetto alla sicurezza della Torre Eiffel, vuota. Non riesco a capacitarmi del fatto che poche settimane fa molte migliaia di persone erano vive e adesso sono scomparse.

La mia amica Anna, che trascorre il lockdown in centro a Parigi, si siede tutte le mattine nel bel giardino di una casa di riposo per preti su Boulevard Raspail. Come i suoi concittadini, le è concessa una passeggiata al giorno. Uscendo di casa in questo periodo, ha trovato sollievo nel canto degli uccelli. Ha scoperto che, per qualche istante, riesce a non pensare al virus. Stamattina mi ha telefonato in lacrime. Mentre era seduta lì, immersa nella serenità, sono spuntati degli infermieri tutti imbacuccati che portavano via il corpo di un prete, defunto. Sperava che fosse morto per cause naturali, invece no: era morto, è venuta a sapere, durante la Settimana Santa, per complicazioni dovute al Covid-19.

In questa settimana di Pasqua, mi conforta e mi consola seguire qualche tradizione campagnola. La chiesa locale si dà il caso che sia chiusa. Anche nei momenti migliori questa zona è così isolata che la messa si sposta di villaggio in villaggio, ogni domenica, perché c'è un solo prete. Invece di andare a messa, quindi, sono andata in una cappellina sul limitare del bosco. Compongo piccole corone di fiori selvatici gialli e le metto sul capo della statua della Madonna. Accendo una candela. Prego per gli ammalati e per i morti. Di solito non prego molto, sono una peccatrice orgogliosa, anzi. Ma in questi tempi bui la mia fede sta tornando.

Mi cimenterò anche nella preparazione di cibo tradizionale. Mia madre, la cui famiglia viene da Napoli, ha cent'anni e vive quasi isolata in una cittadina di campagna del New Jersey. Quand'ero piccola, la sua settimana di Pasqua comprendeva un rituale tramandato da generazioni: la preparazione di una specie di torta salata pasquale, conosciuta con molti nomi tra cui "pizza rustica". È un piatto napoletano simile a una pizza ripiena di formaggio e salsiccia, che si cuoce e poi si taglia a fette da fredda. Siccome i napoletani più religiosi si astenevano per quaranta giorni da latticini e uova, questa torta salata era un bel modo per rompere il digiuno. "Quando i contadini andavano a lavorare nei campi," mi raccontava la mia zia prediletta, Yola, "prendevano le fette avvolte in un panno." E si premurava sempre di aggiungere: "Non che la nostra fosse una famiglia di contadini."

La scelta degli ingredienti era la parte più difficile: il parmigiano perfetto, il prosciutto giusto. La mia vivace zia, quand'era viva, era l'addetta alla preparazione. Donna di successo ben prima dell'emancipazione femminile, Yola aveva una bella cucina, costruita negli anni quaranta – cosa abbastanza interessante – da un architetto francese che si era ispirato a una fattoria provenzale. La sua *batterie de cuisine* era simile a quella che uso adesso: vecchi attrezzi da cucina campestre, imbuti di alluminio, cucchiai di legno screpolati, il complicato cavatappi di ottone di mio nonno, comperato a Napoli negli anni venti.

Stavo da parte a osservare Yola e mia madre che setacciavano la farina, grattavano infiniti pezzi di parmigiano e affettavano le cipolle. Non mi era permesso fare granché, a parte mescolare. Negli anni, man mano che i parenti che mi avevano legata al passato se ne andavano, a uno a uno, il compito venne affidato a mio fratello Joseph. Anche lui era un cuoco eccellente e viveva vicino a mia madre. Ma i suoi tentativi di pizza rustica erano disastrosi: una volta la crosta era troppo molle, oppure il formaggio si era indurito troppo.

Joseph è morto tragicamente nel 2015. Ancora oggi, sei anni dopo, sono in lutto per lui: non sono sicura di dove sia andato. Mia madre, che aveva perso altri due figli, ha passato un periodo di profonda sofferenza e dopo la sua morte ha ordinato ai figli rimasti di comperare la pizza da un panettiere italiano dei dintorni. "I miei giorni in cucina sono finiti," dichiarò. La versione del panettiere era buona, ma non era la stessa cosa.

Da giornalista di guerra, le più grandi tragedie che ho visto e raccontato sono state quelle che coinvolgevano famiglie separate da avvenimenti al di fuori del loro controllo: un bambino spinto sull'ultimo autobus che abbandonava una città caduta, file di profughi che perdevano i famigliari nella folla. Molti di noi adesso sono separati dal coronavirus.

Mi sento così lontana da mia madre, dalle nostre vacanze insieme. Così, quest'anno, in lockdown, preparerò ancora una volta la torta pasquale. In questa regione della Francia non c'è la ricotta, ma abbiamo la *crème fraiche* di latte vaccino. L'unico parmigiano disponibile arriva in brutti sacchetti di plastica al supermercato, che apre solo qualche ora al giorno. E il prosciutto non esiste anche se c'è il *lardon* di maiale e delle buone salsicce francesi. Con l'aiuto di mia madre, tuttavia, ci proverò. La chiamerò su FaceTime e tenterò di setacciare la farina con la sua guida.

Molti anni fa, non so neanche quando o perché, ho scritto queste parole in un saggio: "La Pasqua intende essere un simbolo di speranza, rinnovamento e vita nuova." È l'unica occasione della mia carriera in cui una cosa che ho scritto è diventata follemente virale. Adesso compare su cartoline, poster di pulcini, foto di gigli bianchi e tramonti pastello. Sì, molte persone hanno espresso sentimenti simili nel corso dei secoli. Ma per qualche motivo questo frammento di saggio ha colpito nel segno. Amici d'infanzia mi hanno scritto che i loro famigliari l'avevano visto, con la mia firma, nei bollettini della loro chiesa in South Carolina, in Georgia, nel Regno Unito, nelle Filippine.

Quest'anno ho bisogno di simboli di speranza. Qui a Grisail, il nostro minuscolo villaggio alle pendici del Mont Aiguille (dove, secondo la leggenda, nel 1492 è nato l'alpinismo), cerchiamo di essere speranzosi. La seconda madrina di mio figlio, che è ebrea – suo padre è un sopravvissuto dell'Olocausto e sua madre è cresciuta in una famiglia ortodossa di Brooklyn – mi ha detto che quello che la colpisce profondamente in questa settimana di Pasqua è che molte persone religiose sentono che Dio le proteggerà. Gli ultraortodossi, a Gerusalemme, si rifiutano di ubbidire alle restrizioni del governo perché dicono che Dio è con loro. Ho letto le stesse parole pronunciate da devoti iraniani ed evangelici, alcuni dei quali si ostinano a radunarsi in chiesa nel mezzo di una pandemia.

Perché, mi chiedo, membri di questi sistemi di credenze diverse sono spinti a compiere questi riti di preghiera quando il fatto di radunarsi in pubblico è un rischio per il loro benessere? Ci vanno, secondo me, perché credono che Dio li salverà – mentre in verità a proteggerli sono Dio, la buona medicina e la saggezza del distanziamento sociale, tutti insieme. Ci vanno anche perché, religiosi o meno, in tempi di pestilenza o di timore, la speranza è tutto ciò che abbiamo.

Gli scomparsi

Le comunità cristiane in paesi che esulano dall'argomento di questo libro continuano a soffrire a causa di persecuzioni e attentati, dagli oltre trecento fedeli dello Sri Lanka uccisi nelle esplosioni della Pasqua 2019 alle decine di migliaia di cristiani che si stima languiscano nei campi di concentramento nordcoreani a causa della loro fede (la maggior parte di loro vi troverà la morte). Il presidente della Turchia recentemente ha annunciato che la basilica di Santa Sofia, la cattedrale più grande del mondo, centro del Cristianesimo ortodosso orientale da quasi mille anni, sarà trasformata di nuovo in moschea – l'ennesimo colpo per l'antica, ma moribonda, comunità cristiana di quel paese.

Quello che mi affascinava mentre svolgevo le ricerche e scrivevo questo libro, e continua ad affascinarmi tuttora, è il modo in cui i fedeli riescono a conservare la loro fede. “La fede ha a che fare con cose che non si vedono e la speranza con cose che non sono a portata di mano,” ha scritto il teologo e filosofo Tommaso d’Aquino nel XIII secolo.

Dai tempi bui c’è sempre qualcosa che emerge: una credenza, una preghiera, un cambiamento sociale, una speranza che la vita sarà migliore. Omar, il giovane di Gaza di cui ho raccontato la storia in questo libro, mi ha scritto per dirmi che sua madre era morta durante il lockdown e che lui non aveva potuto tornare a Gaza per realizzare il suo ultimo desiderio, quello di vedere suo figlio. Gli ho risposto offrendo l’unica consolazione che conosco per chi subisce una grave perdita, una citazione dal grande libro di Thornton Wilder sulla fede, *Il ponte di San Luis Rey*. È una frase che mi ha sostenuto in occasione della morte di tante persone amate, compresi i miei due fratelli: “C’è una terra dei vivi e una terra dei morti, e il ponte è l’amore, la sola sopravvivenza, il solo significato.”[1]

I morti, e soprattutto coloro che amiamo e che ci lasciano, non sono mai lontani da noi; questa è sempre stata la mia convinzione. Me l’ha insegnato la vita in tempo di guerra. Ma quello che pensavo in realtà mentre scrivevo, tentando di confortare un giovane in lutto che nella sua vita aveva già sofferto tanto – quattro guerre, l’uccisione del suo amato fratello – era che c’è qualcosa che ci sostiene, ed è la fede. La commovente visita di papa Francesco in Iraq, nel 2021, nel pieno del Covid, lo testimonia.

Quasi tutti i cristiani che ho intervistato per questo libro hanno usato più e più volte la stessa parola, in diverse lingue, per spiegare perché continuano a credere, malgrado, malgrado, malgrado: per amore, hanno detto.

Per quanto riguarda le comunità cristiane presenti in questo libro che hanno affrontato una simile sfida, dai copti, con le loro chiese incendiate in Egitto, alle suore assediate a Maalula, alle congregazioni perseguitate dell'Iraq, la loro fede ha in qualche modo cancellato il male che hanno subito?

È stata la speranza a sostenere le comunità cristiane per molti anni, a dispetto di invasioni, malattie, miseria e delle ondate di emigrazione che hanno svuotato i loro quartieri e impoverito la loro ricca e antica vita culturale e spirituale. Le chiese nelle vicinanze di Mosul sono state rase al suolo, ma io ho visto le persone frequentarle ugualmente, sedersi sulle panche rotte in strutture semidiroccate, mormorando comunque preghiere che credevano davvero che le avrebbero elevate a qualcosa di più alto delle loro immediate e disperate circostanze. I cristiani credono, come insegna il Vangelo, che c'è un'altra vita, una vita senza dolore, senza rimpianti, senza sofferenza. Io non seguo il Vangelo come dovrei, né mi definirei devota, ma mi considero una credente.

E so che quando penso a coloro che ho perduto – i miei fratelli, i miei amici morti in guerra – ci ritroveremo in un posto dove il dolore non esiste più. Forse sono ingenua, ma questo è quanto ho trovato nei molti anni in cui ho lavorato a questo libro e tutto quanto ho raccolto nei decenni che mi hanno portato a esso. Ho imparato qualcosa di profondo da ciascuna delle persone che ho incontrato in Siria, in Iraq, a Gaza o in Egitto, che pregavano silenziosamente e senza alcuna certezza di essere liberate o redente. Eppure, continuavano a pregare.

Per molti versi, quindi, questo è un libro sulle comunità morenti, ma è anche un libro sulla fede. L'ho scritto in modo che le persone che ho documentato non scompaiano mai. Sono qui, su queste pagine, e perciò vivranno per sempre. Ma l'ho scritto anche per riconoscere che la loro fede, per molti versi, è più potente di tutti gli eserciti che ho visto impegnati a distruggerle.

Ringraziamenti

Parigi, luglio 2020

Ho fatto la reporter di guerra freelance e la ricercatrice sui diritti umani per la maggior parte dei miei trentacinque anni di lavoro: spesso è stata una strada solitaria, certo segnata da incertezza economica e spirituale. Sono in debito con le organizzazioni che hanno reso possibile a una persona come me di svolgere il lavoro sul campo necessario per scrivere dei mondi e delle comunità di persone che magari fra cent'anni non saranno più di questo mondo.

Il Council on Foreign Relations mi ha concesso la sua Edward R. Murrow Fellowship nel 2017, che mi ha consentito di avere un ufficio su Park Avenue per scrivere e il tempo per tornare in Medio Oriente e colmare le lacune del mio lavoro sul campo. La John Simon Guggenheim Foundation è stata più che generosa nell'aiutarmi, concedendomi una borsa di studio nel 2019 che mi ha permesso di tornare nella regione e terminare la stesura finale, e ha avuto anche parole gentili sul mio progetto. L'American Academy of Arts and Letters mi ha inaspettatamente dato il

Blake-Dodd Prize per l'insieme delle mie opere, dandomi in un certo senso la sensazione che tutti questi anni passati faticosamente in zone di guerra con un taccuino non siano stati invano. Type Investigations, l'ex Investigation Fund al Nation Institute, allora diretto da Esther Kaplan, mi ha dato tre diversi finanziamenti per viaggiare e indagare sui motivi per cui i cristiani stavano scomparendo. Sono eternamente grata a organizzazioni come queste, che permettono a studiosi e giornalisti di continuare il loro lavoro. Un ringraziamento speciale all'IWMF (International Women's Media Foundation) e a Elisa Lees Muñoz per il loro notevole lavoro e per avermi aiutato durante tutta la mia attività.

Grazie a Nicole Tung, meravigliosa e dotata fotogiornalista e produttrice, che mi ha accompagnata in molti dei viaggi descritti in questo libro. L'ho conosciuta quando si era appena laureata in giornalismo alla New York University e faceva il tirocinio in Libia, girando con una macchina fotografica e tanto coraggio.

Nicole, che è originaria di Hong Kong, è una compagna calorosa, ma possiede anche una penetrante saggezza. Il suo senso della giustizia e della compassione, il suo intuito per le storie e il suo immenso talento ne fanno una collega ideale sul campo. Inoltre, ha sempre in valigia un enorme kit di pronto soccorso e sa come effettuare la maggior parte degli interventi urgenti, oltre a riconoscere una mina e identificare quali armi porta un soldato a un posto di blocco. Si lamenta di rado per il freddo, la fame o i lunghi e sussultanti viaggi nel retro di un'auto in zone di conflitto. La sua onestà verso i colleghi è celebre. È una star in tutti i sensi.

Harper's Magazine sotto John R. MacArthur, Ellen Rosenbush e il direttore James Marcus ha pubblicato il mio primo reportage sui cristiani in Medio Oriente, intitolato "The Vanishing", che è diventato il punto di partenza per questo libro. È stato James a darmi l'idea di tornare in Iraq e raccontare di questi popoli antichi. Chris Beha, oggi direttore di *Harper's*, mi ha incaricata di andare in Egitto e raccontare dei copti e della loro lotta, e ha pubblicato i pezzi successivi. Anche *Air Mail*, *Vanity Fair*, *Granta*, *The Critic* e la *New York Review of Books* hanno pubblicato parti di questo libro in versioni precedenti; grazie a David Friend, Sigrid Rausing, Michael Mosbacher, Matt Seaton, Graydon Carter e Alessandra Stanley.

Sono molto grata ai miei talentuosi e sensibili direttori Alexandra Pringle e Clive Priddle, Michelle Welsh-Horst e Katherine Streckfus, Allegra LeFanu a Londra, e ai miei agenti Kim Witherspoon e David Forer. Grazie a Jocelynn Pedro, Jaime Leifer, Miguel Cervantes e Anu Roy-Chaudhury di PublicAffairs.

Misia Lerska, una giovane e riflessiva studentessa della Wellesley University, mezza polacca e mezza francese, ha parlato a lungo con me di questo libro fin dall'inizio e mi ha aiutato nelle ricerche in francese e con altri materiali. Altri solerti stagisti sono stati Lara Adoumie, una siriana-americana che adesso è alla facoltà di legge della University of California, Los Angeles, e Alex Toutounj, laureato di Georgetown di origini libano-siriane e cristiane, i cui nonni sono cresciuti in Egitto. Sophie Huttner e Nathalie Bussemaker dello Yale College e Dorothy Scarborough dell'Amherst College sono state tutte lettrici e ricercatrici competenti. Dorothy aveva un'affascinante tendenza a tirare fuori le notizie più oscure e intriganti – per esempio scoprendo che la macchina che ho guidato in Iraq era dello stesso modello usato da Hillary Clinton per incontrare Bill, a Washington, nel 1987.

Sono profondamente indebitata con il professor James Levinsohn, visionario e talentuoso fondatore e direttore del Jackson Institute for Global Affairs della Yale University. Quando Jim mi ha reclutata dal Council on Foreign Relations come Senior Fellow nel 2017 non avevo idea di quanto il Jackson Institute mi avrebbe cambiato la vita. Il rigore intellettuale e la curiosità, la forza mentale e il cameratismo degli altri Fellows, e il costante flusso di informazioni della comunità erano fondamentali per un'autrice che aveva passato la vita a lavorare da sola sul campo.

Ma questo libro non avrebbe potuto essere completato senza l'aiuto di due studenti molto dotati del Jackson Institute, Zachary White e Robin Schmid. Robin esplora questioni di genere in politica; Zach è concentrato su Turchia e Caucaso. Entrambi si sono gettati senza timore in un libro sui cristiani in Medio Oriente con l'entusiasmo e la devozione con cui i più coraggiosi sherpa guidano un alpinista stanco e sfortunato sul monte Everest.

Quando è nato mio figlio Luca, nel 2004, dopo che avevo passato tanti anni a girare nei luoghi più cupi del mondo come parte di quella rara e strana categoria detta "giornalisti di guerra di professione", una delle lettere di congratulazioni che ho ricevuto veniva dal grande fotogiornalista di guerra Jim Natchwey.

"Hai fatto la tua parte," diceva. "Adesso passa il testimone."

Pur avendo un bambino piccolo, non ero ancora pronta a passare il testimone – tornai nell'Iraq in guerra quando mio figlio aveva solo sei mesi – e non sono pronta neanche adesso, sedici anni dopo. Ma nell'insegnamento a Yale ho imparato che stiamo formando una nuova generazione di giovani che andranno a rendere il mondo un posto migliore come agenti dei diritti umani, giornalisti, medici umanitari e avvocati. Ho piena fiducia che faranno grandi cose nella loro vita e sono più che orgogliosa dei loro contributi.

Il che mi porta ad altre persone, i cui nomi dovrebbero trovarsi in copertina: le centinaia di persone in Egitto, Siria, Iraq e Palestina che mi hanno aiutata a raccontare le loro storie. La defunta Karen Blixen (Isak Dinesen) una volta scrisse: "Qualsiasi dolore è sopportabile se lo si trasforma in una storia o se si racconta una storia che lo riguardi."

Il lavoro della mia vita è consistito nel raccontare storie per coloro che non potevano raccontarle da soli per timore di essere perseguitati, sottomessi e a volte addirittura uccisi. Molti di loro non possono essere elencati qui a causa di questo timore, ma qualcuno sì:

Gaza
padre Mario da Silva
Matthias Schmale, direttore delle operazioni dell'UNRWA a Gaza
Gaza Sky Geeks and #wearenotnumbers
Raffaella Iodice
Dottoressa Caitlin Procter
Chris Gunness
Omar al-Khatib
Ahmad al-Naouq
B'Tselem
Hagai el-Ad
Bel Mooney
Omar Shakir
Human Rights Watch
Amnesty International
Medici senza frontiere (Jacob Burns)
Amjad Tandesh
Dottor Jihad el-Hissi
Grisha Yakubovich

Pilar Crespi
Stephen Robert
Dottor Mahmoud Sabra
Dottor Yasser Abu-Jamei
Dottor Ahmed Yousef

Egitto
Mary Rogers
Mariann Wenckheim
Mirit Mikhail
Cecilia Udden
padre Exodoums
ambasciatore Jonathan R. Cohen
Sally Touma
Youssef Sidhom
"Big Pharaoh"
Aly el Tayeb
Omar Monies
Hamada el-Rasam
Michael Wahid Hanna
Dottor H.A. Hellyer
Dottoressa Rasha Abdulla
Zaki Abdullah
Kamel Zakher
Monique el-Fazy
Adham al-Sharkawy

Sona Tatoyan
Thomas Bedrossian
Khalil Jouayed
Sara Hamdy

Siria
Jenifer Fenton
Idrees Ahmad
Sarah Leah Whitson
Sarkis Balkhian
Dottor Radwan Ziadeh
Nadim Shehadi
Kenan Rahmani
Dottor Riad Adoumie
Lara Adoumie
ambasciatore Robert Ford
Liz Sly
Ludovic Hood
vescovo Antoine Chbeir
Dottor Omar Muhammed

Iraq
Mona Mahmoud
William Warda
ambasciatore Fareed Yassin
Alice Walpole

Joseph Pennington
Peter Galbraith
Tamara Chalabi
Sam Chalabi
Zaab Sethna
Tim Spicer
Ammar Dawood
Hanaa Edwar
Ali al-Saffar
Louay al-Khattib
Haris Zafar
Sajed Jiyad
Ali al-Malawi
Erin Evers
Nathan Sobey
Duncan Spinner
Dottor Mowaffak al-Rubaie
Mustafa Salim
Catherine Philp
Sam Morris
Mathew Van Dyke
Sara Hamdy

Grazie anche al canzoniere Eric Bazalian, che mi ha gentilmente permesso di usare le parole della sua bella canzone *One of Us* nel capitolo 3.

Infine, un ringraziamento speciale al mio unico figlio, Luca Girodon, che è cresciuto con una madre girovaga che lo ficcava in una cesta e spesso se lo portava dietro, che gli piacesse o no. Ha avuto un'infanzia poco convenzionale, ma sempre piena di amore. Da bambino ha dormito nei cassetti; ha dormito su una coperta per terra; ha dormito in valigie vuote; ha dormito sotto la mia scrivania; ha imparato a essere paziente negli aeroporti, a superare i posti di blocco e a mangiare cibi di tutto il mondo.

Ha dovuto condividere l'attenzione di sua madre non solo con i suoi libri e i suoi incarichi, ma anche con dissidenti, attivisti e difensori dei diritti umani, che spesso si univano a noi a cena dalla Siria, dall'Iraq, dall'Afghanistan, dai Balcani e dall'Africa. Quando Luca è stato abbastanza grande, a volte l'ho assunto per prendere appunti durante viaggi di ricerca in Palestina e altrove, pensando che fosse un modo per intrattenerlo, garantendogli nello stesso tempo una formazione sul mondo che a scuola non si riceve. Una volta ho letto che Margaret Mead faceva lo stesso con sua figlia Mary Catherine Bateson e ho pensato che doveva essere un ottimo modo per fare la madre.

Appunti o meno, Luca è diventato un giovane straordinario, la gioia del mio cuore. Ma è anche stato il mio stabilizzatore, la mia stella polare, la luce forte e chiara che mi riporta sempre a casa dai miei diversi vagabondaggi.

Note

Introduzione

1 D. Thompson, "Elite Failure Has Brought Americans to the Edge of an Existential Crisis", Theatlantic.com, 5 settembre 2019 (consultabile all'indirizzo https://bit.ly/3pDAl5U); "Religious Landscape Study," Pewresearch.org, Religion and Public Life, s.d. (consultabile all'indirizzo https://bit.ly/3BotT5l).

2 S. Pulliam Bailey, "More Than Half of Americans Have Prayed for the End of Coronavirus, Poll Finds", Washingtonpost.com, 30 marzo 2020, (consultabile all'indirizzo https://bit.ly/3MoFWG3); "Most Americans Say Coronavirus Outbreak Has Impacted Their Lives", Pewresearch.org, Social and Demographic Trends, 30 marzo 2020 (consultabile all'indirizzo https://bit.ly/42BHIJC).

3 "Middle East-North Africa," Globalreligiousfutures.org, s.d. (consultabile all'indirizzo https://bit.ly/42Xkhdk).

1. Iraq

1 Il nome di Reem è stato cambiato per proteggere la sua identità, come quello di Munzer.

2 *Genesi* 2,10-14. Vedi anche A. Wulf, "Which Way to the Gar-

den of Eden?", Nytimes.com, 5 agosto 2011 (consultabile all'indirizzo https://bit.ly/3OfUDg5).

3 *Ezechiele* 39, 27.

4 E. Green, "The Impossible Future of Christians in the Middle East", Theatlantic.com, 23 maggio 2019 (consultabile all'indirizzo https://bit.ly/42Xvmem).

5 A. Shadid, "Church Attack Seen as Strike at Iraq's Core", Nytimes.com, 1 novembre 2010 (consultabile all'indirizzo https://bit.ly/43dShmb).

6 T. Judah, "Passover in Baghdad", Granta.com, 1 luglio 2003, (consultabile all'indirizzo https://bit.ly/42CJ9aB).

7 P.J. Tobia, "Why Did Assad, Saddam and Mubarak Protect Christians?", Pbs.org, 14 ottobre 2011 (consultabile all'indirizzo https://bit.ly/3pDBsm6).

8 *Ibid.*

9 Secondo la BBC,

> Il termine "jihadista" è stato usato dagli studiosi occidentali fin dagli anni novanta, e più frequentemente dopo gli attacchi dell'11 settembre 2001, per distinguere fra islamisti sunniti violenti e non violenti.
>
> Gli islamisti mirano a riordinare il governo e la società in base alla legge islamica, o sharia.
>
> I jihadisti ritengono che la lotta violenta sia necessaria per eliminare ciò che ostacola la restaurazione della legge di Dio sulla terra e per difendere la comunità musulmana, o umma, da infedeli e apostati. Se l'umma è minacciata da un aggressore, essi ritengono che la jihad sia non solo un obbligo collettivo (*fard kifaya*), ma anche un dovere individuale (*fard ayn*) che ogni musulmano capace deve compiere, come la preghiera rituale e il digiuno durante il Ramadan.
>
> Il termine "jihadista" non è usato da molti musulmani, perché considerano erronea l'associazione di un nobile concetto religioso alla violenza illegittima. Al suo posto usano termini denigratori come "devianti".

"What Is Jihadism?" Bbc.com, 11 dicembre 2014 (consultabile all'indirizzo https://bit.ly/42S1OPu).

10 "Iraqi Christians Report a Decade of Blood," Sandiegouniontribune.com, 30 agosto 2014 (consultabile all'indirizzo https://bit.ly/3pHuxZb).

11 D. Williams, *Forsaken: The Persecution of Christians in Today's Middle East*, New York: OR Books, 2016, p. 80.

12 "Remarks by the Vice President at the 'In Defense of Christians' Solidarity Dinner", Presidency.ucsb.edu, 25 ottobre 2017 (consultabile all'indirizzo https://bit.ly/41yqKKJ).

13 "Remarks by Vice President Pence at Ministerial to Advance Religious Freedom", Whitehouse.gov, 26 luglio 2018 (consultabile all'indirizzo https://bit.ly/44V1NMF).

14 E. Green, "The Impossible Future of Christians in the Middle East", *cit.*

15 Il 24 settembre 2017 si è svolto un referendum sull'indipendenza del Kurdistan iracheno, i cui risultati provvisori mostrano che circa il 93,25 per cento dei voti sono stati a favore dell'indipendenza.

2. Gaza

1 Palestinian Central Bureau of Statistics (PCBS), "Preliminary Results of the Population, Housing and Establishments Census, 2017", Pcbs.gov.ps, febbraio 2018 (consultabile all'indirizzo https://bit.ly/3Mr7VF7).

2 M. Al-Jamal, "Christians in Gaza: History and Struggle", Hcef.org, 21 agosto 2013 (consultabile all'indirizzo https://bit.ly/3M1Qzx7).

3 Z. Al Tahhan, "Hamas and Fatah: How Are the Two Groups Different?", Aljazeera.com, 12 ottobre 2017 (consultabile all'indirizzo https://bit.ly/3IcZue2).

4 "Gaza: Journalist facing prison term for exposing corruption in Hamas-controlled ministry", Amnesty.org, 25 febbraio 2019 (consultabile all'indirizzo https://bit.ly/41wx8SQ).

5 J.P. Kirsch, "St. Philip the Apostle", *The Catholic Encyclopedia*, vol. 11, New York, Robert Appleton Company, 1911 (consultabile all'indirizzo https://bit.ly/3W2iz8g, che cita *Giovanni* 6,5).

6 "Palestinian Christians in the Holy Land," Imeu.org, 17 dicembre 2012 (consultabile all'indirizzo https://bit.ly/42A8QZz). Ma l'IMEU aggiunge: "Secondo i dati del governo israeliano, nel 2009 c'erano circa 154.000 cristiani cittadini di Israele, vale a dire circa il 2,1 per cento della popolazione. Di questi, approssimativamente l'ottanta per cento è costituito da arabi palestinesi, compresi 44.000 cattolici romani, mentre gli altri sono immigrati non arabi, perlopiù mogli di ebrei arrivate dall'Unione Sovietica nei primi anni novanta."

7 *Report by His Majesty's Government in the United Kingdom of Great Britain and Northern Ireland to the Council of the League of Nations on the Administration of Palestine and Trans-Jordan for the Year 1937*, 31 dicembre 1937, archiviato presso lo United Nations Information System on the Question of Palestine, (consultabile all'indirizzo https://bit.ly/3Brh2iB).

8 P. Halsall, "Huneberc of Heidenheim: The Hodoeporican of St. Willibald, 8th Century", sourcebooks.fordham.edu, 1 ottobre 2000 (consultabile all'indirizzo https://bit.ly/3BrDcBC).

9 "Gaza Crisis: Toll of Operations in Gaza", Bbc.com, 1 settembre 2014 (consultabile all'indirizzo https://bit.ly/41zTtyY).

10 "Two Years On: People Injured and Traumatized During the 'Great March of Return' Are Still Struggling", Un.org, 6 aprile 2020 (consultabile all'indirizzo https://bit.ly/3WjirBL).

11 P. Beaumont, O. Holmes, "US Confirms End to Funding for UN Palestinian Refugees", Theguardian.com, 31 agosto 2018 (consultabile all'indirizzo https://bit.ly/3Br9BrK).

12 "The 2014 Palestine Human Development Report: Development for Empowerment", Un.org, aprile 2015 (consultabile all'indirizzo https://bit.ly/3Ms9uTh).
13 O. Holmes, H. Balousha, "Gaza's Generation Blockade: Young Lives in the 'World's Largest Prison'", Theguardian.com, 12 marzo 2019 (consultabile all'indirizzo https://bit.ly/3Mt6DsY).
14 "Gaza Strip Demographics Profile 2019", Indexmundi.com, 7 dicembre 2019 (consultabile all'indirizzo https://bit.ly/3OamZYR).
15 Il nome di Omar è stato cambiato per proteggere la sua identità.
16 "We Are Not Numbers", *Informazioni*, Facebook.com, s.d. (consultabile all'indirizzo https://bit.ly/3nV7vxp).
17 Il nome di Abdel è stato cambiato per proteggere la sua identità.
18 O. Ashour, "Egypt's Notorious Police Brutality Record", Aljazeera.com, 28 marzo 2016 (consultabile all'indirizzo https://bit.ly/42XC1pg).
19 Gaza Sky Geeks, gazaskygeeks.com.

3. Siria

1 J. di Giovanni, "Why Assad and Russia Target the White Helmets", Nybooks.com, 16 ottobre 2018 (consultabile all'indirizzo https://bit.ly/41AH6CO).
2 M. Zuhdi Jasser, "Sectarian Conflict in Syria", *PRISM* 4, s.e., 2014, 59-67.
3 *Ibid.*
4 R. Siriani, "Syria", in *Christianity in North Africa and West Asia*, a cura di K.R. Ross, M. Tadros e T.M. Johnson, Edimburgo, Edinburgh University Press, 2018, pp. 102-113.
5 *Ibid.*
6 *Ibid.*

7 J. di Giovanni, "Lebanon: About to Blow?", Nybooks.com, 8 febbraio 2018 (consultabile all'indirizzo https://bit.ly/3WjiKfT).
8 *Atti* 9,3-19.
9 R. Siriani, "Syria", *cit.*
10 Una precedente versione di questo passaggio è apparsa nel mio articolo per il *New York Times*, "Mountaintop Town Is a Diverse Haven from Syria's Horrors" pubblicato il 21 novembre 2012 (consultabile all'indirizzo https://bit.ly/3ObHd4y).
11 P.J. McDonnell, N. Bulos, "Syria Fighting Leaves Maaloula, a Historic Christian Town, in Ruins", Latimes.com, 16 aprile 2014 (consultabile all'indirizzo https://bit.ly/3BJCNdX).
12 S. Enjrainy, "Syrian Christian Village Besieged by Jihadists", *Al-monitor.com*, 5 settembre 2013 (consultabile all'indirizzo https://bit.ly/3Wbs3yb).
13 P.J. McDonnell, N. Bulos, "Syria Fighting Leaves Maaloula, a Historic Christian Town, in Ruins", *cit.*
14 R. Siriani, "Syria", *cit.*
15 *Ibid.*
16 A.I. Akram, *The Sword of Allah: Khalid bin al-Waleed – His Life and Campaigns*, Oxford, Oxford University Press, 2004.
17 R. Siriani, "Syria", *cit.*
18 *Ibid.*
19 *Ibid.*
20 *Ibid.*
21 A. Heraclides, A. Dialla, "Intervention in Lebanon and Syria, 1860-61", *Humanitarian Intervention in the Long Nineteenth Century: Setting the Precedent*, Manchester, Manchester University Press, 2015, pp. 134-147 (consultabile all'indirizzo https://bit.ly/3W6a7oP).
22 *Ibid.*
23 *Ibid.*
24 K. Yildiz, "Syrian History, 1918-2005", *The Kurds in Syria: The*

Forgotten People, Ann Arbor, MI, Pluto Press, 2005, pp. 27-42 (consultabile all'indirizzo https://bit.ly/42zLH9C).

25 *Ibid.*

26 R. Siriani, "Syria", *cit.*

27 *Ibid.*

28 *Ibid.*

29 Il nome di Thomas è stato cambiato per proteggere la sua identità.

30 O. Oehring, "On the Current Situation of Christians in the Middle East", in *Contemporary Conflicts and Value-Driven Policy*, a cura di G. Wahlers, Berlino, Konrad Adenauer Stiftung, 2015 (consultabile all'indirizzo https://bit.ly/3pJ9PYA).

31 M. Zuhdi Jasser, "Sectarian Conflict in Syria", *cit.*

32 Y. Karmanau, "Russia Plans to Invest $500 Million in Its Only Navy Base Outside the Former Soviet Union – Here's What It's Like There", Businessinsider.com, 18 dicembre 2019 (consultabile all'indirizzo https://bit.ly/3o1Fbcx).

33 R. Siriani, "Syria", *cit.*

34 *Ibid.*

35 J. di Giovanni, "How Yazidi Women Are Fighting Back Against ISIS", Vogue.com, 26 ottobre 2016 (consultabile all'indirizzo https://bit.ly/3BvC7Za).

36 R. Siriani, "Syria", *cit.*

37 O. Oehring, "On the Current Situation of Christians in the Middle East", *cit.*

38 M. Zuhdi Jasser, "Sectarian Conflict in Syria", *cit.*

39 Caesar Syria Civilian Protection Act of 2019, H.R. 31, 116th Cong., 1st sess. (consultabile all'indirizzo https://bit.ly/3MBwuPT).

40 "Syria: Stories Behind Photos of Killed Detainees", Hrw.org, 16 dicembre 2015 (consultabile all'indirizzo https://bit.ly/3OcKtgc).

41 Per approfondire l'economia siriana nell'estate del 2020, si veda

questo eccellente rapporto del Center for Global Policy: E. Tsurkov, "Syria's Economic Meltdown", Cgpolicy.org, 15 giugno 2020 (consultabile all'indirizzo https://bit.ly/3Ibxwzr).

42 A. Sparrow, "How UN Humanitarian Aid Has Propped Up Assad", Foreignaffairs.com, 20 settembre 2018 (consultabile all'indirizzo https://bit.ly/42CluHd).

4. Egitto

1 "Egypt: New Church Law Discriminates Against Christians", Hrw.org, 15 settembre 2016 (consultabile all'indirizzo https://bit.ly/3o1WAC1).

2 "Egypt: Horrific Palm Sunday Bombings" Hrw.org, 12 aprile 2017 (consultabile all'indirizzo https://bit.ly/431gA6m).

3 "Egypt Security Forces Kill 19 Suspects Linked to Coptic Attack", Aljazeera.com, 4 novembre 2018 (consultabile all'indirizzo https://bit.ly/433uhSF).

4 H. Sherwood, "Christians in Egypt face unprecedented persecution, report says" Theguardian.com, 10 gennaio 2018 (consultabile all'indirizzo https://bit.ly/3Mb4eSs).

5 "'How Long Are We Going to Live in This Injustice?' Egypt's Christians Caught Between Sectarian Attacks and State Inaction", Amnestyusa.org, 24 giugno 2014 (consultabile all'indirizzo https://bit.ly/3W61IkY).

6 T. Osman, "Egyptian Christians", *Egypt on the Brink: From Nasser to the Muslim Brotherhood*, edizione rivista, New Haven, Yale University Press, 2013, pp. 158-178.

7 S. Tadros, "Egypt", in *Christianity in North Africa and West Asia*, a cura di K.R. Ross, M. Tadros e T.M. Johnson, Edimburgo, Edinburgh University Press, 2018, pp. 68-79.

8 R.L. Tignor, "Christian Egypt", *Egypt: A Short History*, Princeton, NJ, Princeton University Press, 2010, pp. 105-121.

9 T. Osman, "Egyptian Christians", *cit.*, pp. 158-178.
10 S. Tadros, "Egypt", *cit.*
11 *Ibid.*
12 T. Osman, "Egyptian Christians", *cit.*
13 S. Tadros, "Egypt", *cit.*
14 T. Osman, "Egyptian Christians", *cit.*
15 S. Tadros, "Egypt", *cit.*
16 T. Osman, "Egyptian Christians", *cit.*
17 S. Tadros, "Egypt", *cit.*
18 *Ibid.*
19 T. Osman, "Egyptian Christians", *cit.*
20 *Ibid.*
21 *Ibid.*
22 S. Tadros, "Egypt", *cit.*
23 *Ibid.*
24 *Ibid.*
25 T. Osman, "Egyptian Christians", *cit.*
26 S. Tadros, "Egypt", *cit.*
27 T. Osman, "Egyptian Christians", *cit.*
28 *Ibid.*
29 "Delays in Criminal Case of Christian Woman Beaten and Stripped by Mob", Csw.org.uk, 27 agosto 2020 (consultabile all'indirizzo https://bit.ly/3IexTsU); J. Arraf, "After 2016 Assault, A Coptic Christian Grandmother in Egypt Fights for Justice", Npr.org, 26 maggio 2017 (consultabile all'indirizzo https://bit.ly/42F0wro). Vedi anche: H. Hendawi, "Muslim Mob Attacked Christian Homes in Egyptian Province", Dailyherald.com, 26 maggio 2016 (consultabile all'indirizzo https://bit.ly/3Mw70Dg).
30 "Criminal Court Acquits Three Men Accused of Assaulting a Christian Woman", Csw.org.uk, 18 dicembre 2020 (consultabile all'indirizzo https://bit.ly/42Fi0Um).
31 O.M. El Tohamy, "Why Sadat Cracked Down on Copts",

Csmonitor.com, 22 settembre 1981 (consultabile all'indirizzo https://bit.ly/42X6F1V).

32 D.B. Ottaway, "Egyptian Copts Support Ousted Patriarch", Washingtonpost.com, 7 settembre 1981 (consultabile all'indirizzo https://bit.ly/3pHmJ9M).

33 S. Mikhail, "Pope Shenouda III and the Coptic Church", Doi.org, ottobre 1983, p. 50 (consultabile all'indirizzo https://bit.ly/455kDjX).

34 S.C. Medina, "Religion: Egypt's Copts in Crisis", Content.time.com, 28 settembre 1981 (consultabile all'indirizzo https://bit.ly/4531aQW).

35 Il nome di Mina è stato cambiato per proteggere la sua identità.

36 "World's Most Powerful Arabs 2019: Ahmed Abou Hashima", Arabianbusiness.com, 2019 (consultabile all'indirizzo https://bit.ly/3OcuOxe).

37 Il nome di Omar è stato cambiato per proteggere la sua identità.

38 F. Dixon, "'Sisi Shows No Mercy': Nine Years On, Egypt Awaits the Rest of Its Revolution", English.alaraby.co.uk, 24 gennaio 2020 (consultabile all'indirizzo https://bit.ly/3Brh9uK).

39 "Why Did Egyptian Democratization Fail?", a cura di A. Hawthorne e A. Miller, Pomed.org, gennaio 2020, pp. 3-4 (consultabile all'indirizzo https://bit.ly/3o5pkcZ).

40 M. Chulov, "'The Release of Six Decades of Fear': Egypt's Lost Revolution", Theguardian.com, 24 gennaio 2021 (consultabile all'indirizzo https://bit.ly/3Ie88cj).

41 A. Cowell, "Nawal el Saadawi, Advocate for Women in the Arab World, Dies at 89", Nytimes.com, 21 marzo 2021 (consultabile all'indirizzo https://bit.ly/41E4mj9).

42 Z. Badawi, intervista con Nawal el Saadawi su HARDtalk, Bbc.co.uk, 23 maggio 2018 (consultabile all'indirizzo https://bit.ly/3Oe3iPT).

Epilogo

1 La citazione integrale è: "Noi stessi saremo amati per qualche tempo ancora e poi dimenticati. Ma l'amore sarà bastato; e tutti gli impulsi dell'amore ritornato all'amore da cui sono venuti. Nemmeno i ricordi sono necessari all'amore. C'è una terra dei vivi e una terra dei morti, e il ponte è l'amore, la sola sopravvivenza, il solo significato." T. Wilder, *The Bridge of San Luis Rey*, New York, HarperCollins, 1998 (1927), p. 107 (ed. it. *Il ponte di San Luis Rey*, traduzione di M. Bartocci, Roma, Elliot, 2013).

Consigli di lettura

LIBRI

A. Ahmad, *Und die Vögel werden singen. Ich, der Pianist aus den Trümmern*, Frankfurt am Main, S. Fischer, 2017 (ed. it. *Il pianista di Yarmouk*, traduzione di L. Ferrantini, Milano, La nave di Teseo, 2018).

J.L. Anderson, *The Fall of Baghdad*, New York, Penguin, 2005.

K. Armstrong, *The Bible: The Biography*, London, Atlantic Books, 2015.

–, *A History of God: The 4,000-Year Quest of Judaism, Christianity and Islam*, New York, Ballantine Books, 1994.

K. Bailey, *Jesus Through Middle Eastern Eyes: Cultural Studies in the Gospels*, London, SPCK Publishing, 2008.

M. Barghouti, *I Saw Ramallah*, New York, Knopf Doubleday, 2008.

N. Chomsky, I. Pappé, *Gaza in Crisis: Reflections on Israel's War Against the Palestinians*, Chicago, Haymarket Books, 2010 (ed. it. *Ultima fermata Gaza. Dove ci porta la guerra di Israele contro i palestinesi*, traduzione di M. Manganelli, Milano, Ponte alle Grazie, 2010).

Christians and the Middle East Conflict, a cura di P. Rowe, J. Dyck, J. Zimmermann, Abington-New York, Routledge, 2014.

K. Cragg, *The Arab Christian: A History in the Middle East*, Louisville, Westminster/John Knox Press, 1992.

S. Dagher, *Assad or We Burn the Country: How One Family's Lust for Power Destroyed Syria*, Boston, Little, Brown, 2019.

W. Dalrymple, *From the Holy Mountain: A Journey Among the Christians of the Middle East*, New York, Henry Holt, 1997.

K. Eid, *My Country: A Syrian Memoir*, London, Bloomsbury, 2018.

G. Emerson, *Gaza: Year in the Intifada: A Personal Account*, New York, Grove Atlantic, 2000.

J.P. Filiu, *Gaza: A History*, New York, Oxford University Press USA, 2014.

D. Filkins, *The Forever War*, New York, Knopf Doubleday, 2008.

J. di Giovanni, *Against the Stranger: Lives in Occupied Territory*, New York, Penguin, 1994.

–, *The Morning They Came for Us: Dispatches from Syria*, London, Bloomsbury, 2016.

E. Griswold, *The Tenth Parallel: Dispatches from the Faultline Between Christianity and Islam*, New York, Penguin, 2012.

J.L. Hevelone-Harper, *Disciples of the Desert: Monks, Laity, and Spiritual Authority in Sixth-Century Gaza*, Baltimore, Johns Hopkins University Press, 2014.

J.P. Jenkins, *The Lost History of Christianity: The Thousand-Year Golden Age of the Church in the Middle East, Africa, and Asia – and How It Died*, New York, Harper Collins, 2009 (ed. it. *La storia perduta del cristianesimo. Il millennio d'oro della Chiesa in Medio Oriente, Africa e Asia (V-XV sec.). Come è finita una civiltà*, traduzione di M. Mansuelli, Verona, EMI, 2016).

K. Khalifa, *Madih al-Karahiya*, Beirut, Amisa, 2006 (ed. it. *Elogio dell'odio*, traduzione di F. Prevedello, Milano, Bompiani, 2011).

T.E. Lawrence, *Seven Pillars of Wisdom*, Ware, Wordsworth Editions, 1997 (ed. it. *I sette pilastri della saggezza*, traduzione di S. Pisauri, Roma, Theoria, 2017).

G. Levy, *The Punishment of Gaza*, London-New York, Verso, 2010.

N. Mahfuz, *Bayn al-qasrayn*, Il Cairo, 1959 (ed. it. *Tra i due palazzi*, traduzione di C. Sarnelli Cerqua, Napoli, Pironti, 1996).

T. Osman, *Egypt on the Brink: From Nasser to Mubarak*, New Haven, Yale University Press, 2011.

I. Pappé, *The Ethnic Cleansing of Palestine*, New York, Simon and

Schuster, 2007 (ed. it. *La pulizia etnica della Palestina*, traduzione di L. Corbetta, A. Tradardi, Roma, Fazi, 2008).

W. Pearlman, *We Crossed a Bridge and It Trembled: Voices from Syria*, New York, Harper Collins, 2017.

S.M. Rasche, *The Disappearing People: The Tragic Fate of Christians in the Middle East*, New York-Nashville, Bombardier Books, 2020.

S. Rassam, *Christianity in Iraq: Its Origins and Development to the Present Day*, Leominster, Gracewing, 2005.

G. Russell, *Heirs to Forgotten Kingdoms: Journeys into the Disappearing Religions of the Middle East*, New York, Basic Books, 2014.

J. Sacco, *Footnotes in Gaza: A Graphic Novel*, New York, Macmillan, 2009 (ed. it. *Gaza 1956*, traduzione di D. Brolli, Milano, Mondadori, 2010).

E.W. Said, *The Question of Palestine*, New York, Times Books, 1979 (ed. it. *La questione palestinese*, traduzione di S. Chiarini e A. Uselli, Milano, il Saggiatore, 2011).

E.W. Said, C. Hitchens, *Blaming the Victims: Spurious Scholarship and the Palestinian Question*, London-New York, Verso, 2001.

Y. al-Haj Saleh, *Impossible Revolution*, Chicago, Haymarket Books, 2017.

R. Shehadeh, *Palestinian Walks: Notes on a Vanishing Landscape*, London, Profile, 2007 (ed. it. *Il pallido Dio delle colline. Sui sentieri della Palestina che scompare*, traduzione di A. Lovisolo, Torino, EDT, 2010).

J. Warrick, *Red Line: The Unraveling of Syria and America's Race to Destroy the Most Dangerous Arsenal in the World*, New York, Knopf Doubleday, 2021 (ed. it. *La linea rossa*, traduzione di A. Cristofori, Milano, La nave di Teseo, 2021).

K. Wivel, *The Last Supper: The Plight of Christians in Arab Lands*, New York, New Vessel Press, 2016.

S. Yazbek, *Buwwabat ard al aadam*, Beirut, Al adab, 2015 (ed. it. *Passaggi in Siria*, traduzione di A. Grechi, Palermo, Sellerio, 2017).

–, *Taqatoo niran*, Beirut, Al adab, 2012 (ed. ing. *A Woman in the Crossfire: Diaries of the Syrian Revolution*, London, Haus Publishing, 2012).

ARTICOLI E RAPPORTI

J. Brownlee, *Violence Against Copts in Egypt*, Carnegieendowment.org, 2013 (consultabile all'indirizzo https://bit.ly/3Mw7YiS).

D.L. Byman, "Why Be a Pawn to a State? Proxy Wars from a Proxy's Perspective", Brookings.edu, 22 maggio 2018 (consultabile all'indirizzo https://bit.ly/3MvjBXe).

–, "Why Engage in Proxy War? A State's Perspective", Brookings.edu, 21 maggio 2018 (consultabile all'indirizzo https://bit.ly/451Zo2B).

E. Cohen, "The Persecution of Christians in the Palestinian Authority", Besacenter.org, 27 maggio 2019 (consultabile all'indirizzo https://bit.ly/3WesOGU).

K. Eid, "Opinion: I Survived a Sarin Gas Attack", Nytimes.com, 7 aprile 2017 (consultabile all'indirizzo https://bit.ly/3Bv9Mm4).

G. Fahmi, "The Future of Syrian Christians After the Arab Spring", Cadmus.eui.eu, giugno 2018 (consultabile all'indirizzo https://bit.ly/42DSYVX).

J. di Giovanni, "From Sarajevo to Aleppo: Lessons on Surviving a Siege", Theatlantic.co, 12 ottobre 2016 (consultabile all'indirizzo https://bit.ly/3BuYPRf).

–, "The Vanishing", in *Harper's Magazine*, 1 dicembre 2018 (consultabile all'indirizzo https://bit.ly/3Oe3rCV).

A. Gopal, "Syria's Last Bastion of Freedom", Newyorker.com, 3 dicembre 2018 (consultabile all'indirizzo https://bit.ly/3M6XcOz).

E. Green, "The Impossible Future of Christians in the Middle East", Theatlantic.com, 23 maggio 2019 (consultabile all'indirizzo https://bit.ly/3BwLEPK).

H. Haider, *The Persecution of Christians in the Middle East*, Institute of Development Studies, 16 febbraio 2017 (consultabile all'indirizzo https://bit.ly/3W63F0M).

M.W. Hanna, "Explaining Absence", Tcf.org, 21 marzo 2017 (consultabile all'indirizzo https://bit.ly/3W9rkxw).

G. le Caisne, "'They Were Torturing to Kill': Inside Syria's Death Machine", Theguardian.com, 1 ottobre 2015 (consultabile all'indirizzo https://bit.ly/42X7WpJ).

A. Masi, "How Amnesty Uncovered 'a Universe of Degradation' at Saydnaya Prison", Thenewhumanitarian.org, 17 febbraio 2017 (consultabile all'indirizzo https://bit.ly/451zVGC).

E. Monier, "Christians and Other Religious Minorities in the Middle East", Tcf.org, 18 aprile 2019 (consultabile all'indirizzo https://bit.ly/456a2pa).

–, "Middle Eastern Minorities in Global Media and the Politics of National Belonging", Doi.org, novembre 2017 (consultabile all'indirizzo https://bit.ly/3MsIcvY).

C. Rondeaux, D. Sterman, "Twenty-First Century Proxy Warfare", Newamerica.org, 9 novembre 2018 (consultabile all'indirizzo https://bit.ly/3pHKFK0).

N. Shea, "Do Copts Have a Future in Egypt?", Foreignaffairs.com, 20 giugno 2017 (consultabile all'indirizzo https://bit.ly/3pPFqry).

"Syria: Attacks on Religious Sites Raise Tensions", Hrw.org, 23 gennaio 2013 (consultabile all'indirizzo https://bit.ly/3IfDmzx).

A. Ufheil-Somers, "Iraqi Christians: A Primer", Middle East Research and Information Project, 2 giugno 2013 (consultabile all'indirizzo https://bit.ly/3BNjsbP).

US Department of State, Office of International Religious Freedom, *2019 Report on International Religious Freedom: Israel-West Bank and Gaza*, State.gov, 2019 (consultabile all'indirizzo https://bit.ly/3IezNd2).

–, *2019 Report on International Religious Freedom: Syria*, State.gov, 2019 (consultabile all'indirizzo https://bit.ly/42FDjFA).

L. Weitz, "Religious Minorities in the Modern Middle East", Fpri.org, 20 novembre 2015 (consultabile all'indirizzo https://bit.ly/3OdncKM).

G. Wood, "The American Climbing the Ranks of ISIS", Theatlantic.com, marzo 2017 (consultabile all'indirizzo https://bit.ly/3OhdM0X).

–, "What ISIS Really Wants", Theatlantic.com, marzo 2015 (consultabile all'indirizzo https://bit.ly/41IAXEx).

Indice analitico

i Fari

1. Umberto Eco, *Pape Satàn aleppe. Cronache di una società liquida*
2. Michele Ainis e Vittorio Sgarbi, *La Costituzione e la Bellezza*
3. Amin Maalouf, *Una poltrona sulla Senna. Quattro secoli di storia di Francia*
4. Claudio Magris, *Istantanee*
5. Yanis Varoufakis, *I deboli sono destinati a soffrire?*
6. Joby Warrick, *Bandiere nere. La nascita dell'Isis*
7. Umberto Eco, *Pape Satàn aleppe* COFANETTO NATALE 2016
8. Vittorio Sgarbi, *Dall'ombra alla luce. Da Caravaggio a Tiepolo*
9. Ferruccio de Bortoli, *Poteri forti (o quasi). Memorie di oltre quarant'anni di giornalismo*
10. Janine di Giovanni, *Il giorno che vennero a prenderci*
11. Carolin Emcke, *Contro l'odio*
12. Piero Fassino, *PD davvero*
13. Umberto Eco, *Sulle spalle dei giganti*
14. Ngugi wa Thiong'o, *Scrivere per la pace*
15. Francesco Rutelli, *Contro gli Immediati*
16. Vittorio Sgarbi, *Dal mito alla favola bella. Da Canova a Boldini*
17. Kamel Daoud, *Le mie indipendenze*

18. Marcello Simoni, *L'abbazia di Pomposa. Misteri e simboli*
19. Nuccio Ordine, *La cabala dell'asino*
20. Roberto Napoletano, *Il cigno nero e il cavaliere bianco*
21. Giuseppe Sala, *Milano e il secolo delle città*
22. Fulvio Abbate, *Love*
23. Paolo Brusasco, *Dentro la devastazione*
24. Dominique Albertini, David Doucet, *La fasciosfera*
25. Simona Zecchi, *La criminalità servente nel Caso Moro*
26. Francesco Magris, *Libertà totalitaria*
27. Maria Teresa Serafini, *Perché devo dare ragione agli insegnanti di mio figlio*
28. Eliana Liotta, *L'età non è uguale per tutti*
29. Gianni Vattimo, *Percorsi nell'essere*
30. Guido Olimpio, *Terrorismi*
31. Jennifer Ackerman, *Il genio degli uccelli*
32. Giordano Bruno Guerri, *Antistoria degli italiani*
33. Gao Xingjian, *Per un nuovo Rinascimento*
34. Matthew Desmond, *Sfrattati*
35. Cecilia Scerbanenco, *Giorgio Scerbanenco, Il fabbricante di storie*
36. Yanis Varoufakis, *Adulti nella stanza*
37. Cesare Rimini, *Le parole delle cose*
38. Craig Unger, *Casa di Trump, casa di Putin. Come Putin e la mafia russa hanno aiutato Trump ad entrare nella Casa Bianca*
39. Umberto Eco, *Sulla televisione*
40. Maurizio Molinari, *Perché è successo qui*

41. Eva Cantarella, *Gli amori degli altri*
42. Vittorio Sgarbi, *Il Novecento volume I. Dal Futurismo al Neorealismo*
43. Mariuccia Ciotta, Roberto Silvestri, *Bambole perverse*
44. Mario Nicolao, *La maschera di Rossini*
45. Riccardo Dottori, *Giorgio de Chirico. Immagini metafisiche*
46. Vittorio Sgarbi, *Il Novecento volume II. Da Lucio Fontana a Piero Guccione*
47. Matteo Collura, *Il maestro di Regalpetra*
48. Fabio Benzi, *Giorgio de Chirico. La vita e l'opera*
49. Mickaël Launay, *Il grande romanzo della matematica*
50. Massimo Onofri, *Isolitudini*
51. Eliana Liotta, *Prove di felicità*
52. Matilde Hockhofler, *Caro Massimo*
53. Julie Kavanagh, *Nureyev. La vita*
54. Andrea Moro, *La razza e la lingua*
55. Amin Maalouf, *Il naufragio delle civiltà*
56. Giordano Bruno Guerri, *Galeazzo Ciano*
57. Charlotte Casiraghi, Robert Maggiori, *Arcipelago di passioni*
58. Pietrangelo Buttafuoco, Francesca Bocca-Aldaqre, *Sotto il suo passo nascono i fiori. Goethe e l'Islam*
59. Luca Ricolfi, *La società signorile di massa*
60. Michele Ainis, *Demofollia*
61. Maurizio Molinari, *Assedio all'Occidente*
62. Joby Warrick, *Triplo gioco. La talpa di al-Qaida infiltrata nella CIA*
63. Livio Sacchi, *Il futuro della città*

64. Giovanni Reale, *Socrate. Alla scoperta della sapienza umana*
65. Giovanni Reale, *Platone. Alla ricerca della sapienza segreta*
66. Claudio Magris, *Polene*
67. Giacomo Debenedetti, *Il romanzo del Novecento*
68. Vittorio Sgarbi, *Leonardo. Il genio dell'imperfezione*
69. AA.VV., *Rapporto sulle disuguaglianze*
70. Claudio Martelli, *L'antipatico*
71. Amin Maalouf, *Le crociate viste dagli arabi*
72. Barth David Schwartz, *Pasolini Requiem*
73. Thomas Piketty, *Capitale e ideologia*
74. Paolo Cucchiarelli, *Ustica e Bologna. Attacco all'Italia*
75. Massimo Clementi, Eliana Liotta, *La rivolta della natura*
76. Pellegrino Artusi, *La Scienza in cucina e l'Arte di mangiar bene*
77. Pietro Folena, *Servirsi del popolo*
78. Marco Goldin, *Van Gogh. L'autobiografia mai scritta*
79. Catherine Belton, *Gli uomini di Putin*
80. Mario Andreose, *Voglia di libri*
81. Roberto Peregalli, *Il corpo incantato*
82. Luca Ricolfi, *La notte delle ninfee*
83. Carlo Bordoni, *L'intimità pubblica*
84. Kamala Harris, *Le nostre verità*
85. Nadav Eyal, *Revolt*
86. Giordano Bruno Guerri, *Gli italiani sotto la Chiesa*
87. Bill Gates, *Clima. Come evitare un disastro*
88. Umberto Eco (acd Sara G. Beardsworth e Randall E. Auxiert), *La filosofia di Umberto Eco*

89. Natalino Irti, *Viaggio tra gli obbedienti*
90. Eliana Liotta, *Il cibo che ci salverà*
91. Lorenzo Canova, *Il grande ritorno. Giorgio de Chirico e la Neometafisica*
92. Luca Martera, *Harlem. Il film più censurato di sempre*
93. Jennifer Ackerman, *La vita segreta degli uccelli*
94. Joby Warrick, *La linea rossa*
95. Luigi Malnati, *La passione e la polvere*
96. Lorrie Moore, *Vedi quello che puoi fare*
97. Vittorio Sgarbi, *Caravaggio. Il punto di vista del cavallo*
98. Vittorio Sgarbi, *Ecce Caravaggio*
99. Michael Žantovský, *Havel. Una vita*
100. Marco Goldin, *Il giardino e la luna. Arte dell'Ottocento dal romanticismo all'impressionismo*
101. Paola Mastrocola, Luca Ricolfi, *Il danno scolastico*
102. Silvio Perrella, *Petraio*
103. Thomas Piketty, *Una breve storia dell'uguaglianza*
104. Maurizio Molinari, *Il campo di battaglia*
105. Alberto Mantovani, *L'orchestra segreta*
106. Marco Damilano, *Il Presidente*
107. Cesare Zavattini (acd Valentina Fortichiari), *la Pace*
108. Vittorio Sgarbi, *Raffaello. Un Dio mortale*
109. enrico ghezzi, *L'acquario di quello che manca*
110. Masolino d'Amico, *La commedia all'italiana*
111. Elena Pontiggia, *Giorgio de Chirico. Gli anni quaranta*
112. Michele Ainis, *Presidenti d'Italia*

113. Cesare Brandi, *Teoria del restauro*
114. Dario Franceschini, *Con la cultura non si mangia?*
115. Giordano Bruno Guerri, *Eretico o santo*
116. Alan Friedman, *Il prezzo del futuro*
117. Carlo Calenda, *La libertà che non libera*
118. Bill Gates, *Come prevenire la prossima pandemia*
119. Umberto Eco, *Sull'arte*
120. Claudio Martelli, *Vita e persecuzione di Giovanni Falcone*
121. Bernard de Fallois, *Saggi su Proust*
122. Cynthia Barnett, *Il suono del mare*
123. Lorenza Foschini, *L'attrito della vita*
124. Giuseppe Antonio Borgese, *Fondamenti della Repubblica mondiale*
125. Davide Vargas, *Napoli scontrosa*
126. Anthony Summers, *Dea. Le vite segrete di Marilyn Monroe*
127. Bernard Berenson, *Voci e riflessioni*
128. Federica La Manna, *Winckelmann. L'uomo che ha cambiato il modo di vedere l'arte antica*
129. Guido Olimpio, *La danza delle ombre. Spie, agenti e molti segreti*
130. Michel Houellebecq, *Interventi*
131. Ugo Volli, *Musica sono per me le Tue leggi*
132. Giacomo Debenedetti, *Poesia italiana del Novecento*
133. Dario Nardella, *La città universale. Dai sindaci un futuro per l'Italia e l'Europa*
134. Sebastiano Mondadori, *Verità di famiglia. Riscrivendo la storia di Alberto Mondadori*

135. Juan Arsuaga, *Breve storia della Terra (con noi dentro)*
136. Maria Ressa, *Come resistere a un dittatore*
137. Teresa Cremisi, *Cronache dal disordine*
138. Quentin Tarantino, *Cinema speculation*
139. Ed Yong, *Un mondo immenso*
140. Antonio Di Grado, *La brigata delle ombre*
141. Vittorio Sgarbi, *Scoperte e rivelazioni*
142. Arthur Shopenhauer, *Controstoria della filosofia*
143. Cesare Brandi, *Le due vie*
144. Johann Hari, *L'attenzione rubata*

Finito di stampare
nel mese di giugno 2023
presso
Puntoweb s.r.l.
Via Variante Cancelliera – Ariccia (RM)

Printed in Italy